La reforma ortográfica del españc

CM0074118484

Victoriano Gaviño Rodríguez

La reforma ortográfica del español en la prensa española del siglo XIX

PETER LANG

Bern · Berlin · Bruxelles · New York · Oxford

Información bibliográfica publicada por la
Deutsche Nationalbibliothek
La Deutsche Nationalbibliothek recoge esta publicación en la Deutsche Nationalbibliografie; los datos bibliográficos detallados están disponibles en Internet en http://dnb.d-nb.de.

Catalogación en publicación de la Biblioteca del Congreso
Para este libro ha sido solicitado un registro en el catálogo CIP de la Biblioteca del Congreso.

Esta investigación ha sido posible gracias a la financiación del Ministerio de Ciencia e Innovación y Universidades del Gobierno de España (proyecto PGC2018-098509-B-I00), de la Consejería de Educación de la Junta de Andalucía (proyecto P18-RT-3117) y del Departamento de Filología de la Universidad de Cádiz (Contrato programa 2021).

ISBN 978-3-0343-4447-0 (Print)
E-ISBN 978-3-0343-4517-0 (E-PDF)
E-ISBN 978-3-0343-4518-7 (E-PUB)
DOI 10.3726/b19626

© Peter Lang Group AG, Editoriales académicas internacionales, Bern 2022
bern@peterlang.com, www.peterlang.com

Todos los derechos reservados.

Esta publicación ha sido revisada por pares.

Esta publicación no puede ser reproducida, ni en todo ni en parte, ni registrada en o transmitida por un sistema de recuperación de información, en ninguna forma ni por ningún medio, sea mecánico, fotoquímico, electrónico, magnético, electroóptico, por fotocopia, o cualquier otro, sin el permiso previo por escrito de la editorial.

Contenidos

0 Preliminares 7

1 La instauración oficiosa de la ortografía académica 15

1.1 La ortografía académica en la escuela 18

1.2 La ortografía en el ámbito laboral y social 22

1.3 La normalización ortográfica en escritores y editores 26

2 Periodización de las acciones de reforma ortográfica 29

3 Primeros debates y propuestas de reforma (1800–1817) 33

3.1 Reforma ortográfica en el *Diario de Madrid* 33

3.2 Polémica ortográfica en la *Aurora Patriótica Mallorquina* 34

3.3 Debate sobre ortografía en *El Diario de Barcelona* 37

3.4 Debate ortográfico en torno al *Paralelo de Ortografía* 39

4 El empuje reformista del gremio de profesores (1818–1844) 41

4.1 El Colegio Académico de Profesores de Primeras Letras 41

4.2 La Academia de Profesores de Primera Educación 45

4.3 Vidal y Vicente y la Asociación de Maestros de León 46

4.4 *El Educador* y el *Semanario de Instruczión Pública* 51

4.5 La Academia Literaria i Zientífica de Instruczión Primaria 57

5 La oficialización de la doctrina ortográfica académica
(1844–1860) 63

5.1 La Real Orden de 25 de abril de 1844 63

5.2 La publicación del *Prontuario de Ortografía* 66

5.3 Persecución de la actividad reformista 67

5.4 Algunos apéndices de la reforma en la prensa 73

6 Los epígonos del reformismo ortográfico (1860–1874) 79

6.1 Ruiz Morote y otros en *El Magisterio* y *Anales* 80

6.2 Rosa y Arroyo y otros en el *Boletín de Primera Enseñanza* 93

6.3 Debates e ideas ortográficas en *La Conciliación* 98

6.4 Un artículo más sobre la reforma en *La Mariposa* 102

6.5 Una polémica ortográfica en el sexenio democrático 103

7 El resurgimiento de las propuestas neógrafas (1875–1900) 117

7.1 Restitución del *Prontuario de ortografía* de la RAE 117

7.2 Aceptación y defensa de la doctrina ortográfica académica 118

7.3 Los movimientos internacionales de reforma 123

7.4 Influencia de las sociedades de reforma ortográfica 128

7.5 Escriche Mieg y Jimeno Agius en la *Revista Contemporánea* 132

7.6 Onofre Antonio de Naverán en *La Escuela Moderna* 139

7.7 La figura de Fernando Araujo Gómez 141

7.8 Gómez de Baquero y Unamuno en *La España Moderna* 143

7.9 Bosch Cusí y su reforma en *El Eco de la Montaña* 147

7.10 Alcance y éxito de la reforma ortográfica 148

8 Concluyendo 153

Bibliografía 157

0 Preliminares

Por una especie de simplificación o reducción de los hechos, se parte de la asunción de que el sistema ortográfico de una lengua no es sino el resultado de las representaciones gráficas adoptadas y generalizadas por sus hablantes en sus prácticas de escritura. Una afirmación cierta, pero tendenciosa por igual, que centra su atención en los responsables últimos de la codificación ortográfica y excluye del proceso a aquellos inductores primarios de la regulación que, desde la esfera especializada o legislativa, discuten, proponen y/o imponen determinados modelos que van afianzándose socialmente en detrimento de otros, relegados al olvido o a la pugna por reemplazar las tendencias dominantes.

Desde una perspectiva esencialmente interna, la historia de la ortografía en España cuenta con una dilatada corriente de trabajos –entre los que podemos destacar algunas obras clásicas, como las de Esteve Serrano (1982) y Martínez de Sousa (1991)– que han explorado el estudio de la teoría ortográfica del español y sus principales propuestas de reforma, centrando su interés en el análisis de los criterios y modelos presentados por los principales autores y obras (ortografías y gramáticas, en su mayoría) de nuestra tradición. No abundan, por el contrario, indagaciones historiográficas que pongan énfasis en los debates y discusiones que se producen al respecto de la codificación ortográfica en conjunción con los agentes externos que intervienen en el proceso, esto es, el contexto o escenario en que se desarrollan los hechos –en la línea planteada por autores como Hymes (1974), Koerner (1978) o Schmitter (1990)– a excepción de alguna incursión, como la de Martínez Alcalde (2010), que desde el ámbito de la historiografía lingüística lleva a cabo un valioso acercamiento en este sentido, al intentar ahondar en las relaciones que se dan entre el aspecto puramente lingüístico de las propuestas de reforma ortográfica y el entorno sociopolítico que las rodea, a través de una óptica que entronca con algunos presupuestos de la sociolingüística histórica en relación implícita con el concepto de *language in society* (Blommaert, 2005 y 2010).

Desde esta perspectiva de integración de los componentes interno y externo en el análisis historiográfico, este trabajo se centra en el estudio de la reforma ortográfica en España a partir de la prensa escrita del XIX. Por su temática, periodo y medio en que se indaga, estamos ante una investigación que entronca con el principio foucaultiano de rechazo de la visión sustancialista de la historia (cf. M. Foucault, 2003 [1969]: 77–78, 81), dada la relevancia que para sus resultados puede tener la interrelación entre lengua y sociedad. Durante el XIX se produce una intensificación de la reflexión gramatical y el debate social sobre asuntos lingüísticos y, en líneas generales, puede afirmarse –como defienden Mejías Alonso y Arias Coello (1998: 241)– que estamos, por excelencia, ante el siglo de la prensa escrita, una fuente que ha sido considerada secundaria o marginal (en el sentido especificado por Breva-Claramonte, 2007: 501) en la investigación historiográfica, pero de especial trascendencia durante el periodo abordado. Una vez que abandona el carácter elitista que la había acompañado en el siglo XVIII, la prensa se transforma en un importante espacio de encuentro, no solo para redactores, lectores, escritores, intelectuales, etc., sino también para los no letrados. Estos acceden a sus productos textuales por medio de la lectura en voz alta de estos folletos, que adquieren nuevos valores en relación con la movilización social, el ámbito político, la formación, el entretenimiento o la mera información –como bien afirma Puche Lorenzo (2019a: 66)– convirtiendo sus publicaciones en un verdadero termómetro de la actividad de la nación y sus inquietudes sociales. De las imprentas salen cada día más periódicos, diarios y revistas con los que satisfacer la demanda del público; se amplía sensiblemente el número de publicaciones y, con ello, su variedad temática, al ofrecer elementos más atractivos y asequibles para un público poco formado para la lectura de libros, en general, que además de exigir más tiempo y una mayor preparación académica, estaban escritos por lo común en una lengua más compleja y alejada de las prácticas orales de los hablantes de la época. Estamos ante todo un fenómeno al servicio de una sociedad con escaso índice de alfabetización, y esta es la razón por la cual Larra afirmaba que "el periódico es el grande archivo de los conocimientos humanos y que si hay algun medio en este siglo de ser ignorante es no leer un periódico" (*La Revista Española*, núm. 460, 26 de enero de 1835: 1476).

Una vez agotado el análisis de otras fuentes canónicas (ortografías, gramáticas y diccionarios, principalmente), el estudio histórico de las reformas ortográficas a partir de un medio como la prensa servirá para mejorar nuestra visión de los hechos desde un punto de vista poliédrico que, en conjunción de las perspectivas interna y externa y del uso de fuentes canónicas y no canónicas en el estudio historiográfico, permita mejorar la construcción del pensamiento lingüístico de esta época en relación con su contexto histórico. En este sentido, conviene tener en cuenta que no consideramos la prensa como mero repositorio de contenidos, esto es, como un vehículo donde extraer textos para su posterior análisis; de manera necesaria, en este trabajo combinamos esta tarea con esas dos otras dimensiones de las que nos habla Durán López (2018: 421) en vinculación con su propio continente, esto es, con el estudio de los periódicos como discursos autónomos y unitarios y, al mismo tiempo, con la configuración de esa red múltiple en la que cada periódico no es más que "el terminal accidental de una extensa circulación de textos y estructuras que se manifiesta a nivel local, regional, nacional e internacional". Estamos ante un espacio relevante que legitima las ideologías lingüísticas promulgadas por un grupo de intelectuales que son reconocidos como autoridades por su comunidad (Bourdieu, 1977, 1985), en cuyo seno se produce toda una amalgama de funcionalidades y géneros textuales, que sirven para la presentación de nuevas propuestas ortográficas y actores, con las que se difunden innovaciones ideológicas en relación con otras pretensiones de autores ya conocidos de otras series o tipologías textuales o la presencia de debates y polémicas en general sobre la temática. Todo ello envuelto de un peculiar caudal argumentativo no presente en otros medios, donde la inmediatez comunicativa se convierte en un termómetro ideal para el análisis de la opinión pública del momento en relación con aquellos actos sociales o políticos de aprobación y/o censura que pudieron influir decisivamente en el curso de algunos acontecimientos históricos, desde una óptica similar a la planteada por Blommaert (1999).[1]

En las páginas de estas publicaciones periódicas se localizan inagotables informaciones, opiniones y actitudes en relación con muy diversos campos del saber, de entre los cuales no falta el elemento lingüístico, que se muestra en sus páginas, no tanto como la sucesión de cambios producidos a lo largo del paso del tiempo, sino como instrumento para la difusión de noticias y la creación de una opinión pública por parte de grupos sociales amplios (cf. Puche Lorenzo, 2019b: 117; 2019c: 184), en la que de manera inevitable influyen factores externos de tipo sociopolítico, legislativo, educativo, etc., que intervienen y condicionan el proceso de evolución histórica del idioma. Los periódicos se convierten en tarima abierta al diálogo, testigo y protagonista de numerosas polémicas –discusiones, disputas y controversias, en el sentido expuesto por Dascal (1998)–, el canal más adecuado para la difusión de las ideologías grupales, al tiempo que el medio idóneo para el desarrollo de apasionados y ponzoñosos debates, en los que además algunos intelectuales fijan su mirada por muy diversos intereses personales o profesionales: con frecuencia estas intervenciones sirven a los autores para darse a conocer y crear haces de relación social que van más allá del ámbito periodístico, constituyendo piezas clave en la discusión que sobre

---

1   En palabras del propio Blommaert (1999: 5), podríamos afirmar que "it is our ambition to add to the history of language and languages a dimensión of human agency, political intervention, power and autority, and so make that history a bit more *political*".

algunos asuntos se producen en otros espacios sociales de opinión, como el de las distintas instituciones relacionadas con la vida cultural del país. Es en esa configuración multidimensional donde se hace sumamente insoslayable, para el análisis historiográfico de las ideas lingüísticas sobre la ortografía, su inserción en el contexto social, cultural y político-económico, dando lugar a una reflexión global en el marco del estudio de todos esos condicionantes, que servirán para rastrear "problemas que se desbordan del cuadro de investigación directo", como bien aduce Swiggers (2004: 115) en relación con la investigación historiográfica en general. En esta línea, parece oportuno que, como historiadores del pensamiento lingüístico de épocas pasadas, vinculemos las prácticas verbales de los hablantes y las distintas propuestas de reforma con todos esos factores externos que las condicionan, en especial, con aquellos aspectos que, por lo general, no son explorados en los estudios lingüísticos por estar relacionados con esa dimensión de la voluntad humana, la intervención política por parte del estado o determinadas instituciones, o el poder y la autoridad, que en nuestro objeto de estudio da lugar a la pugna dialéctica entre intelectuales, maestros o escritores por el acceso a posiciones de privilegio, y establecen una peculiar relación entre lengua y acción sociopolítica, lo que da lugar a ideologías que se articulan en el marco de la ideología de un determinado grupo social o de las creencias y actitudes de los propios hablantes, entre otras posibilidades. De manera similar se expresa D. Paffey (2010: 44), que ratifica esta idea en relación con los periódicos: "if 'ideology is pervasively present in language' (Fairclough 2001: 2), then the influential position of, say, newspapers to inform and influence readers is a particularly interesting vehicle of ideological transmission".

La instrumentalización de la prensa se hace aún más palpable a partir de la segunda mitad del siglo, una vez que se da un amplio desarrollo de la prensa pedagógica (Checa Godoy, 1986, 1987, 1988, 1989, 1990, 2002) y el periodismo profesional del magisterio se convierte en la principal fuente de expresión y reivindicación de los maestros, como sostiene Ezpeleta Aguilar (2015–2016: 160). Todos estos factores resultan de utilidad para cualquier estudio lingüístico en general, pero son quizás aún más oportunos en un terreno como el de la ortografía, que es uno de los de mayor calado y repercusión en la sociedad por su ligazón indisociable a la alfabetización de los individuos, pero también porque, al estar en estrecha relación con una práctica social cotidiana (la escritura), genera actitudes lingüísticas y polémicas discursivas en general, lo que provoca con facilidad su traspaso desde el ámbito especializado de la lingüística al coloquio social, dado el efecto inmediato que cualquier cambio en la escritura tiene en la vida diaria de los hablantes de una comunidad. Tal y como sostiene

Woolard (1998: 23), los sistemas ortográficos no pueden ser conceptualizados como una simple reducción del habla a la escritura, sino más bien como símbolos que acarrean consigo significados históricos, culturales y políticos. En esta línea, la prensa no solo funciona como medio de difusión del asunto ortográfico; en ella todo el mundo toma partido a favor o en contra de las posturas de determinados grupos, juzgando sus contenidos y participando, de algún modo, de esos intensos debates cuyos argumentos conforman un panorama complejo de ideologías lingüísticas –en el sentido propuesto en sus trabajos por Woolard y Schieffelin (1994), Woolard (1998) o Kroskrity (2000)– de reformistas ante la ortografía española. En este tema, los posicionamientos ideológicos reformistas siempre giran en torno a dos hechos de especial significación que, en líneas generales, han de ser interpretados en el marco de esa inextricable relación asimétrica que, por lo general, mantienen dentro de la sociedad en relación con la Real Academia Española, que –en la línea de lo mantenido por Thompson (1984: 4)– sirven para la legitimación del poder de su grupo o clase. El primero, el de la lucha por derruir la preeminencia de los tres principios o criterios (origen, uso y pronunciación) que, de manera conjunta o parcial, han servido históricamente de base para la defensa ideológica de un plan de ortografía que, ideal para unos y nefasto para otros, ha acabado por extenderse y consolidarse a lo largo de muchos años en los distintos sectores de nuestra sociedad; en segundo lugar, el de la tensa relación mantenida con la Real Academia Española que, erigida como órgano privilegiado por la corona para la regulación de la lengua, gobierna en España los acontecimientos y decisiones sociopolíticas al respecto de la representación gráfica de la oralidad, convirtiéndose, de este modo, en foco argumental de los infinitos debates que al respecto de la reforma ortográfica del español se desarrollan a lo largo de siglos entre partidarios y detractores de los dictados de la institución.

Aunque el trabajo aquí propuesto exige por su naturaleza una perspectiva ecléctica, los presupuestos en los que nos apoyamos entroncan con la línea metodológica de todos esos estudios historiográficos actuales que tienen por objeto investigaciones más globales dentro de las denominadas series de textos, en el sentido propuesto por Hassler (2002), Zamorano Aguilar (2013 y 2017) o Gaviño Rodríguez (2018, 2019 y 2020a), desde cuyo ámbito se han incorporado para el análisis lingüístico histórico todo un conjunto de pautas y herramientas de gran utilidad para el desarrollo de una metodología más completa y abarcadora en este ámbito de estudio. De este modo, se facilita el estudio histórico sistemático de las relaciones entre autores, obras, corrientes, etc., a partir de las relaciones de transtextualidad entre textos, dando cabida además al establecimiento preciso de las bases de un determinado canon y la delimitación de las tendencias que en un grupo de autores u obras reconstruyen el hilo diacrónico de los sucesivos cambios, al margen de las fuentes tradicionalmente privilegiadas. En esta línea, abogamos por la defensa del estudio de los productos textuales en interrelación o diálogo con otros textos pues, como bien defienden Gómez Asencio, Montoro del Arco y Swiggers (2014: 269), una historiografía metodológicamente consciente y empíricamente sólida debe tener en cuenta que, a pesar de que su objeto de estudio primario es el texto, en torno a él hay múltiples factores que merecen cierta atención y reflexión desde el punto de vista del historiador de la lingüística: entre ellos, su inserción en lo que estos mismos autores denominan un 'tejado' o 'circuito' más amplio, en referencia a los problemas de intertextualidad, polisistema o serialidad de textos, cuya esencia podríamos sustentar en el ya conocido concepto coseriano de historicidad de la lengua,[2] dentro del cual se encuentran recogidas –Koch y Oesterreicher (2007: 23–24) y Kabatek (2007: 333–334) hablan de ello– dos facetas, que guardan estrecha relación entre sí: una, primaria, consistente en la transmisión de un conjunto de técnicas históricas y sistemas de normas a través de los individuos de una determinada comunidad; otra, secundaria, que reside en aquella historicidad que se relaciona con la propia tradición de los textos, esto es, fundamentada en la repetición de los productos discursivos, y según la cual las muestras de lengua no se corresponden con articulaciones espontáneas y exentas de tradición, sino con textos que se parecen entre ellos y pueden encuadrarse en diferentes clasificaciones tipológicas.

La génesis de este monográfico es más accidental que premeditada, pues tiene su origen en conversaciones con otros colegas que, conocedores de mi interés por la normalización ortográfica, me insistieron para que confeccionara una obra que sirviera de relato histórico de las diferentes acciones reformistas españolas a partir de un medio como el de la prensa decimonónica, como una manera de contextualizar las propuestas de modelos ortográficos y las acciones reformistas en relación con la sociedad española y los acontecimientos sociopolíticos del momento. Es así como, a partir de algunos artículos iniciales sobre la materia, di continuidad al trabajo y esbocé el recorrido histórico que resulta en esta obra, gestada en su mayor parte durante mi confinamiento domiciliario de 2020. Mi gratitud a todos aquellos compañeros que, durante el desarrollo de este trabajo, han mantenido conmigo interesantes discusiones sobre el tema,

---

2 En efecto –tal y como expone Coseriu (1981: 269)– "el lenguaje es una actividad humana universal que se realiza individualmente, pero siempre según técnicas históricamente determinadas".

aportándome también materiales e informaciones siempre útiles para el resultado final de la investigación. En especial, quiero expresar mi sincero agradecimiento a María José, sin cuya ayuda y constantes ánimos hubiera sido imposible realizar este trabajo; mi gratitud, ya cotidiana, a Fernando y Manolo, fieles testigos y copartícipes de todos mis movimientos académicos y mundanos. En lo que a mí respecta, este trabajo ha supuesto un grato ejercicio intelectual con el que evadir la actualidad pandémica. Ahora, una vez publicado, confío en que el texto definitivo no defraude el interés por el asunto y que su relato complementario de las reformas ortográficas del español en la prensa española del XIX pueda satisfacer, en la medida de sus posibilidades, las inquietudes de todos aquellos interesados por la teoría ortográfica de nuestra lengua.

1 La instauración oficiosa de la ortografía académica

Como bien señala Esteve Serrano (1982: 14), a partir del siglo XIX comienza una etapa de influencia ascendente y consolidación de la ortografía académica, cuya doctrina va instaurándose poco a poco de manera oficiosa en las distintas parcelas de la sociedad española. Sin embargo, todo este proceso no puede ser interpretado adecuadamente si no nos remontamos a su génesis en el siglo anterior, cuando el español comienza a ser valorado como lengua científica por parte de nuestros ilustrados, que –tal y como relata D. Azorín (1987: 107)– reclaman su uso generalizado. Como consecuencia inmediata, se hace urgente la necesidad de acometer la codificación del idioma y, en este punto, resulta crucial la acción de la Real Academia Española, que ya desde su fundación en 1713 había comenzado a ejecutar su política de protección de lucha contra toda alteración de la elegancia y pureza del idioma, de la que da fe la leyenda *Limpia, fija y da esplendor* de su archiconocido emblema formado por un crisol. La corona de España comienza a ver que la lengua es un elemento clave en la reforma y el desarrollo de la nación y apoya desde sus inicios a la Academia (cf. García Folgado, 2005: 77–78), de cuya actividad intuye también algún interés o beneficio el propio rey, como se aprecia en la Real Orden de 23 de mayo de 1714 en que da apoyo a su fundación: "es convenientísimo hacerlo en la mejor forma y la más honorífica, para más autorizar una institución tan loable, de que se pueden originar muchas y grandes utilidades al Reino y a mí tanta gloria" (cf. Gil Ayuso, 1927: 599). Al margen de este soporte, el incansable y continuado trabajo de los académicos en las tareas derivadas de los proyectos del *Diccionario*, la *Ortografía* y, más tarde, la *Gramática* son piezas clave de la paulatina consolidación y el prestigio social que como órgano encargado de la regulación y codificación lingüística del español va alcanzando la institución a medida que avanza el siglo.[3]

---

3   Acorde a las palabras de D. Fries (1989: 92, 122–126), este trabajo de codificación de la RAE, que se caracteriza por su sistematicidad y continuidad, distingue dos vertientes en su actividad de cuidado de la lengua: una primera, de elaboración de disposiciones de apoyo a la norma social ya establecida; la segunda, de disposiciones conformadoras de la norma, mediante la creación de normas que regulan el uso lingüístico: el apoyo a un determinado uso lo eleva a la categoría de norma de prestigio, frente al resto que, por oposición, no lo es.

En lo referente a su doctrina ortográfica, coincidimos con González Ollé (2014: 133–134) en que los académicos fundadores apenas tomaron en consideración inicialmente el problema de la ortografía o, dicho de otro modo, en su particular deseo de componer un diccionario, apenas se percataron de la importancia de la regularización y fijación de la escritura. Sin embargo, en el "Discurso proemial de la Orthographia de la Lengua Castellana" aparecido en el primer tomo del *Diccionario de Autoridades*, la Real Academia Española (1726a) ya había establecido con claridad los principios de su propuesta de ortografía del español, basada en dos conocidos criterios, el etimológico y el fonético (a los que posteriormente se une el criterio del uso constante, cuyos cruces producen contradicciones que serán motivo de la controversia y punto de ataque por parte de los reformistas de la ortografía),[4] con los que se compone la primera *Ortografía* de la Real Academia Española (1741), así como sus sucesivas ediciones en el XVIII y XIX, que suponen una mayor adecuación de su doctrina a la pronunciación y acrecientan su popularidad y el enaltecimiento de su labor.

A pesar de que los primeros años del siglo XIX comienzan siendo un periodo triste en la vida de la Academia y, en particular, en el de sus académicos, que viven unos años convulsos por las circunstancias políticas e históricas vividas en España, que llegan a paralizar en algunas ocasiones la actividad académica (cf. R. Sarmiento, 2006), la doctrina ortográfica de la RAE ya está a comienzos del nuevo siglo asentada en los diferentes sectores de la vida social española (instituciones gubernamentales, legislación, educación, imprenta…). En todos ellos se produce un uso oficioso y generalizado de su doctrina, pudiendo afirmarse que en este nuevo siglo empieza ya abandonarse la anarquía ortográfica de finales del XVIII a la que alude Rosenblat (1951: LXXXVIII) en favor de una doctrina académica que, aunque en un principio no es reconocida de forma unánime entre los ortógrafos de la época (Martínez de Sousa, 2011: 633), va ganando paulatinamente adeptos (cf., entre muchos otros, los señalados en su trabajo por Esteve Serrano, 1977: 6–7).

Sin la necesidad de imposición, la notoriedad alcanzada por la doctrina de la institución establece una normatividad ortográfica entre los hablantes[5] que,

---

4   Durante el siglo XVIII, los tratados ortográficos no académicos difieren en sus preferencias por el uso de estos principios ordenadores de la ortografía, como expone M. Maquieira (2011: 499–509).

5   En algunos ámbitos específicos, como el de la documentación notarial, Arnal Purroy (2000: 132) ha demostrado el importante avance hacia la estandarización ortográfica en este tipo de textos, a pesar de que las reformas ortográficas de la docta corporación no habían logrado a finales del XVIII la completa regularización de sus usos grafemáticos.

por su natural inacción, prefieren seguir acomodados en un sistema estable y arraigado que apostar por otras propuestas individualizadas de cambio con escaso apoyo social, ya que, por lo general, la gente tiene un recelo histórico a la innovación, una gran aversión a hacer cambios radicales, a empezar todo de cero, a repensar las cosas y hacer los ajustes necesarios, porque es mucho más sencillo basarse en la dependencia que te da la historia que luchar contra ella.[6] Esta misma actitud es la que precisamente se da en la Academia a comienzos del siglo, como puede comprobarse por el resultado del debate producido a raíz del dictamen de reforma ortográfica presentado en 1806 por uno de sus académicos, Joaquín Juan Flores.[7] Aunque sus ideas en favor del fonetismo ortográfico fueron ampliamente secundadas inicialmente por el resto de académicos, ninguna de ellas tiene repercusión directa en el tratado ortográfico oficial de 1815.

---

6   En esta situación parece aplicable el término *path dependence*, procedente de otros ámbitos como la economía o la política, al que se alude en Gutiérrez Ordóñez y Gaviño Rodríguez (2014), con el que se hace referencia al hecho de que muchas decisiones que uno toma en distintos ámbitos están fuertemente condicionadas por otras decisiones del pasado, incluso cuando las circunstancias que llevaron a tomar esas decisiones de antaño hayan perdido relevancia o vigencia: decisiones que no merecieron una reflexión o análisis en el pasado, definen realidades que tienden a perpetuarse, de modo que sobre determinadas ideas o acciones se establece una dependencia de la historia contra la que es difícil combatir.

7   El texto de Flores (1806a) se encuentra en versión manuscrita en el Archivo de la Real Academia Española, con código de referencia ES 28079 ARAE F1-2-11-1-15-2 y el siguiente identificador de la descripción: http://archivo.rae.es/index.php/ehufi. Existe copia del dictamen en una versión de dos hojas (Flores 1806b), con código de referencia ES 28079 ARAE F1-2-11-1-15-3 e identificador http://archivo.rae.es/index.php/10q4e. Al hilo de su propuesta, el Archivo de la RAE conserva también los votos que la mayor parte de los asistentes al acto dan sobre el plan, entre estos, el de su director, Pedro de Silva, así como los de los académicos Joaquín Lorenzo Villanueva, Antonio Ranz Romanillos, José Antonio Conde, Francisco Antonio González, Juan Pérez Villamil y Juan Crisóstomo Ramírez Alamanzón. La lista se completa con los votos de Manuel de Abella y Martín Fernández Navarrete, y los nuevos dictámenes que Diego Clemencín, Eugenio de la Peña, y Manuel de Valbuena emiten posteriormente a instancias del propio director de la Academia. En total, una interesante serie de textos iniciada con el discurso de Flores que, en conjunto, supone un importante diálogo entre los académicos, cuyo análisis nos permite visualizar las distintas tendencias que dentro de la propia institución se dan sobre aspectos centrales para la reforma ortográfica: los criterios que deben regir la escritura de nuestra lengua, la necesidad o no de reformarla, el sistema de alfabeto que puede ser más útil y, por último, el procedimiento para llevar a cabo este proceso.

A pesar de continuar con la reforma del sistema ortográfico y mostrarse abierta a las sugerencias que permitiesen su mejora –así lo afirma Martínez Alcalde (2012: 101)–, la RAE prefiere optar en estos primeros años por la prudencia en la inclusión de cambios como, por ejemplo, el reparto de usos entre *g* y *j*, entre otros. A este respecto, afirma lo siguiente: "la Academia, pesando las ventajas é inconvenientes de una reforma de tanta trascendencia, ha preferido dejar que el uso de los doctos abra camino para autorizarla con acierto y mayor oportunidad" (RAE 1815: XVII-XVIII).[8]

1.1 La ortografía académica en la escuela

El apoyo real que desde su fundación tiene la Real Academia Española se ve fortalecido, específicamente, durante el reinado de Carlos III (1759–1788), periodo en que se llevan a cabo importantes acciones legislativas de apoyo a la doctrina académica en la escuela: en primer lugar, la publicación el 3 de octubre de 1763 de una Real Provisión en la que se recomienda "instruirse los Maestros en la Ortographia Castellana de la Real Academia Española por lo breve y claro de sus preceptos y acomodar la escritura a la pronunciación; examinándose a los Maestros que entrasen de nuevo por esta orthographia para evitar la variedad y vicio en la escritura común" (cf. Luzuriaga, 1916: 117). Con ella, el gobierno toma las riendas del acceso al magisterio y controla de manera más clara la enseñanza en las escuelas (cf. Ruiz Berrio, 2004: 129); en segundo lugar, la aparición, cinco años más tarde, de la Real Cédula del 23 de junio de 1768, que en su artículo séptimo obliga a "que la enseñanza de las primeras Letras, Latinidad y Retórica se haga en la lengua Castellana" (*Real Cédula*, 1768: 4), que da inicio al proceso de inclusión de las primeras obras destinadas a la enseñanza del

---

8   La razón principal que la crítica historiográfica ha aducido para explicar este cambio de conducta en el proceso de reformas de la Academia es el interés por preservar la unidad de la lengua a ambos lados del Atlántico (cf., entre otros, García Santos, 2011: 486). Sin el ánimo de contrariar esta idea, podrían mencionarse también otras posibles causas: a) la propia actitud conservadora de otros académicos, que con los argumentos esgrimidos en juntas posteriores logran imponer sus ideas en el grupo (cf., a este respecto, lo reseñado en RAE, 1800–1808: 347–362); b) el miedo a perder la aceptación social de la que en estos años empieza a gozar la institución; c) la difícil situación social vivida en estos años, que no anima ni ayuda a embarcarse en proyectos que puedan suponer mayor inestabilidad de la existente en esos momentos o, d) la propia urgencia que supone la publicación de la nueva edición una vez que se agotan los ejemplares de la anterior, que impide la revisión de la doctrina, como también se constata en sus actas (RAE, 1808–1818: 198).

castellano en las escuelas e impulsa la aparición de la gramática española como materia escolar (cf. García Folgado, 2013: 29). Unos años más tarde, se consolida el respaldo real cuando el 22 de diciembre de 1780 se aprueban los Estatutos del Colegio Académico de Primeras Letras,[9] en los que se manda que la enseñanza de la gramática y ortografía españolas se desarrollen a partir de los textos de la Academia:

> En todas las escuelas del Reyno se enseñe á los niños su lengua nativa por la Gramática que ha compuesto y publicado la Real Academia de la Lengua: previniendo, que á ninguno se admita á estudiar Latinidad, sin que conste ántes estar bien instruido en la Gramática española.
>
> Que asimismo se enseñe en las escuelas á los niños la Ortografia por la que ha compuesto la misma Academia de la Lengua (*Novísima recopilación de las leyes de España*, Tomo IV, Libro VIII: 4).

Hasta esa fecha apenas habían pasado nueve años desde la aparición de la primera gramática académica (RAE, 1771), cuya segunda edición ve la luz al año siguiente (RAE, 1772); aunque la principal ocupación de la Academia en sus primeras décadas estuvo ligada a su actividad lexicográfica, la ortografía es la segunda obra publicada por la corporación tras el *Diccionario de Autoridades*,

---

9   La actividad del Colegio Académico de Primeras Letras comienza en 1780, cuatro años después de que los propios docentes demandaran sustituir su tradicional nombre de Hermandad de San Casiano por otro que indicase mejor sus funciones literarias y educativas (cf. Cotarelo y Mori, 1913: 40, 222). En un principio, la adscripción al Colegio Académico era obligada para los maestros en ejercicio y aquellos que aspirasen a tener empleo, pero su influencia no fue la esperada: las conferencias pronto fueron cayendo en desuso y la intervención de la administración y el gobierno de las escuelas mermó su predominio. A este hecho, hay que sumar la temprana escisión que dentro del colegio se produjo tras la publicación en 1781 del *Arte de escribir por reglas y sin muestras*, de José de Anduaga, personaje muy influyente que logró que nueve de los colegiales académicos fundasen otra academia, de la que fue director, y que poco a poco fue aumentando su poder e influencia, si bien solo hasta 1791, momento en que la caída del ministro Floridablanca arrastra la de Anduaga y su Academia. El Colegio Académico de Profesores de Primeras Letras, que había continuado decadentemente su actividad, parecía recobrar su hegemonía, pero un nuevo revés lo golpea cuando la Real Orden de 11 de febrero de 1804 establece la libre apertura de otras escuelas y deja además a la voluntad de los maestros la incorporación o no al Colegio Académico (Cotarelo y Mori, 1913: 44). Este hecho, unido a la pérdida del último de sus privilegios, esto es, el de la celebración de los exámenes de maestros y el nombramiento de examinadores y revisores, hace que el Colegio Académico quede prácticamente sin vida.

proyecto que alcanzó amplio desarrollo en el XVIII a través de sus siete ediciones (cf. RAE, 1741, 1754, 1763, 1770, 1775, 1779, 1792), que –según los datos ofrecidos por Sánchez Espinosa (2020)– lograron amplia difusión en estos años e hicieron de la *Ortografía* la obra más vendida de la Academia durante estos años.[10] Pero la fijación de la ortografía no era para los académicos en un principio una preocupación prioritaria y, de hecho, a la luz de lo indicado en el "Prólogo" del *Diccionario de Autoridades* (RAE, 1726b: IV), la institución académica no pretendía con su *Ortografía* impugnar ni calificar a los numerosos ortógrafos que la habían precedido, como bien defienden Martínez Alcalde (2001: 208) y González Ollé (2014: 134). Originariamente, esta es establecida como un sistema interno para su propio uso, sin intención de enseñar (Martínez Alcalde, 2007: 120), lo cual no niega, evidentemente, que al margen de estas intenciones, la escuela acabe por convertirse en el mejor aliado posible de la Academia para la difusión y consolidación de su doctrina ortográfica.

El carácter prescriptivo que tiene una materia como la ortografía y la necesidad de una norma específica a la que vincular la enseñanza de la lectura y la escritura en la escuela hacen que, a partir de las directrices legales, la enseñanza de este ramo fije su punto de mira en la doctrina académica que, tras casi

---

10 Los datos del estudio de Sánchez Espinosa (2020) sobre la relación comercial entre la institución y el librero madrileño de origen genovés Ángel Corradi son muy determinantes acerca del éxito editorial alcanzado por la *Ortografía*: de su segunda edición (RAE, 1754) impresa por Gabriel Ramírez, que se ofrecía en dos modalidades (una en papel común; otra, en papel marquilla) se vendieron 1500 ejemplares y 270, respectivamente. En los años siguientes, consta también la venta de 2600 ejemplares de la obra, si bien no podemos determinar con exactitud las que corresponden a la edición de 1754 y las de la tercera edición aparecida en 1763 en las prensas de Antonio Pérez de Soto. Entre diciembre de 1768 y septiembre de 1769, hay que sumar 400 ejemplares más vendidos, todos ellos presumiblemente de la edición de 1763. En 1769, Corradi solo disponía de 35 ejemplares de esta edición en papel marquilla, pero muy pronto, en junio de 1770, sale a la luz la cuarta edición (RAE, 1770), de la que recibe al mes siguiente 2999 ejemplares en papel regular y 749 en papel marquilla. En los primeros meses de 1775 no quedaba disponible ningún ejemplar de esta cuarta edición, por lo que se hace necesaria la quinta edición de 1775, de la que se venden 772 ejemplares en papel común, no habiendo tampoco disponibilidad de la edición en marquilla. La *Ortografía* es en estos años la obra más vendida de la institución, tendencia que continúa en años posteriores, como puede observarse en el tramo que va desde el 12 de enero de 1777 y el 4 de febrero de 1779, en que se registra un total de 1409 ejemplares vendidos de la *Ortografía*, frente a los 15 del primer tomo del *Diccionario* y los 741 que constan de la *Gramática*.

un siglo de actividad y sus distintos proyectos lingüísticos en el XVIII, habían dotado a la Corporación del crédito necesario para situarla en una posición de ventaja frente a otras posibilidades.

De este modo, cuando comienza el siglo XIX puede ya afirmarse que su doctrina lingüística ha adquirido en la escuela un carácter cuasi oficial, aun cuando no lo fuera en sentido estricto, alzándose de este modo como institución de referencia inicial en esta y otras materias de regulación lingüística, no solo para aquellos que las aplaudían, sino también para los que intentaban algún cambio o ruptura con su sistema. La prensa decimonónica da buena cuenta de los muchos manuales de ortografía con interés prescriptivo que antes de la oficialización de la doctrina académica en 1844 sancionan o rechazan la Real reflexión y abren un diálogo entre las teorías ortográficas (la mayoría de ellas, seguidoras de la doctrina académica; otras menos, con un marcado carácter reformista que se acentúa a medida que avanza el siglo), que se publican por parte de autores como Judas José Romo, Julián Álvarez de Golmayo, Gregorio García del Pozo, Valentín de Foronda, Antonio García Jiménez, Víctor Marín, José María González, Tomás Murcia y Alonso, Enrique Somalo y Collado, Mariano Bosomba, Francisco Fernández Villabrille, José Francisco de Iturzaeta, etc., y que, en su mayoría, constituyen las doctrinas imperantes en las aulas durante estos años.[11] El seguimiento generalizado de las reglas ortográficas académicas en estos manuales es fundamental en el proceso de consolidación de la doctrina de la RAE, pues su uso en el aprendizaje de la lectura y la escritura en las escuelas sirve para fijar y fosilizar en los usuarios de la lengua unas prácticas que con dificultad son moduladas o revisadas posteriormente a lo largo de sus vidas, salvo imposiciones o situaciones externas concretas.

---

11 Dada su preeminencia en las aulas, la RAE apenas necesita el apoyo público que, sin embargo, es brindado con frecuencia por parte de intelectuales o asiduos a los periódicos, en cuyas páginas se defiende el uso de sus obras para la enseñanza, como, por ejemplo, este firmado por "El insinuador", aparecido en 1813: "cuidado con la educación en estos tiempos de confusion y calamidad: el catecismo christiano es el primer objeto de las obligaciones de Vmds, para la enseñanza; no usen libros que traten de otros asuntos que los dirigidos á la buena moral para instruir á los niños en leer, la gramática castellana de nuestra academia, la ortografía de la misma" (*Diario de Palma*, núm. 242, 4 de mayo de 1813: 999).

1.2 La ortografía en el ámbito laboral y social

Uno de los ámbitos sociales donde más claramente se visualiza la importancia que se le adjudica a la ortografía en esta época es el laboral. Desde el siglo XVIII son ya frecuentes en la prensa escrita muestras de su necesario conocimiento para el desempeño de determinados oficios, como en el siguiente ejemplo, los de secretario o mayordomo:

> Un sugeto desëa acomodarse por *Secretario*, ò *Mayordomo*; tiene infinitas habilidades; esto es, buen caracter de letra, sabe toda la Aritmetica, escribe hermosissimamente el Latin, sabe la Orthographia, y tambien copiar Mapas; es veloz en la pluma, y demás circunstancias: daràn razon en la calle de San Vicente, en casa de Don Pedro Simò y Gil, frente de las Cocheras del Señor D. Joseph Güell, Alcalde de Casa, y Corte, quarto segundo (*Diario Noticioso, Curioso, Erudito y Comercial Público y Económico*, núm. 19, sábado 22 de julio de 1758: 76).

La denominada etapa del caos ortográfico (Esteve Serrano, 1982: 14) es abandonada paulatinamente, dando paso a un nuevo periodo en el que el seguimiento cada vez más generalizado de las doctrinas ortográficas de la RAE es la norma, hasta el punto de que cuando se alude en estos textos al conocimiento de la ortografía, se está haciendo referencia, de manera indirecta, al seguimiento de la doctrina oficiosamente establecida por la Academia e instaurada como preferente en la enseñanza de la lengua en las escuelas de principios del siglo XIX. De este modo, tener una buena ortografía o una correcta escritura significa conocer y aplicar adecuadamente las normas ortográficas académicas, que se establecen como un requisito esencial para el desempeño de una larga lista de profesiones, tal y como revelan los anuncios de ofertas y demandas en la prensa durante las primeras décadas del XIX de muy diferentes empleos: maestros, sirvientes, escribientes, real hacienda, empleados de correos, trabajadores de casas de negocios, directores de negocios...[12]

---

12 Para una muestra de anuncios sobre algunas de estas profesiones, cf. los aparecidos en *Diario Balear* (25 de marzo de 1815: 3), *Boletín Oficial de la Provincia de Orense* (núm. 41, martes 23 de mayo de 1837: 4) o el *Diario de Madrid* (núm. 1872, 11 de mayo de 1840: 2; núm. 1873, 12 de mayo de 1840: 2; núm. 2122, 16 de enero de 1841: 2; núm. 850, 28 de julio de 1837: 2), donde aparecen frecuentes ejemplos en esta línea. Al margen de estas publicaciones en prensa, a principios de siglo destaca la publicación de la obra de Juan Ramos Vallina (1805), que es otra buena muestra de la importancia que se le otorga a la ortografía en el desempeño del comercio. En este caso, se trata de unas recreaciones ortográficas o diálogos que sobre la ortografía mantienen tres bilbaínos, reproducidas en este caso por uno de ellos, Carlos Ansotegui, como elemento formativo para su propio hijo, dados sus escasos conocimientos ortográficos

Al margen de la funcionalidad de la ortografía como requisito para la inserción laboral, destaca en ella su función como marca de prestigio y distinción social. Sus conocimientos delimitan una frontera entre las personas instruidas y analfabetas, y determinan las prácticas correctas de las incorrectas, cuyo dominio aporta un incuestionable prestigio social en el ámbito de lo público, de ahí que las instituciones o personas anónimas velen con frecuencia por el correcto uso de la ortografía y denuncien sus errores en la escritura. Se fragua, de este modo, el denominado por Á. Rosenblat (1951: LXIV) fanatismo ortográfico, que hacía tachar de ignorante a todo aquel que no se atuviera a la ortografía académica, y que, como veremos a continuación, empieza a perfilarse mucho antes de la oficialización de la Academia, como se demuestra en las muestras de prensa que, a este respecto, se suceden desde inicios de siglo. El que sigue, por ejemplo, es un fragmento del *Diario Mercantil de Cádiz*, en el que se insta a reformar los rótulos de determinadas tiendas gaditanas:

> El Gobierno ha notado, no sin rubor, los errores y defectos de locución y ortografía que se advierten en las tarjetas ó rótulos colocados en varias tiendas, almacenes y otros establecimientos en esta Ciudad, cuando ella es casi la mas perfeccionada en puntos de la primera educación [...] El Gobierno espera que esta disposición tan justa y necesaria en una Ciudad culta como la de Cádiz, será puntualmente obedecida y observada por las personas á quienes corresponda su cumplimiento, para evitar de este modo la censura de los españoles y extranjeros que la freqüentan (*Diario Mercantil de Cádiz*, núm. 243, 1 de septiembre de 1807: 974).

El mismo asunto es tratado unos años más tarde por parte de la gobernanza de la ciudad gaditana,[13] pero no es más que una de las muestras que, de manera repetida, se da en la prensa de todo el territorio nacional. Los siguientes se corresponden con advertencias similares que se dan en Sevilla, Barcelona o Madrid, respectivamente, en referencia a la cartelería o los rótulos de sus tiendas:

> También sería del caso observar la gramática y ortografía de los anuncios y carteles de las fiestas de toros y novillos (*Correo de Sevilla*, núm. 75, 16 de junio de 1804: 37).

---

en un "ramo de erudicion tan interesante y útil para el comercio humano" (Ramos Vallina, 1805: 7).

13 En este caso, se advierte lo siguiente: "Se cuidará celosamente de que los letreros que se ponen en las muestras de las tiendas y cualquiera inscripción que se halle al público, esté correcta en ortografía á lo menos, sin permitirse que contengan despropósitos o sentidos ambiguos que sean ridículos ú ofenddan (sic) la decencia por el mal sonido que tienen algunas voces en los pueblos, aunque su acepcion sea legitima" (*Diario Mercantil de Cádiz*, núm. 3344, 26 de septiembre de 1825: 4).

> Se susurra que se va á mandar rigorosamente que se pongan en buena ortografía los muchos rótulos ó inscripciones, que son una prueba evidente de la fina instrucción de sus dueños (*Diario Constitucional de Barcelona*, núm. 107, 27 de junio de 1820: 4). [...] habiendo llegado á tal punto el desorden, incorreccion y barbarismos que se observan en algunos letreros puestos sobre las puertas de varias tiendas que no pueden menos de causar sorpresa é indignación á cuantos conocen lo vergonzoso que es un abuso de esta especie (*El Correo. Periódico literario y mercantil (Madrid)*, núm. 173, 19 de agosto de 1829: 1).[14]

Y lo mismo sucede en referencia a la cartelería de teatros, por ejemplo, donde en alguna ocasión la prensa nos muestra quejas al respecto de la ausencia de una correcta ortografía:

> Quisieramos que los pintores de teatro supieran mas ortografía y que la empresa fuese mas parca en epítetos. Ayer se leia en un cartel LA LUSIDA COMEDIA titulada *El amante prestado*, y esto da una idea muy pobre de la capital donde se fija (*El Granadino*, núm. 5, 6 de mayo de 1848: 3).

Todas estas manifestaciones textuales reflejan el valor que, ya desde comienzos de este siglo, se le otorga a la ortografía, considerada una parte esencial en la formación del individuo, un símbolo de prestigio social que repercute además en la imagen social y pública de las ciudades, sobre la cual todo el mundo debe ser instruido de la mano de maestros:

> [...] hoy que las Sociedades económicas exercitan las plumas de sus miembros doctos y respetables; hoy mas que nunca seria conveniente favorecer en cada lugar el establecimiento de un maestro de primeras letras con una pension decente, y algunos honores que le hiciesen recomendable. Estos destinos se pretenderian entónces, no por esos hombres invéciles y casi estúpidos que se hallan en algunos pueblos, ignorando hasta las primeras nociones de la ortografia, sino por algunos capaces que entendiesen con mediana perfeccion nuestra eloqüente y magestuosa lengua, que enseñasen con sus

---

14 En este último caso, se trata de un artículo más extenso en el que se acompaña la copia literal de algunas de estas inscripciones con errores ortográficos de las calles de Madrid. En esta misma ciudad, parece que el asunto sigue teniendo cierta relevancia para los gobernantes unos años más tarde, a juzgar por un mensaje aparecido en *El correo nacional*, donde se plantea la posibilidad de crear un comisionado que revise la cartelería de las tiendas: "El ayuntamiento pudiera adoptar entre otros medios para evitar que en las muestras de las tiendas se cometan tantos defectos de ortografía, el de exigir para ello permiso de un comisionado suyo que sin privar á nadie de la libertad de poner lo que quiera en su muestra, cuide que esto se haga de modo que no afee á la población ni la acredite de inculta" (*El Correo Nacional*, núm. 939, 15 de agosto de 1840: 2).

luces y su exemplo las virtudes necesarias para formar al hombre de bien [...] (*Semanario de Agricultura y Artes*, núm. 598, 16 de junio de 1808: 379–380).

Precisamente a finales de 1811, la prensa escrita ya atestigua, en el marco de sus discusiones sobre la constitución, el acuerdo de las Cortes de Cádiz de que "desde el año de 1830 deberán saber leer y escribir los que de nuevo entren en el exercicio de los derechos de ciudadano" (*El Conciso*, núm. 12, 12 de septiembre de 1811: 2), que de manera laxa acaba siendo plasmado en el artículo 366 de la Constitución de 1812, en el que se dice que "en todos los pueblos de la Monarquía se establecerán escuelas de primeras letras, en las que se enseñará á los niños á leer, escribir y contar" (*Constitución política de la Monarquía Española,*1812: 103), así como en el conocido *Informe de la Junta creada por la Rejencia* (Quintana 1861 [1813]: 178).

Desde una óptica particular, no hay dudas de la importancia que se le concede desde el gobierno al conocimiento y buen uso de la lengua española,[15] específicamente, a la enseñanza de la lectura y la escritura (que incluye la ortografía) en el currículo de las primeras letras, un aspecto que forma parte de ese ambicioso proyecto de protección de la educación como base para el progreso nacional con el que se intenta reducir además el alto índice de analfabetos de la sociedad española. Aunque este asunto afecta en la época tanto a hombres como mujeres, la reputación social que se otorga a la ortografía afecta, como sucede también en otros ámbitos, a la distinción sexual –tal y como ha alertado recientemente M. Rivas Zancarrón (2018: 771–772)–, pues se considera que, en contraste con los hombres (a los que se les supone un mayor grado de instrucción), las mujeres gozan en la época de una educación menos cuidada por no saber leer ni escribir adecuadamente, como se atestigua en el siguiente fragmento de una carta a una recién casada:

> Es una làstima no hallar una muger entre mil que sepa leer, que conozca bien su propia lengua, y pueda juzgar de los libros mas faciles que tenemos. Esta ignorancia se nota claramente al ver á las mugeres mascar quando leen una comedia ò una historia, y pararse à cada palabra que no sea muy comun. Pero no debemos maravillarnos,

---

15 En algún caso, el celo legislativo por el cuidado de la buena escritura es tal que algunos se alarman por el nivel y rigor de las prohibiciones, como esta que afecta al uso indebido de las mayúsculas, en la que se afirma lo siguiente: "Es la voluntad de S. M. que en lo sucesivo se entienda infringido el reglamento cuando se imprima en letras mayúsculas ó en cursiva lo que ha sido censurado para letra redonda, aplicándose en este caso como en los de cualquiera otra transgresión las penas establecidas, sin mas duda ni consulta. De real orden &c" (*Eco del Comercio*, núm. 845, 22 de agosto de 1836: 4).

puesto que no aprendieron la ortografía quando niñas, ni jamas llegan à aprenderla en toda su vida. Yo os aconsejo que leais todos los dias una hora delante de vuestro marido, ó de otra persona que pueda corregiros y enseñaros à leer bien; y en quanto á la ortografía, ya la aprendereis con el tiempo, haciendo extractos ò copias de algunos pasages escogidos en vuestros libros (*Diario de Mallorca*, núm. 39, 12 de octubre de 1808: 240).

A este respecto, en la prensa se encuentran múltiples denuncias del mal estado en que se hallan las escuelas de niñas en estos años y de la necesidad que hay de que se enseñe en ellas la lengua nacional:

> Muchas hay, y tal vez serán las mas en que la *calceta* es la única labor que se las enseña. Donde aprenden el *bordado* ya es un colegio para ellas, y si se añade la *costura*, ya han llegado al colmo de la perfeccion. En cuanto á leer, escribir, contar, preceptos de moral no se hable; pues solamente en algunas escuelas francesas se les enseña á leer á la *francesa*, y en algunos laudables conventos de religiosas se les enseña á leer á lo *mongil*, es decir malamente el castellano y pésimamente el latin. De esto se sigue, la ignorancia de las mujeres, no solamente en los principales ramos que constituyen la buena educación, sino tambien (concretándonos á esta y ciertas provincias) en la misma lengua nacional cuyo conocimiento es ya una obligación (*Diario Constitucional, Político y Mercantil de Palma*, núm. 13, 13 de julio de 1821: 2).[16]

1.3 La normalización ortográfica en escritores y editores

Los escritores son un caso especialmente singular en el uso de la ortografía. En el ejercicio de su pluma, usan la ortografía con que aprendieron a escribir en la escuela, esto es, la académica, aunque rara vez atienden en sus prácticas a las diferentes reformas ortográficas que a lo largo de sus ediciones se desarrollan en el seno de la Academia (especialmente aquellas que acontecieron en el siglo XVIII), ya sea porque desconocen las nuevas reglas, ya sea por el escaso interés

---

16 Al igual que había sucedido en el siglo anterior, en el que para el sexo femenino –como contundentemente sostiene Viñao (1988: 298)– no existió ni Ilustración ni Luces, el XIX continúa con una tónica muy similar. Aunque en teoría no había prohibición taxativa para que las mujeres asistieran a la escuela y recibieran una educación similar a la de los hombres, en la práctica –como bien afirma M. Ortega López (1988: 308)– no acudían a clase sencillamente porque no era ese el papel que tenían asignado socialmente, salvo raras excepciones, en las que sí había una clara diferenciación marcada por su estatus social: las niñas procedentes de familias acomodadas sí aprendían, aunque de manera deficiente, a leer y escribir, mientras que las hijas de las familias pobres recibían, en el mejor de los casos, instrucción en labores prácticas relacionadas con tareas como coser, bordar, etc., pero escasos o nulos conocimientos sobre lectura y escritura.

que para ellos tiene su aplicación. No hay nada de extraño en ello, pues no necesitan la actualización de sus conocimientos para el ejercicio de su profesión. De este modo, muchos de los cambios ortográficos son acogidos, si acaso, en las versiones editadas e impresas de las obras literarias, pero no en sus manuscritos, como demuestra en su trabajo Rivas Zancarrón (2010) al respecto de autores como Meléndez Valdés, González del Castillo, Jovellanos, Fernández de Moratín, etcétera, en el periodo de entresiglos.

El control de la pureza de la lengua y el seguimiento de las pautas marcadas por la Academia no es patrimonio, así pues, de los escritores afamados, sino de los que publican sus obras, esto es, los editores, esos profesionales que presumen de conocer a la perfección las reglas ortográficas y gramaticales y las aplican o no en función de sus intereses o inquietudes, estableciéndose, de este modo, como promotores de una determinada norma, que adoptan y difunden en sus ediciones.

No cabe duda de que la utilización oficiosa de la ortografía académica en un ámbito tan importante como el de la escuela facilitó de manera inevitable su seguimiento en la imprenta, donde las observancias de la RAE eran bien conocidas por los redactores y el uso del sistema ortográfico académico fue casi total, salvo algunos desajustes particulares en algunas ediciones por la falta de tipos o una escasa formación de los cajistas. Así se observa, por ejemplo, en el siguiente anuncio de la edición de las obras de Calderón por parte del librero Brockhaus, que aporta la siguiente muletilla: "se seguirá la ortografía sancionada por la academia de Madrid en 1792" (*Crónica Científica y Literaria*, núm. 294, 21 de enero de 1820: 4); esta u otras fórmulas similares se repiten en diferentes casos: "Caton christiano con exemplos para uso de las escuelas, nueva edición corregida según las reglas de ortografía de la real academia española" (*Diario de Palma*, núm. 126, 5 de mayo de 1812: 544). En este sentido, el uso inadecuado de la ortografía o la presencia de sistemas no acordes a los propuestos por la docta corporación en los libros son rápidamente cuestionados o criticados socialmente, como sucede en la siguiente muestra textual de la prensa escrita, en la que se sanciona la mezcla de ortografías de diferentes épocas en una edición de los discursos morales de Herrera:

> [...] el Editor de Herrera no ha seguido exactamente su manuscrito, ó por no haber acertado siempre á descifrarle, ó por descuido en el corregir las pruebas de la imprenta: de esto resulta que no hay á que atenernos, andando confusamente mezclada la ortografía antigua con la moderna, y resultando solemnes desatinos (*Minerva ó El Revisor General*, núm. 7, 22 de octubre de 1805: 49).

Más adelante, en este mismo texto, la crítica se centra en el uso de una ortografía incorrecta:

> ¿Qué resulta de todo esto? Que el grande esmero que el Editor de Herrera ha puesto, ha sido el de echarlo a perder, añadiendo á las faltas del borroso manuscrito, las suyas propias, que no serán pocas, y formando una extraña mezcla de todos los géneros de buena y mala ortografía, con lo qual ni ha hecho honor al autor, ni beneficio al público (*Minerva ó El Revisor General*, núm. 7, 22 de octubre de 1805: 52).

A medida que avanza el siglo, el seguimiento de la ortografía académica se hace cada vez más palpable en la imprenta, que acaba por generalizarse con la oficialización de la doctrina académica en 1844, tal y como se ve en algunas publicaciones específicas sobre composiciones tipográficas. Un ejemplo muy claro de esto es el de la publicación del manual del cajista de Palacios (1845: 57), que establece como una tarea importante en la composición de oraciones "poner la acentuación, ortografia y puntuación que necesite, y no copiar precisamente como sucede", destinando para ello un capítulo específico de su obra, el XI, a este arte. En su inicio, afirma lo siguiente:

> De poco ó nada serviría el comprender muy bien todo el mecanismo de la Imprenta, si una parte principal no le ayudase, cual es la gramática: de ella solamente conviene retener en la memoria la acentuacion, puntuacion y ortografia, cuyas tres partes tan esenciales para el que se dedique á este arte, son las que procuraré manifestar en compendio, dando las principales reglas para su práctica (Palacios, 1845: 115–116).

Aunque en su extracto de reglas no alude a la Academia, el texto sigue sus doctrinas. Sí hace mención de ella en el siguiente capítulo, el destinado a las voces de dudosa ortografía, para el que toma de referencia el *Diccionario* de la institución (cf. Palacios, 1845: 128).

Unos años más tarde, la obra de Serra y Oliveres (1849) también alude a la importancia en la enmienda de faltas de ortografía por parte del corrector, si bien da igualmente constancia de las preferencias ortográficas que en ocasiones manifiestan editores o autores:

> A fin de que las obras salgan lo mas correctas posible, será muy útil que en una imprenta se siga en todo una misma ortografia, pero como muchas veces esto no se puede observar porque el autor ó editor de tal ó cual obra quiere que se haga según la ortografia que á él le parece, entonces se procurará que el corrector empiece á leerla de primeras sea siempre el mismo hasta concluirla, é igualmente siga leyéndola toda la obra el que pase las pruebas de segundas (Serra y Oliveres, 1849: 295).

A partir de la segunda mitad de siglo son muy pocas las obras que se alejan de los presupuestos ortográficos de la RAE, en su mayoría, autores con una clara ideología reformista o antiacadémica.

2 Periodización de las acciones de reforma ortográfica

Conviene aclarar que el propósito de este trabajo no es el de trazar una historia de la ortografía del español en el siglo XIX. Nuestra investigación solo centra su interés en las acciones y propuestas de reforma que, en torno al proceso de oficialización de la ortografía académica, se desarrollan en el marco de la prensa escrita española en el siglo XIX por parte de aquellos autores que se muestran contrarios a las doctrinas imperantes de la Real Academia Española, convertida en el eje vertebrador de la doctrina ortográfica dentro del estado. Frente a ella, los reformistas son erigidos por nosotros en un grupo social más o menos cohesionado, cuyos componentes se enlazan por una meta común, la de la reforma de la ortografía. Sus propuestas en la prensa se muestran ante nuestros ojos como un cúmulo de textos entrelazados o no, en ocasiones de difícil cohesión, en los cuales aparecen numerosas informaciones de acontecimientos, acciones y fechas que no pueden ser ignoradas si queremos dar algo de concierto en tanto desorden. Todos ellos marcan en su conjunto los hechos que con más o menos intensidad se producen a ambos lados de esa fecha divisoria de 1844 y que establece límites entre lo que podríamos denominar el periodo oficioso y el oficial de la ortografía académica. Atendiendo al estudio de esta producción textual, subdividimos el proceso de reivindicación de cambios ortográficos en la prensa en cinco periodos, en relación con los distintos matices ideológicos, flujos de acontecimientos y acciones referentes a la temática:

Periodo 1. Primeros debates y propuestas de reforma (1800–1817). El comienzo de siglo hereda la cada vez más creciente tendencia de influencia y consolidación de la ortografía académica, gracias a las tareas que la institución desarrolla desde finales del siglo XVIII. Estamos ante una etapa en la que apenas se producen propuestas de reforma o discusiones sobre la autoridad de la RAE como órgano regulador de la lengua, que poco a poco logra la aceptación social y el uso extendido de sus doctrinas en los diferentes sectores de la sociedad.

Periodo 2. El auge reformista en manos del gremio de profesores (1818–1844). Una vez que el asunto de la ortografía cobra interés en la escuela, las pretensiones de reforma son más intensas y vigorosas, específicamente de la mano de los maestros, que ven fortalecidas sus opiniones por el apoyo del Colegio Académico de Profesores de Primeras Letras, en cuyo seno se comienza a abordar el asunto de la ortografía como un importante elemento para la mejora

de la enseñanza de la lectura y la escritura. El tema aumenta su repercusión
social a finales de la década de los treinta, cuando los maestros intensifican su
asociación gremial en el marco de las academias de profesores, en especial, la
Academia de Profesores de Primera Educación, la Asociación de Maestros de
León y la Academia Literaria y Científica de Instrucción Primaria, que ejercen
una fuerte presión social desde la amplia difusión que da a sus ideas el debate
público en la prensa escrita. Estamos ante el periodo más virulento y amena-
zante para la autoridad de la RAE y la pervivencia de su estatus como órgano
regulador de la lengua, en este caso, de la ortografía, en nuestro país.

Periodo 3. La oficialización de la doctrina ortografía académica y el silencio
de las propuestas reformistas (1844–1860). Una vez que la Real Academia Española ve amenazada su autoridad, actúa con celeridad para que el gobierno y la
reina apoyen y defiendan sus intereses. El proceso de oficialización de la ortografía académica, que se pone en marcha por una real orden de 1844 y culmina
ese mismo año con la publicación del *Prontuario* de la RAE, abre un periodo de
persecución a los reformistas. La aparición de distintas órdenes disuasorias en
contra de la libertad de los maestros va acompañada de continuas inspecciones
y de la desarticulación del poder que hasta el momento habían ido aglutinando
las asociaciones y academias de profesores. Se crea, de este modo, un nuevo
orden social que acaba por silenciar las voces de los reformistas, al menos de
manera inmediata, en sus escritos de la prensa.

Periodo 4. Los epígonos del reformismo ortográfico (1860–1874). A partir de
la década de los sesenta, aparecen nuevas acciones neógrafas lideradas por algunos maestros de manera individual, entre los que destacan Ruiz Morote y García
Lozano, entre otros, que cobran cada vez más intensidad en estas publicaciones
periódicas. Sus discursos apenas varían ideológicamente de los anteriores, aunque su reivindicación de cambios en nuestra ortografía viene acompañada de
una retórica más conciliadora, con textos y propuestas que intentan rehuir de la
belicidad con la que había finalizado la etapa anterior. A mediados del periodo,
se produce la caída de Isabel II y se inicia el denominado Sexenio democrático
en España (1868–1874), que da paso al establecimiento de la libertad de enseñanza en el uso de manuales escolares. En contraste con los años anteriores, se
disipan las acciones reformistas y quedan estas reducidas a una única polémica
de interés, protagonizada por Gómez de Salazar, Condomines y Bosch.

Periodo 5. El resurgimiento de las propuestas neógrafas en el marco de los
movimientos internacionales de reforma ortográfica (1875–1900). Con la Restauración Borbónica, la Real Academia Española recupera su autoridad doc-
trinal en la escuela. Los maestros partidarios de la reforma son nuevamente
perjudicados por esta decisión y, junto a otros intelectuales de otros ámbitos,

retoman sus acciones de reforma de la ortografía en España, amparados ahora en el sustento y aporte ideológico que les proporciona el desarrollo de los diferentes movimientos de reforma internacionales de otros países.

Aunque algunas fechas son meramente orientativas, cada periodo tiene su fundamento en diferentes hitos históricos de importancia para los hechos relatados, así como en el mayor o menor caudal de las reivindicaciones de reforma, cuya identidad colectiva sirve de base y actúa de termómetro de las actitudes de estos autores. En los siguientes capítulos detallaremos los acontecimientos vividos en cada uno de estos episodios, ahondando en aquellos que consideramos más sugerentes dentro de todo este largo proceso de fijación ortográfica.

3 Primeros debates y propuestas de reforma (1800–1817)

La doctrina ortográfica académica que se generaliza en el ámbito de la imprenta no solo tiene su impacto en las publicaciones de libros, sino también en todas aquellas ediciones que salen de sus prensas en forma de periódicos, diarios y revistas. De este modo, desde principios de siglo, la prensa periódica da muestra de la consolidación de la ortografía dictada por la institución, que apenas encuentra atisbos de contrariedad a la normalización de su práctica ortográfica en forma de leves debates poco reflexivos (desde el punto de vista filológico) entre redactores y lectores acerca de la competencia y viabilidad de la reforma.

3.1 Reforma ortográfica en el *Diario de Madrid*

En el año 1805 se produce el testimonio de una temprana reforma ortográfica que es enviada a las páginas del *Diario de Madrid* por el amigo de un autor anónimo tras su fallecimiento. En su contenido destaca la defensa de simplificación de nuestra ortografía y la crítica a los criterios tradicionales del uso y el origen usados en nuestro sistema gráfico:

> Nuestro idioma castellano por su prodijiosa abundancia, magnificencia y enerjía es superior á todos los bibos; pero le falta simplificar la escritura conformándola puntualmente con la pronunciacion, única regla que debemos seguir, porque la escritura es copia de las palabras, como estas del pensamiento; y siempre que no corresponda la copia con el orijinal, se puede decir que es defectuosa. No debemos atender al uso, porque es inconstante como las modas, según se adbierte aun en las obras de los escritores mas célebres; ni tampoco al orijen de las boces, porque para encontrarle sería necesario un estudio muy prolijo que pertenece á la erudición; y aun adquirido, sería difícil su obserbancia, pues cuando se escribe mas se atiende á esplicar el pensamiento, que á la casa solariega de las boces (*Diario de Madrid*, núm. 150, 30 de mayo de 1805: 635–636).

En el siguiente fragmento queda recogido su plan de reforma, para el cual propone la aplicación de un criterio fonetista:

> Para evitar esta impropiedad, y acer la escritura mas facil, mas limpia, mas brebe, mas análoga á nuestro jenio, y conformarla con la pronunciación, parece que el estado actual en que la *b* y la *v* consonante son unísonas, puede descartarse esta última, como superflua, de nuestro abecedario, así como por igual motibo se descartó la *ç* que sonaba como la *z*; y cuando ubiese alguna boz equíboca (que será muy rara), puede quedar determinada por el contesto antecedente y subsiguiente. A la *c* no debe usurparle su

oficio la *q*, que asta aora usamos en las combinaciones *cua, cue, cuo*: la *f* no necesita del substituto *ph*, y así puede desterrarse: la *g* puede contenerse en el sonido suabe, sin ejercer el oficio de *j*: la *h*, sea aspiración, ó sea letra, no debe escribirse donde no suena, porque es de mucho embarazo: la *k* es suplerflua: con la *ll* se puede acer lo que se izo con la *nn* doble, que se quitó la una, y se puso una tilde tendida sobre la otra, ó tomar otro medio equibalente: á la *x* la acemos ejercer tres oficios, el de *s*, el de *cs*, y el de *j*, como se manifiesta en estas tres boces *auxilio, excelente, exemplo*, y otras semejantes, y podía quedar con uno solo y limitado, pues donde suena como *s*, esta puede desempeñarle: donde suena como *cs*, por ser poco áspero este sonido, se puede emplear la *s* en muchas boces para suabizarle y acerle mas apacible el oído, como sucede en la pronunciacion, que en lugar de *excelente* los mas dice *escelente*; y no debe admitirse donde suena como *j*, por ser tan fuerte esta que en bez de substituto le bendría mejor un lenitibo (*Diario de Madrid*, núm. 150, 30 de mayo de 1805: 636).

Unos meses más tarde, un maestro de primeras letras se interesa por este mismo objeto y lleva a cabo su propia reflexión sobre el plan de reforma, reprobando la ortografía seguida en la escuela:

[...] (según la experiencia que tengo en mi exercicio de Maestro de primeras letras) es casi imposible que ningún discípulo salga instruido de nuestras escuelas con la Ortografía que seguimos. Esta nos prescribe tres reglas ó principios para escribir, que son pronunciación, la etimología, y el uso. La primera es la útil a que pueden y deben seguir los niños; pero no las otras dos (*Diario de Madrid*, núm. 308, 3 de noviembre de 1805: 507).

En definitiva, este maestro defiende "una ortografía sencilla, que estableciese por único principio la pronunciacion, que separase de nuestro Abecedario las letras superfluas, y fixase el oficio de cada una sin confundirle con el de la otra", facilitándose, en consecuencia, el proceso de enseñanza de la lectura y la escritura en la escuela (*Diario de Madrid*, núm. 308, 3 de noviembre de 1805: 508). La propuesta solo queda en una mera anécdota, sin mayor repercusión.

3.2 Polémica ortográfica en la *Aurora Patriótica Mallorquina*

Como ya se ha advertido, los debates sobre la ortografía en la prensa de estos primeros años de siglo son ocasionales. Las páginas de los periódicos son ocupadas por otros contenidos temáticos que se consideran más importantes; entre los intelectuales de la época apenas hay interés por el asunto, que queda relegado a un discreto segundo plano, hasta el punto de que, en no pocas ocasiones, cuando el tema hace aparición, solo sirve de telón de fondo de otras polémicas de mayor trascendencia, como las políticas. Este es el caso del debate ortográfico que se origina a partir de un artículo titulado "Carta de un Niño de la escuela á los editores de la *Aurora patriótica mallorquina*", aparecido en

el *Diario de Mallorca* (núm. 300, 5 de diciembre de 1812: 1385–1387), y en el
que un niño (molesto por unas críticas previas que la *Aurora* había realizado
al habla de unos obispos refugiados en Mallorca), reprocha a este periódico los
distintos errores ortográficos que, a tenor de las normas dictadas por la RAE en
su *Ortografía*, se cometen en este diario.[17] La transgresión de la escritura habitual en la *Aurora Patriótica Mallorquina* no pasa desapercibida por este niño
(casi con toda seguridad, un sujeto imaginario), que sirve a los redactores del
Diario de Mallorca para arremeter contra sus enemigos políticos, presentando
el listado de errores detectados en medio de un texto crítico que concluye con
una frase rematada en refranero:

> Reflexîonen Vdes. bien la multitud de errores que insertan en su Aurora, y verán quan
> léjos están aun de escribir con propiedad su idioma nativo; por cuya razón es menester
> todavía estudien mucho ántes de volver á censurar ningún escrito ageno, no sea cosa
> que les suceda lo que ahora, que han ido a por lana, y han vuelto trasquilados (*Diario
> de Mallorca*, núm. 300, 5 de diciembre de 1812: 1387).

Como era de esperar, la reacción a esa carta por parte de los editores de la
Aurora Patriótica Mallorquina no tarda en llegar: cinco días más tarde, aparece
en sus páginas un artículo no comunicado[18] en el que se refutan los aspectos
más reseñables del anterior en un tono despectivo y ofensivo hacia la figura de
ese niño y sus envenenados dardos, a la par que se defiende el uso de un propio
sistema ortográfico al margen de los presupuestos académicos. En su contenido,
hay ocasión de reprender el atrevimiento de ese crío que quiere ser hombre sin
apenas conocimientos:

> […] ufano con la ortografía de la academia, que le habrán puesto en las manos, ha
> creido poder ya bachillerear y decir, aquí hay un hombre. Si conociese á su maestro,
> le encargaría que le diese una reprimenda para que no fuera otra vez tan atrevidillo, y
> que le explicase que los errores de ortografía no lo son de la lengua castellana, como
> los de la pastoral de los ocho señores *refugiados*; y que no se puede llamar error de
> ortografía lo que es un sistema de nueva ortografía (*Aurora Patriótica Mallorquina*,
> núm. 21, 10 de diciembre de 1812: 255).

---

17 Entre estos, señala problemas de adición o supresión de acentos, uso incorrecto de
    n antes de *b* y *p*, eliminación de la *x* seguida de consonante (usando en su lugar *s*),
    utilización de *g* y *j* en lugar de *x* cuando esta grafía corresponde al sonido gutural
    fuerte y, finalmente, problemas con las mayúsculas y minúsculas.
18 Como otros tantos periódicos, la *Aurora Patriótica Mallorquina* recoge artículos que
    se dividen en comunicados o no comunicados, esto es, artículos ajenos a la redacción
    o artículos que esta escribe.

A continuación, se acompaña una disertación en la que se hace alarde de conocer los criterios de fijación ortográfica (origen, pronunciación y uso) y se defiende el uso de la ortografía auroriana basada en la pronunciación, con nuevos dardos hacia la carta publicada en el *Diario de Mallorca*.

En efecto, parece que los ataques proferidos en los números anteriores iban dirigidos a la cúpula del diario, de ahí que la contrarréplica no se haga esperar, en este caso, directamente desde la redacción del *Diario de Mallorca*. Tras cinco días, aparece pública una respuesta que sirve para acusar a los auroristas de falta de autocrítica y en la que se defiende la autoridad de la RAE para el establecimiento de la ortografía de nuestra lengua:

> [...] no solo no rebaten las poderosas razones con que el Niño les prueba que no saben escribir el castellano, sinó que padecen también el grande error de creer que Mayans, Valbuena y otros corruptores de nuestra ortografía pueden dar reglas contra lo establecido por la Academia española, cuando ningun particular tiene voz activa ni pasiva en esta materia, y por lo mismo los expresados por Mayans y Valbuena tienen tanta autoridad para inventar reglas nuevas, como un esclavo para dar la ley á su amo; pues la academia es la legisladora de la ortografía, y por tal la ha reconocido y protegido siempre nuestro legitimo gobierno; por cuyo motivo debemos seguir su opinión, y no la de Mayans, ni; la de Valbuena, ni la de los auroristas (*Diario de Mallorca*, núm. 310, 15 de diciembre de 1812: 1365).

El artículo continúa en el día siguiente (*Diario de Mallorca*, núm. 310, 16 de diciembre de 1812: 1369–1370) y, a falta de algún otro texto que haya podido pasar desapercibido, el intercambio dialéctico termina evidenciando que el asunto ortográfico solo es un disfraz bajo el cual se esconde una inagotable disputa originada por los distintos posicionamientos políticos de los redactores y lectores de estos diarios.

Un ejemplo similar es el de la pugna que este mismo diario de la *Aurora* mantiene con su máximo adversario, el *Semanario Cristiano-Político de Mallorca*, a partir de la publicación de un artículo titulado "Gramática", en el que se trata la diferencia de uso entre *alguno* y *ninguno* y se instruye sobre el uso de la doble negación en español, a partir de lo dicho por la Academia (*Semanario Cristiano*, núm. 62, 23 de septiembre de 1813: 517–518). En apariencia, estamos ante un asunto que concierne al ámbito gramatical (en concreto, al uso de la doble negación en español), que es contestado y rebatido en un artículo comunicado, firmado por E.R.E., en el que se desmontan las falsedades vertidas por aquel (*Aurora Patriótica Mallorquina*, núm. 96, 16 de septiembre de 1813: 63), pero en el fondo estamos ante una nueva disputa sociopolítica entre autores que, como en el caso anterior, descienden a la arena y al fango lingüístico en un debate que sirve de fondo metafórico o alegórico donde exponer sus ideales sociales y políticos.

3.3 Debate sobre la ortografía en *El Diario de Barcelona*

Entre mayo y junio de 1817, el asunto de la ortografía es también objeto de debate en el *Diario de Barcelona*, periódico que alberga el primer gran ciclo polémico sobre la ortografía de nuestra lengua.[19] El tema es iniciado con tres textos firmados anónimamente por "El amante de la literatura M. R. G. M." en la sección de "Noticias particulares de Barcelona" (*Diario de Barcelona*, núm. 125, 25 de mayo de 1817: 775–776; núm. 126, 26 de mayo de 1817: 779–780; núm. 147, 27 de mayo de 1817: 783–786), en los que este autor plantea de manera tajante la necesidad de someter la ortografía de nuestra lengua a la pronunciación, para evitar, de este modo, su problemática y heterogénea situación:

> ¿Cuáles son las causas de qe la Ortografia de la lengua castellana no aya llegado todabia á la perfeczion, qe debiera? ¿De donde probiene qe después de tantas Ortografias i de tantos Conpendios bazilen muchas bezes los, qe las aprenden, i aun algunas los maestros mismos sobre el uso de ziertas letras? No de otra causa qe de no aberse adoptado por regla única i universal de la Ortografia la pronunziazion i arreglado á ella el uso de los signos, ó letras, de qe nos balemos para la escritura (*Diario de Barcelona*, núm. 125, 25 de mayo de 1817: 775).

Su particular grafía, en la que elimina las distinciones existentes en los dobletes *b/a*, *x/j/g*, *i/y*, *c/z* y *c/q*, es suficientemente reveladora de su propuesta de reforma, que completa con la supresión de la *h* de los dígrafos *gu* y *qu*. A pesar de que el autor presenta respeto por las doctrinas ortográficas académicas –de manera explícita, cita el avance que en este sentido supone la octava edición de la ortografía en 1815–, su texto es todo un alegato a favor de la prevalencia de la

---

19 Nos referimos a ciclo polémico en el sentido especificado por Durán López (2018: 429) como un conjunto de textos que se suscitan en torno al mismo tema y que parten de un escrito inicial a partir del cual se desencadenan diferentes reacciones, réplicas y contrarréplicas a lo largo del tiempo. Estos ciclos polémicos, que se generan de manera básica entre dos autores, tienden –como en este caso concreto– a ramificarse, ya sea con la adición de nuevos participantes en uno u otro bando, ya sea por el desarrollo de nuevos ciclos paralelos o entrelazados con el inicial, cuya reconstrucción no siempre es sencilla, pues se producen desde cabeceras distintas y no es suficiente con leer linealmente un único periódico.

pronunciación como norma reguladora de la ortografía, que incluso augura como el único criterio válido en un futuro para la propia Academia.[20]

La propuesta tiene pronta réplica, en concreto, dos días después, de la mano de un tal D. D. J. P. B.,[21] que firma un texto titulado "Al restaurador de la Ortografía" (*Diario de Barcelona*, núm. 149, 29 de mayo de 1817: 797–799) en el que, a pesar de que en un principio alaba la propuesta realizada por su adversario, defiende la propuesta ortográfica realizada por la Real Academia Española y la conjugación de la pronunciación, la etimología y el uso como principios de nuestra escritura,[22] a la par que introduce en su discurso algunas muestras de ironía propias de este tipo de polémicas en la época.

Pronto tercia en este ciclo polémico la figura de un tercer contendiente, que con las iniciales de B. C. A. firma unos días más tarde (*Diario de Barcelona*, núm. 156, 5 de junio de 1817: 836–838) un texto en defensa del restaurador de la ortografía. En su discurso, también aboga por una reforma ortográfica en la que se tome como principio único la pronunciación, empresa que podría ser iniciada por la Corporación o por cualquier otra autoridad:

> La Real Academia es la que debe fijar las leyes en nuestra pronunciacion y escritura: pero su autoridad no quita la libertad, que tiene el menor de los Españoles de proponer las mejoras que juzgase oportunas á fin de dar á nuestra lengua toda la sencillez, exactitud y riqueza de que es susceptible con poco trabajo á mi entender (*Diario de Barcelona*, núm. 156, 5 de junio de 1817: 837).

Como no podía ser de otra manera, Ballot publica su contrarréplica a B. C. A. en una carta que sale publicada de manera seriada en tres partes (*Diario de Barcelona*, núm. 160, 9 de junio de 1817: 855–856; núm. 161, 10 de junio de 1817: 859–860; núm. 162, 11 de junio de 1817: 867–868) en la que –como muy bien ha sabido destacar Clavería Nadal (2020: 375)– "se desgranan con fina ironía los argumentos en contra de la reforma propuesta por el restaurador" y se intenta dar por zanjado el debate en una advertencia. El propio Ballot afirma

---

20 El artículo centra también su interés en el asunto de la puntuación, cuyos errores actuales achaca al desinterés que, por lo general, han tenido todos los autores por la lógica y la gramática en el establecimiento de sus bases (*Diario de Barcelona*, núm. 147, 27 de mayo de 1817: 785).

21 Las siglas se corresponden con las de José Pablo Ballot, como se corroborará más adelante en el propio debate cuando en una carta aparecida el 19 de junio de 1817 firma con su nombre completo.

22 Su defensa, que no es ciega ni definitiva, evidencia también los desajustes de las propuestas de la *Ortografía* y el *Diccionario*, en cuyo caso, siempre priman las aparecidas en la *Ortografía* (*Diario de Barcelona*, núm. 149, 29 de mayo de 1817: 798).

lo siguiente: "no quiero contestar más, porque ya cansa la repetición de este asunto" (*Diario de Barcelona*, núm. 162, 11 de junio de 1817: 868).

Pero una polémica no termina cuando uno quiere, sino cuando sus posibles adversarios también están de acuerdo, y en esta ocasión, surgen nuevos textos relacionados con el asunto: el primero, de la mano de Santiago Osorio (*Diario de Barcelona*, núm. 170, 19 de junio de 1917: 909–912), que sale a la palestra para situarse también del lado del restaurador y el uso de la pronunciación como criterio para la ortografía; el segundo, Pablo Torres, que en tono jocoso escribe una carta a Ballot (*Diario de Barcelona*, núm. 170, 129 de junio de 1917: 912) en la que lo acusa de defender la nueva ortografía. La respuesta de Ballot, que es inminente y aparece justo en la página siguiente (*Diario de Barcelona*, núm. 170, 129 de junio de 1917: 913), utiliza el mismo tono jocoso y hace alusión a otro tipo de innovaciones en relación con la tinta o la forma de las letras.[23]

3.4 Debate ortográfico en torno al *Paralelo de Ortografía*

En los primeros años de siglo no son muchas las obras que presenten planteamientos contrarios a los académicos y propongan reformas ortográficas para nuestra lengua. Ahora bien, cuando aparecen, es habitual que la prensa sirva de canal de difusión de estos trabajos, que se encuentran publicitados en sus páginas y, con frecuencia, son reseñados por sus redactores, cuyas opiniones suele provocar, con frecuencia, la aparición de posturas a favor o en contra y el inicio de disputas por parte de sus lectores. Es lo que ocurre precisamente en la *Crónica científica y literaria* a partir de la reseña que se realiza de la obra *Paralelo entre la ortología y la ortografía castellanas, y propuestas para su reforma*, de Gregorio García del Pozo.[24] Los redactores del periódico, a pesar de que plantean alguna objeción al trabajo, llevan a cabo una crítica positiva de la obra en líneas generales y aplauden la propuesta de reforma ortográfica de este autor, a pesar de la dificultad de su ejecución:

> Muchas veces se ha emprendido reformar la ortografía castellana, arreglándola á la pronunciacion, de modo que los signos sean individuales, constantes y exactos. El autor coopera á este sistema proponiendo algunas mejoras en que están de acuerdo la analogía, la razón y el carácter de nuestro idioma, pero con todo este apoyo, será casi imposible que estas reformas se verifiquen, por tener en contra el uso constante

---

23 Para un estudio pormenorizado de toda esta polémica, puede acudirse al trabajo de G. Clavería Nadal (2020).

24 En 1825, este mismo autor da luz a otra obra sobre reforma ortográfica, que no tuvo la misma recepción en la prensa (cf. García del Pozo, 1825).

y universal de los que escriben (*Crónica Científica y Literaria*, núm. 41, 19 de agosto de 1817: 3).

Pero muy pronto aparece la figura de uno de sus lectores que, bajo la firma de G. G. García, expresa su opinión sobre la obra y su reseña, reprendiendo a todos aquellos que de manera poco seria se habían propuesto estas reformas:

> Muchas veces se ha emprendido reformar la ortografía castellana, es verdad; pero cítese un tal solo autor que se haya propuesto hacer un estudio formal, meditado con la atención y delicadeza que exige esta reforma: todos lo han desdeñado, ó no han tenido paciencia ni sufrimiento para detenerse mucho en un trabajo, mirado mas bien como ocupación de maestros de escuela, de niños, y de gente ignorante, que como primer fundamento y base de la ciencia humana (*Crónica Científica y Literaria*, núm. 46, 5 de septiembre de 1817: 2).

El asunto se complica cuando entra en escena una voz disonante, que firma con las iniciales E. O. y muestra su disconformidad con la línea de la reseña; en un tono más ácido, indica lo siguiente:

> [...] que ustedes con su acostumbrada indulgencia, hayan hecho elogios desmedidos de la obra u de las reformas en ella propuestas, pase, aunque mala gana, por mi parte, pues no pago seis cuartos todos los martes y viernes de cada semana, sino con el designio de instruirme ó recrearme, y ni uno ni otro conseguiré con el mencionado paralelo, ni con los juicios que de él se hagan (*Crónica Científica y Literaria*, núm. 54, 3 de octubre de 1817: 2).

Unos años antes, había aparecido también otra obra, la de Judas José Romo (1814: 6), que, aunque alaba en su "Discurso preliminar" la tarea de la Academia y considera el tratado académico como "el más sabio de todos", ve necesaria la reforma como una necesidad para facilitar la práctica de la escritura y la lectura. El trabajo no parece, sin embargo, que fuera discutido en prensa: en la reseña que aparece en el *Diario de Madrid* (núm. 293, 20 de octubre de 1814: 3) se limita a decir que "en esta obra se demuestra que la ortografía no debe establecerse, suponiendo á los hombres gramáticos y eruditos, y que los ortógrafos han seguido hasta ahora este sistema erróneo: despues se propone un método para que todos escriban correctamente sin necesidad de gramática ni otras ideas facticias".

4 El empuje reformista del gremio de profesores (1818–1844)

Los debates que en las primeras décadas del siglo XIX se producen al respecto de la necesidad de una reforma ortográfica de nuestra lengua en España son tan escasos que la indolente Academia no parece advertir amenazada la consolidación de su doctrina. Pero esta tendencia empieza a cambiar a partir de 1818, momento en que el asunto empieza a preocupar a los maestros de escuelas, que pronto ven en la reforma una posibilidad para la mejora de la enseñanza de la lengua. Sus diferentes acciones derivan en una serie de propuestas más concretas que en pocos años ganan adeptos.

4.1 El Colegio Académico de Profesores de Primeras Letras

En el creciente interés que toma el asunto ortográfico entre los docentes desempeña un papel fundamental el Colegio Académico de Profesores de Primeras Letras, que, tras algunas décadas de vicisitudes, retoma su actividad a finales de la primera década del XIX, dando cumplido a uno de los objetivos primarios recogidos en sus estatutos, el de "que los maestros tuviesen abiertos continuos ejercicios para su mayor instrucción, examen y progreso" (cf. Cotarelo y Mori, 1913: 223). En este marco, algunos de sus individuos incentivan la celebración más o menos continuada de ejercicios literarios en los que empieza a fraguarse el interés por el debate ortográfico, especialmente, a partir de los discursos que el 29 de enero de 1818 desarrollan Francisco Leocadio Zazo de Lares y Antonio Navarrete en relación con la lectura, para cuya mejora en la enseñanza proponen la introducción de cambios ortográficos en nuestro sistema:

> [...] propusieron que se podria enseñar a los niños á leer en menos tiempo que el que hasta ahora se ha invertido siempre que en nuestra ortografía se hiciesen las reformas de que es susceptible, reduciendo todas sus reglas ó principios constituyentes al de solo la pronunciacion; en cuyo caso se verificaria el proverbio de que la escritura es un verdadero trasunto de las palabras, ó que en castellano se escribe del mismo modo que se habla; á cuya verdad se oponen los otros dos principios llamados uso constante y orígen (*Diario de Madrid*, núm. 423, 2 de abril de 1818: 424-425).

Para estos autores, la reforma es necesaria y "se fundaba solamente en suprimir algunas letras de nuestro alfabeto" y, aunque en este texto no se expone exactamente cuál sería el sistema resultante, más allá de mencionarse que "no debería darse a cada letra mas que un solo sonido ú oficio",[25] es muy probable que todos esos cambios aparecieran en el silabario que estos autores presentan ese mismo día y con el que intentan demostrar la posibilidad de poner en práctica la doctrina expuesta.

El trabajo es aprobado unánimemente por todos los académicos y al poco tiempo se generan debates entre los maestros en torno a la conveniencia de la reforma ortográfica, como el que se da el 6 de junio de 1819 a partir de las ideas presentadas en sus discursos por los académicos Teodoro Salvador Cortés y Juan Manuel del Valle. El primero, a favor de la defensa de los principios fundamentales de las reglas ortográficas académicas, esto es, pronunciación, uso y origen:

> [...] el suprimir, aumentar ni permutar letra alguna de nuestro alfabeto, socolor de reformar la misma ortografía, porque se desfiguraria de tal modo nuestra escritura tan repentinamente, que apenas habría quien pudiese entenderla, ni menos conocer la etimología de infinitas voces que ha admitido nuestro idioma de otros estraños (*Diario de Madrid*, núm. 196, 15 de julio de 1819: 81).

El segundo, partidario de fijar las voces por medio de su pronunciación:

> [...] no debia haber otro principio fundamental que el de la pronunciacion, el cual quedaba entablado al momento que se conviniese en que no tuviese mas que un solo sonido cada letra, y que de estas no hubiese mas que las que necesita nuestra misma pronunciacion (*Diario de Madrid*, núm. 196, 15 de julio de 1819: 82).

El caudal discursivo e ideológico de los maestros parece decantarse definitivamente por la reforma y sus propuestas concretas son canalizadas en la creación de un nuevo silabario arreglado a la pronunciación por parte del propio Colegio Académico, una obra muy difundida en la prensa (entre otros, *Diario Constitucional, Político y Mercantil de Palma*, núm. 13, 13 de abril de 1821: 4; *Diario de Madrid*, núm. 201, 26 de julio de 1822: 4; *El Espectador*, núm. 473, 30 de julio de 1822: 440, *Diario de Madrid*, núm. 215, 3 de agosto de 1822: 895). Las Cortes la acogen igualmente con sumo agrado y en su sesión del día 9 de junio de 1822 manda repartir doscientos ejemplares entre los diputados (*Diario de las Actas y discusiones de las Cortes*, núm. 5, 1822: 1). Sin embargo, ni este trabajo ni sus pretensiones concretas alcanzan el recorrido esperado en las escuelas, donde quizás su fracaso estuviera vinculado a la publicación de los nuevos estatutos

---

25 De manera explícita, en la noticia de prensa solo se menciona el cambio en el uso de la *i*, que se reservaría para todos los usos vocálicos, incluido el de la conjunción copulativa (en lugar de *y*, que quedaría en el lado de las consonantes con el nombre de *ye*).

del ahora denominado Colegio Académico de Profesores de Primera Educación, que salen a la luz en la Imprenta de E. Aguado en 1823, y en los que se consideraba como requisito imprescindible para ser académico la adhesión a la Constitución (art. 5º). Este hecho provoca que, a la vuelta de Fernando VII al poder, se produjera una reacción contra la institución, que ve cómo muchos de sus miembros son perseguidos y acaba por evaporar prácticamente su actividad. La obra no se vio perjudicada en el plan y reglamento general de las escuelas de primera educación, que se aprueba por la Real Cédula de 16 de febrero de 1825, donde en su artículo 32 se manda la adopción del silabario del Colegio Académico para aprender a leer, "corrigiendo algunos pequeños defectos que contiene" (*Real Cédula*, 1825: 6). Pero, a efectos prácticos, los maestros disponen de muy diversas obras en estos años para la enseñanza de la lectura y prefieren seguir acomodados en las prácticas de la escritura y lectura por medio de otros trabajos.

Las propuestas de modificación de la norma académica en manos de gramáticos como Juan Manuel Calleja (1818), Herrera y Alvear (1829), Gómez Hermosilla (1835) o Noboa (1839) apenas tienen eco en la opinión pública, así que la Academia solo se ve obligada a cambiar su postura cuando, a partir de la década de los treinta, las acciones llevadas a cabo por el Colegio Académico se intensifican y hacen que se sumen a la discusión las voces disidentes de un buen grupo de autores relacionados con el ámbito educativo (mayoritariamente, maestros), de entre los cuales empiezan a surgir intentos de llevar a cabo estas ideas reformistas con la publicación de obras propias, como el caso de la aparecida en *Diario de Madrid* (núm. 97, 9 de abril de 1823: 6) compuesta "por un amante de la juventud", o el de la reforma propuesta por V. Hernando (1834) en su *Compendio de gramática castellana*, de cuya importancia da cuenta también la prensa (*Diario de Avisos de Madrid*, núm. 57, 27 de mayo de 1835: 3).

En estos años, la discusión se robustece en la prensa escrita con proyectos e ideas que salen a luz como conferencias, artículos o cartas dirigidas a periódicos, en los que los maestros abogan por una reforma ortográfica que haga más sencilla la escritura y sirva de mejora de su enseñanza en la escuela. Este es el caso, por ejemplo, del artículo remitido por José Antonio de Azpiazu, profesor de Primeras Letras, a la *Gaceta de Bayona* (núm. 195, 13 de agosto de 1830: 1), que, en su reflexión acerca de la reforma de la ortografía, recomienda para la escritura el método de José Francisco de Iturzaeta (1827) y propone algunos cambios en el sistema actual, como el de que la *c* sirva para los sonidos fuertes y la *z* para los suaves, que se use la *x* para la *ch* o que se invente un nuevo signo para la *rr*.[26] En una línea similar, el *Diario de Badajoz* (10–13 de septiembre de 1832) acoge en 1832 un proyecto para "formar" la ortografía castellana dividido en tres entregas, en el que su autor –que firma con el apodo de El Estremeño– plantea un sistema de alfabeto a partir de 24 letras, en el que intenta que a cada sonido le corresponda una sola letra, y donde toma especial relevancia la aparición del signo ɯ para representar los usos actuales de *ñ*. El alfabeto final está formado por *a, e, i, o, u, b, z, d, g, j, h, p, q, y, t, f, l, v, m, n, ɯ, r, x, s*.[27]

Se va fraguando entre los maestros una ideología de ruptura con la doctrina ortográfica académica socialmente naturalizada en las prácticas ortográficas de los hablantes de nuestra lengua, de la que se va haciendo partícipe la opinión pública por medio de la publicación en los periódicos de publicaciones que muestran actitudes partidarias de la reforma como la que sigue, presentada por los redactores de *El atlante*, que defienden una nueva ortografía castellana en la que "pudiera decirse con exactitud que la lengua castellana se escrive como se habla" (*El Atlante*, núm. 10, 12 de enero de 1837: 38). En esta ocasión, la doctrina que sirve de apoyo a la reforma es la de José Mariano Vallejo en su *Método de enseñar a escrivir*, cuya propuesta consolida un alfabeto de 24 letras basado en la siguiente regla: "Cada signo sea señal única, solo y exclusiva de una modificación; y una misma modificación tenga solo un signo que la indique". Todo esto no debe llevarnos a pensar que la prensa sea en estos momentos defensora de ninguna propuesta concreta. Por lo general, los periódicos están necesitados de contenidos con los que cubrir sus publicaciones y se muestran abiertos a difundir textos de cualquier temática y orientación. En la mayor parte de las ocasiones, ni tan siquiera vetan opiniones contrarias a las de sus redactores, de ahí que con frecuencia en sus páginas se produzca la convivencia de los discursos reformistas con los de las posturas contrarias, favoreciéndose de este modo la polémica y el debate con otros intelectuales, que ven en este medio un sistema de socialización privilegiado para la exposición ideológica y discusión sobre muy diversas cuestiones. Un ejemplo de la apertura ideológica de estas publicaciones se aprecia en el propio *El atlante*, donde también aparecen valoraciones positivas de la RAE y su función como organismo regulador de la

---

26 El artículo, que también parece versar sobre acentuación, aporta la siguiente regla para la colocación de los acentos, muy aplaudida por los redactores de la publicación: "en los singulares ó indeclinables polisílabos, acentúese la vocal sobre que carga la pronunciacion, excepto en el caso de que sea anterior á la última consonante de la palabra".

27 Para un estudio particular de esta propuesta, cf. Castaño Fernández (2009).

ortografía. En un artículo laudatorio titulado "Academias Españolas", se dice de ella lo siguiente:

> [...] la academia española desterró algunos errores introducidos en la lengua; Compuso un diccionario en seis tomos en folio, muy superior á todo otro de una lengua moderna hasta ahora publicado, compuso una gramática, y últimamente ha fijado la ortografía bajo un sistema el mas simple y natural. En fin, la academia española ha hecho mas beneficio á su lengua vernácula que ninguna otra institución de su especie en tiempos modernos (*El Atlante*, núm. 29, 5 de febrero de 1837: 118).

4.2 La Academia de Profesores de Primera Educación

Como acabamos de ver, la ola más relevante de empuje reformista comienza a finales de la década de los 30, cuando los maestros consolidan su proceso de asociacionismo, lo que les permite dar mayor difusión a las propuestas e iniciar un ideario que pronto tiene consecuencias en la acción gubernamental, como se demuestra a través de las huellas de todo este proceso en las publicaciones periódicas.

Las academias de maestros, que en un principio eran reuniones científicas en las que sus integrantes llevaban a cabo debates sobre diferentes temas de interés, derivan en asociaciones que sirven para la defensa de intereses gremiales y propuestas como la que aquí nos ocupa, la de la reforma ortográfica, que cobra además un fuerte impulso cuando los periódicos (muy por encima de las doctrinas incluidas en compendios gramaticales u ortografías) sirven de escaparate para sus ideas y estas comienzan a penetrar y tener repercusión en la opinión pública y, con ella, en las decisiones políticas.

El detonante de la afrenta de los reformistas con la RAE tiene una fecha concreta, la de 21 de junio de 1838, momento en que un grupo de maestros, que se habían constituido en la denominada Academia de Profesores de Primera Educación,[28] elabora un discurso compuesto por una comisión formada por Hijinio Zazo de Lares, Nicolás Alonso y Rafael Lasala, que, como consta en su portada, está dirigido a manifestar "qué reformas deben hacerse en la nomenclatura, uso y pronunciacion de las letras, y si convendrá suprimir algunas de las que hoy componen nuestro alfabeto" (Comisión de Profesores de Primeras Letras, 1838: portada).

---

28 Los orígenes de esta academia de educación se remontan –según Cotarelo y Mori (1913: 54)– al año 1836, cuando los maestros procedentes del ya conocido Colegio Académico forman una nueva sociedad que denominan Academia Literaria de Profesores de Primera Educación.

El resultado de su propuesta es el de la simplificación del alfabeto a uno compuesto por 24 signos: *a, b, h, c, d, e, f, g, i, j, l, ll, m, n, ñ, o, p, r, r̄, s, t, u, y, z*. Para estos autores, no hay motivo alguno para no adoptar estas reformas, "fundadas en la razón y en principios ciertos" (Comisión de Profesores de Primeras Letras, 1838: 10). Aunque manejan otros principios, el argumento principal que motiva su propuesta es el de la mejora de la enseñanza:

> La enseñanza se hará infinitamente más fácil y razonada: los maestros podrán fundarla sobre bases sólidas é indestructibles: los discípulos la encontrarán menos escabrosa viéndose sin una porción de explicaciones ininteligibles y de represiones raras veces merecidas: todo el que tenga una pronunciacion y oído regular, escribirá con ortografía correcta sin otro trabajo que el de aprender la puntuación; el bello secso, esta mitad preciosa de la sociedad, cuyos escritos apenas pueden leerse en el dia, gozará tambien de esta ventaja; y por fin, podremos asegurar que tenemos ortografía (Comisión de Profesores de Primeras Letras, 1838: 11).

Esta petición de reforma, en la que se expone la necesidad de suprimir varias letras del alfabeto, es presentada al senado, que en su sesión del 3 de julio la desestima de manera cortés; la comisión agradece la propuesta, pero acuerda que no ha lugar para deliberar dicha solicitud (*Eco del Comercio*, núm. 1525, 4 de julio de 1838: 3).[29] La publicación de dicho discurso aparece en este mismo diario de corte liberal, que da de este modo difusión al proyecto (*Eco del Comercio*, núm. 1546, 25 de julio de 1838: 2).

4.3 Vidal y Vicente y la Asociación de Maestros de León

El debate ortográfico se acentúa a principios de los 40, cuando los maestros encuentran de manera más definida en la prensa el vehículo perfecto para la difusión de sus demandas. Las muestras de esta tendencia y de los debates a los que se somete la ortografía son cada vez más explícitas en sus páginas, calando en la opinión pública una conciencia lingüística favorable sobre el asunto. Se

---

29 No es esta la primera vez en que gobierno y academia estaban en desacuerdo. Al margen de las desavenencias pasadas con el Colegio Académico, hay que destacar un episodio de 1837, cuando la Dirección General de Estudios formula un informe para proponer un criterio económico que pueda salvaguardar el sistema de enseñanza gratuita de las primeras letras. En ese momento, la Academia Literaria de Profesores de Primera Educación presenta su disconformidad con las propuestas gubernamentales, remitiendo un contrainforme firmado por su secretario, Alejandro Palomino, el 4 de enero de 1838, con argumentos para contrariar las reformas. Para más información sobre este episodio, cf. F. Gómez Rodríguez de Castro (1983).

producen nuevas posturas, mayoritariamente de la mano de maestros de primeras letras, partidarios de promover una reforma de la ortografía que facilite su enseñanza. El texto que mayor seguimiento tiene en los primeros años de esta década no viene, sin embargo, de la mano de un maestro, sino de un reputado abogado de Zaragoza, Fileto Vidal y Vicente, que el 26 de febrero de 1841 publica un artículo titulado "Nuevo sistema de ortografía" en el número 2493 de *Eco del comercio*, donde este zaragozano expone la necesidad de simplificar la ortografía basándose nuevamente en su importancia para facilitar el proceso de enseñanza. Su idea es dar continuidad a todas esas reformas ya realizadas por la Academia, que habían suprimido de nuestra escritura dígrafos como *ph* o *x*, por ejemplo, pero que hasta el momento no habían servido para eliminar "otras tan supérfluas y embarazosas como aquellas". Siguiendo el criterio de la pronunciación, Fileto Vidal y Vicente postula los siguientes cambios en el alfabeto, recogidos en cuatro principios muy sencillos: 1) omitir la *h* en posición inicial y en medio de dicción (a excepción de la secuencia *ch*);[30] 2) eliminar la *v* de nuestro alfabeto en favor de la *b*; 3) suprimir *q* y *c* (esta última solo se conservaría en la secuencia *ch*), usando para el resto de sonidos *z* y *k*, y 4) conservar *g* para su pronunciación suave y reservar *j* para su uso fuerte. Su artículo concluye con un párrafo en el que pone en práctica su modelo de alfabeto.

Las reacciones al artículo de Fileto Vidal aparecen con rapidez, casi todas a favor, a excepción de la de un aficionado que firma su trabajo como "el suscritor orensano", que se muestra partidario de reformas más moderadas y siempre de la mano de la Real Academia Española, a la que considera como único juez válido para llevar a cabo estas medidas:

> Convengo con vd., señor mio, que la ortografía castellana necesita una reforma, pero estoy muy lejos de creer que deba convertirse en una revolución como vd. pretende: me contentaría con que la academia la retoque para fijar reglas generales en muchos casos en que no las hay, y evitar con ellas la multitud de inconsecuencias formales y materiales de que adolece, que se pasean con profusión en nuestros impresos por la divergencia de opiniones que hasta aquí hubo en la materia, que la academia no quiso ó no pudo resolver, que es el único juez en esta contienda (*Eco del Comercio*, núm. 2526, 31 de marzo de 1841: 1).

A juicio de esta persona, la desaparición de los sonidos propuestos por Fileto Vidal "seria un mal muy grave, un retroceso fatal", basando su postura en

---

30   La aplicación de esta regla conllevaría también la sustitución de *g* en lugar de *h* en las palabras comenzadas por *hue-* (como en *hueso*), ya que son palabras que a su juicio se pronuncian con *g*.

argumentos como el del problema que para la sociedad española supondría la pérdida u olvido de todos esos libros escritos con la escritura actual, entre otros. En ese mismo número de *Eco del Comercio* aparece también un comunicado firmado por P. S. de B. que, aunque partidario de la reforma de Fileto Vidal, propone algunas observaciones a la propuesta, entre las cuales destaca su disconformidad con la desaparición de *c* y el uso de *k*, "tan poco usada y casi estraña á nuestra lengua" (*Eco del Comercio*, núm. 2526, 31 de marzo de 1841: 2). Este nuevo autor, plantea un nuevo alfabeto a partir de todo lo dicho y muestra sus dudas al respecto de la viabilidad de esta empresa, "porque los cuerpos en general tienen poco movimiento, si es que no están quedos", coincidiendo con el orensano en que debía ser la Academia la responsable de estas reformas.

La réplica de Fileto Vidal a estas intervenciones tarda en salir a la luz; a pesar de que redacta velozmente su carta y la envía por correo el 9 de abril de 1841, su respuesta no es publicada hasta el número 2666 de 19 de agosto de ese mismo año, tras haber tenido que reducir el texto original a uno que permitiera acelerar su inserción en este diario. Su contenido era previsible: ataque desmedido a la postura del orensano, al que acusa de inconsecuente y contradictorio en sus argumentos, no solo por mostrarse partidario de la reforma a la vez que la ataca, sino también por considerar que los retoques que él pide son finalmente de mayor envergadura que los propuestos por el propio abogado zaragozano. En relación con el artículo de P. S. de B., Fileto Vidal es mucho más benévolo, hasta el punto de que parece aceptar de buen agrado la propuesta de introducir en el alfabeto la *c* (en lugar de *k*), asunto en el que –al parecer– ya otra gente le había insistido en cartas privadas.

Fileto Vidal se muestra en general muy quejoso con la actitud del orensano, al que considera un extraño de entre las muchas personas que –según sus propias palabras– han aprobado su propuesta en público y en privado. Y no le faltaba razón: los impulsos reformistas comienzan a ser importantes en estas fechas y, aunque Fileto Vidal no fue ni el primero ni el último autor que plantea estas ideas, su texto tuvo amplia difusión[31] y una pronta acogida. Además de la carta enviada por P. S. de B. –de la que ya se ha dado cuenta– también en otros periódicos aparecen muestras de aprobación de su propuesta. El que sigue es solo un ejemplo más aparecido en *El Nacional*, publicado en Barcelona:

---

31 Su primer artículo también apareció en otros periódicos como *El Diario de Zaragoza*, *El Eco de Aragón* y *El Entreacto*, según lo afirmado por él mismo en *Eco del Comercio* (núm. 2666, 19 de agosto de 1841).

En un periódico de hoy se inserta un remitido de Zaragoza en que se propone una reforma de la ortografía. Solo nos queda esto sin reformar y no es en verdad razonable escribir ahora como se hacia en los tiempos de la inquisicion y de Calomarde y de los cangrejos… Dice bien el articulista y aun se queda corto (*El Nacional*, núm. 1891, 5 de marzo de 1841).

De todos los sectores que reciben con interés la doctrina de Fileto Vidal, destaca el grupo de los maestros, entre los cuales un tal Francisco del Palacio Gómez aprueba y elogia su sistema públicamente (cf. *Eco del Comercio*, núm. 2512, 17 de marzo de 1841: 4). Su entusiasmo no queda ahí: eleva la reforma a un grupo de intelectuales, a los que acaba convenciendo para constituir una asociación de maestros y aficionados al arte de escribir de León. En una primera sesión en la que este autor es elegido secretario, se decide la constitución de una comisión para informar al respecto de las ventajas del sistema de reforma propuesto por "Fileto Bidal i Bizente". La comisión aprueba todas las reformas propuestas, "con las bariaziones que la akademia nacional tenga a bien azer respekto a las letras c, q, k" (*Eco del Comercio*, núm. 2753, 14 de noviembre de 1841: 4) con un texto en el que pone en práctica su escritura y critica las dificultades que tiene el aprendizaje de la ortografía actual:

> Algunos de los ke no se an empleado jamás en enseñar las primeras letras, se abran olvidado tal bez de los disgustos i lágrimas ke les kostó el aprenderlas; mas nosotros ke todos los días estamos biendo los apuros de la infanzia i el grandísimo trabajo ke se nezesita emplear para inkulkarla los primeros elementos del saber; nosotros ke kreemos aun esperimentar el dolor de los azotes y palmadas ke nos dieron para enseñarnos el c-a-ca…… ¿miraremos kon indiferencia[32] un sistema tan ermoso, tan fázil i tan interesante? (*Eco del Comercio*, núm. 2753, 14 de noviembre de 1841: 4).

El texto del informe es todo un manifiesto de rebelión ante la situación imperante en la escuela. De este modo, ante preguntas como "¿no estamos ante un gobierno liberal?" o "¿se nos podrá pribar por ventura ke eskribamos komo nos akomode?", hacen pública su declaración de intenciones:

> […] kontinuaremos enseñanzo á nuestros diszípulos por el mismo método ke asta akí; i kuando se allen en estado de salir de la eskuela, les impondremos en el nuevo sistema, rekomendándole y akonsejándoles ke kuando eskriban á sus amigos lo agan kon arreglo á dicho sistema. Praktikemos nosotros lo mismo de oi en adelante en todos nuestros asuntos partikulares, y esperemos ke el tiempo ará lo demás (*Eco del Comercio*, núm. 2753, 14 de noviembre de 1841: 4).

---

32 Aparece escrito con *c*, ya sea por errata de la imprenta o desliz de la puesta en práctica del sistema propuesto.

La propuesta de la Asociación de Maestros de León tiene rápida aceptación en el conocido V. Hernando, que pronto se apresura a manifestar su conformidad con la reforma planteada, de la que solo discrepa por el uso de *k* en lugar de *c*, que –según su opinión– es poco adecuado dentro de este sistema (*Eco del Comercio*, núm. 2756, 17 de noviembre de 1841: 4). Pero también tiene sus detractores: cuando el informe de Francisco del Palacio Gómez es reproducido en el *Boletín Oficial de Instrucción Pública* (núm. 24, 15 de febrero de 1842: 113–116), sus redactores expresan su juicio contrario a la propuesta, aconsejando a los maestros que se dediquen a otros menesteres más importantes dentro de su función como educadores:

> No haremos empeño en retraer de su empresa á los socios de Leon, si bien desearíamos que no limitasen sus esfuerzos, determinada y únicamente á la reforma completa é instantánea de la ortografía, teniendo tantos y tan importantes puntos que no pueden menos de llamar su atención y merecen bien el exámen y meditación de las personas encargadas de educar á la juventud (*Boletín Oficial de Instrucción Pública*, núm. 24, 15 de febrero de 1842: 113).

En opinión de los redactores del *Boletín*, ni las reformas pretendidas son originales (pues ya habían sido planteadas previamente por otros autores desde el siglo XVII), ni tampoco la Asociación de Maestros de León tiene competencia para llevarlas a cabo (pues se adjudica este papel a una única entidad: la RAE):

> Son sin embargo las variaciones en la ortografía mucho mas obra del tiempo que del raciocinio, pues no hay autoridad por caracterizada que sea con bastante poder para hacer cambiar de repente ó en poco tiempo hábitos arraigados por la educación, por la lectura diaria y aun por las opiniones particulares de cada uno; pues todos se creen jueces competentes en una materia que no es tan fácil de arreglar como parece á primera vista (*Boletín Oficial de Instrucción Pública*, núm. 24, 15 de febrero de 1842: 114).

Unos meses más tarde, Fileto Vidal y Vicente vuelve a retomar el tema en el mismo *Eco del Comercio* (núm. 69, 8 de noviembre de 1842: 4) para hacer ver a la opinión pública que el asunto "no es una cosa trivial i estrabagante, como tal bez parezerá a muchos, sino utilísima, i mui fundada en razon". Insiste en los dos principios en los que se basa la propuesta: no usar más letras que las puramente precisas y conseguir que cada letra tenga solo un oficio en la pronunciación. Como resultado, plantea el mismo sistema de alfabeto que ya había dado a conocer inicialmente el año anterior, a excepción de un único cambio en su propuesta, consistente en la eliminación de *k*, que acaba por ser desterrada del alfabeto en favor de *c*, siguiendo de este modo las recomendaciones anteriores de otros autores. En relación con la ejecución de la reforma, se extraña de que ningún periódico la adopte, a excepción de *El Educador*, y propone ser más activos en la práctica de la propuesta:

> [...] si ceremos ce la reforma se haga, en bez de esperar en bano ce la academia la proponga, nosotros se la emos de proponer á la academia empezando á usarla i continuando por muchos años asta ce se bea obligada á admitirla como se a visto obligada á admitir la supresión de la ph, la th y otras. De otro modo es en bano esperar la reforma de la ortografía (*Eco del Comercio*, núm. 69, 8 de noviembre de 1842: 4).

4.4 *El Educador* y el *Semanario de Instrucción Pública*

Entre la multitud de revistas que circulan a comienzos de la década de los cuarenta por España, parece que no existe ninguna dedicada exclusivamente a la educación hasta que un grupo de maestros funda en 1842 *El Educador. Revista general de la enseñanza*, que, con periodicidad trimensual, saca a la luz veintiséis números entre el 5 de marzo de 1842 y el 31 de octubre de ese mismo año.[33] El objetivo principal de esta revista es el de "contribuir á las mejoras de la instrucción pública de nuestro país", tal y como consta en su prospecto (*Boletín Oficial de Cáceres*, 20 de abril de 1842: 189), de entre las cuales destaca desde muy pronto el asunto de la reforma ortográfica como un interés preferente. En sus páginas se producen enérgicos alegatos a favor de estos cambios, en los que se percibe un incesante proceso de automitificación, que se alimenta número a número con el eco reformista de otros lectores y maestros. Es el impresor madrileño Victoriano Hernando el encargado de inaugurar el asunto con la publicación de un artículo sobre ortografía dividido en tres partes (*El Educador*, núm. 5, 20 de abril de 1842: 35–37; núm. 6, 30 de abril de 1842: 6–7; núm. 7, 10 de mayo de 1842: 7–8) en el que este autor sostiene que el problema de la ortografía en España tiene un origen muy conocido:

> [...] el mal está en no saber bien la ortografía; y el no saberla bien, es porque no se puede aprender con la facilidad que algunos creen, y el no aprenderla, es porque sus reglas no son fijas, y además llenas de excepciones arbitrarias, y el no fijarlas es por las muchas irregularidades ó anomalías que tienen en el nombre varias letras de nuestro alfabeto, que no corresponde con este el sonido que tienen combinadas en sílabas, otras se equivocan en su pronunciacion por ser en todo igual, otras nos sobran y otras nos faltan (*El Educador*, núm. 5, 20 de abril de 1842: 35).

---

33 Entre sus redactores, constan Miguel de Artiedal y Victoriano Hernando. La imprenta de Hernando es la encargada de dar a luz a la revista hasta su quinto número; a partir del número seis, pasa a ser publicada en la Imprenta de Cruz González.

Hernando no culpa directamente a los académicos de la falta de una reforma en nuestra ortografía, aunque sí la vincula a la ausencia entre sus miembros de personas relacionadas con el ámbito de la enseñanza: "si muchos señores académicos de la lengua hubieran sido maestros de escuelas un par de años, estoy seguro que haria muchos, que se hubieran hecho reformas muy indispensables en nuestro alfabeto y, por consiguiente en nuestra ortografía" (*El Educador*, núm. 7, 10 de mayo de 1842: 8). Su postura entronca con la desempeñada por la Academia de profesores de primera educación en su silabario, institución a la que Hernando se encuentra vinculado. En esta línea, propone la utilización de su sistema para corregir todos los problemas de los que adolece el actual alfabeto; entre estos, la diferenciación entre c y z (que, según su propuesta, debe repartir sus usos, de modo que ce y ci se escribirán siempre con z y se reservará el uso de c para el sonido fuerte que); el uso diferenciado de g y j para los sonidos suaves y fuertes, respectivamente; el empleo de i como vocal e y como consonante; la eliminación de v y su reemplazo por b. En líneas generales, estamos ante un sistema muy similar al que ya había sido propuesto por Fileto Vidal y Vicente y continuado por la Asociación de Maestros de León, si bien en su modelo Hernando se decanta por el uso de c en lugar de k, preferencia que ya había manifestado además previamente en su artículo de *Eco del comercio* (núm. 2756, 17 de noviembre de 1841: 4). Para este autor,

> todas las reformas que quedan indicadas son las mas fáciles de hacer, las menos chocantes á la vista, y las de menos inconvenientes en su ejecucion, al paso que son las mas ventajosas para facilitar la enseñanza de la lectura y escritura, gastando menos tiempo y paciencia los maestros y los discípulos (*El Educador*, núm. 7, 10 de mayo de 1842: 8).

A partir de este trabajo, Hernando se atribuye la obligación de lucha ardiente por la causa, manifestando siempre sus deseos de mejora de la educación. Pero es muy probable que bajo ese manto también este autor esconda ese deleite por la pasión del poder recién descubierto, que le da alas para alcanzar un protagonismo, aún embrionario, que desplegará en toda su amplitud más adelante. En cualquier caso, el tono y el contenido de este artículo inaugural han de ser subrayados, pues dan explicación al sesgo ideológico en el que derivará el periódico en los meses siguientes, una vez que el asunto cobra interés preferencial entre los suscriptores de la revista. En el siguiente número aparece un artículo remitido firmado por Felipe Antonio Macías (*El Educador*, núm. 11, 14 de junio de 1842: 6–8), que los redactores de la revista publican con su ortografía original ya reformada, aun cuando las preferencias de cambios ortográficas de este autor no son las mismas que las defendidas por Hernando. En cualquier caso, Felipe Antonio Macías solicita sosiego y calma en la implantación de los cambios, mostrándose partidario de plantear en primer lugar la reforma a los académicos para que sean estos los que la pongan en práctica:

> [...] en la qaⓕera de las ⓕeformas ortográfiqas, qonbiene marchar siempre qon lentitud; puesto qe aun á las personas mas zelosas é ilustradas, ⓕepugnan siempre las grandes novedades introduzidas repentinamente i qon estrépito [...] seria mucho mas útil que el informe de la sociedad de Leon, i qe los comuniqados al *Eqo* i al *Eduqador* (incluso el presente), qe bien la aqademia literaria i zientífiqa de instruqzion primaria de esa qorte, con un número qonsioderable de profesores del mismo raño reunidos en qorporacion, dirijiesen á la aqademia nacional de la lengua una esposizion digna y razonada, solicitando de ella tan útil i apetezida ⓕeforma, i quando dado este paso la aqademia se negase ó se desentendiese, lo qe no es posible, nadie mejor qe los periodistas podrían tomar por suya la demanda, i realizarla por sí i ante sí (*El Educador*, núm. 11, 14 de junio de 1842: 7).

Sin embargo, no parece que sus palabras tengan arraigo entre los redactores de la revista que, con seguridad, preferían llevar a cabo su propio plan de actuación al margen de la RAE: a partir del siguiente número, deciden pasar a la acción y adoptan algunos cambios en su escritura acordes al sistema de reformas planteado por Hernando, convirtiéndose, de este modo, en la primera revista que de manera sistemática pone en práctica la reforma de la ortografía. En una advertencia inicial, su redactor afirma que, dada la utilidad de la reforma ortográfica, será "el primero en principiar á plantear las mas fáziles, i que mejor choquen á la vista, para que gradual é insensiblemente se vaya verificando" (*El Educador*, núm. 12, 21 de junio de 1842: 1). Entre estas, propone cuatro, en la línea de lo postulado por Hernando: 1) el uso de *j* para las sílabas *je* y *ji*; 2) el de *z* para *ze* y *zi*; 3) la repartición de usos para *y* (consonante) e *i* (vocal), y 4) la eliminación de *x*, cuyos usos guturales serán representados por *j*; para el sonido suave, se usará *cs*. Su propuesta termina advirtiendo que también sería conveniente ir prefiriendo el uso de la *b* a la *v*, así como suprimir la *h*, si bien en esta primera fase no aborda estos cambios.

El plan de reforma alcanza rápido eco entre los maestros, que muestran su agradecimiento por emprender los cambios y remiten sus propios textos en ortografía reformada a favor de la propuesta. Entre estos, *El Educador* (núm. 13, 30 de junio de 1842: 1) menciona a Fileto Vidal, Leandro Herrera, Zacarías Esteban, Manuel García Lamadrid y Antonio Domínguez, cuyos trabajos van viendo la luz en distintos números. Así, por ejemplo, en *El Educador* (núm. 12, 21 de junio de 1842: 7–8) aparece reproducido un extracto de la propuesta de silabario que Antonio G. Domínguez, remite a la revista, y dos números más tarde es otro profesor que ejerce en Sevilla, Antonio Ruiz Cortegana, el que plantea también sus ideas sobre la reforma con un modelo de alfabeto compuesto por los siguientes signos: *a, e, i, o, u, b, c* (que), *d, f, g* (gue), *he* (che), *j, l, m, n, ñ, p, r* (rre), *r, s, t, v, x* (ecse), *y, z* (*El Educador,* núm. 14, 8 de julio de 1842: 4–5).

Los textos enviados a la redacción sobre la temática debieron de ser tan numerosos que en el número 15 aparece un comunicado de la revista indicando que no se publicarán más trabajos sobre ortografía porque lo sustancial del asunto ya ha sido manifestado (*El Educador,* núm. 15, 18 de julio de 1842: 6–8). Sin embargo, la presión e interés de los maestros debía ser bastante enérgica: en el número siguiente aparecen hasta cuatro trabajos más sobre la reforma ortográfica de la mano de Gregorio Jiménez, Hermenegildo Grande, Manuel García de Lamadrid y un anónimo (*El Educador,* núm. 16, 25 de julio de 1842: 4–8); el número 17 cuenta, asimismo, con otro más, firmado con las iniciales T. A., en el que su autor se sorprende de cómo, habiendo convenido en lo esencial de la reforma, existe tanta discusión en lo accidental, esto es, en discutir acerca de la pertinencia de este u otro sistema (*El Educador,* núm. 17, 31 de julio de 1842: 3–4). A pesar de sus palabras, este autor también parece tener claras sus preferencias por la reforma, que enuncia en la continuación que hace de su artículo en el número siguiente:

> [...] para conseguir tan grande como senzilla modificazion no necesitamos mas que tres cosas, que son veinte i cuatro letras, unión entre los profesores, i constancia, puesto que se conoze que la reforma es no solo útil sino nezesaria para simplificar la enseñanza (*El Educador,* núm. 18, 9 de agosto: 4).

T. A. propone comenzar con el procedimiento y que sean otros (autores y periódicos) los que, posteriormente, se adhieran a él:

> [...] todo es empezar, pues cuando vean los autores que para despachas sus obras tienen prezision de reformarlas, se apresuraran a hazerlo i á escribirlas á nuestro modo, i de aqui la introduczion de nuestras doctrinas en la imprenta, que poco á poco se irán generalizando en los periódicos i demas escritos (*El Educador,* núm. 18, 9 de agosto: 4).

Por último, el asunto es tratado en dos ocasiones más: la primera, por Dimas Franco y Dolz (*El Educador,* núm. 20, 31 de agosto de 1842: 2–3); en segundo lugar, son los propios redactores de la revista los que insisten en la temática con la publicación de la reseña de la *Nueva gramática de la lengua castellana* de D. A. M. (*El Educador,* núm. 21, 8 de septiembre de 1842: 3), si bien en esta ocasión el análisis se centra en otros aspectos gramaticales.

En realidad, poco más podía añadirse al tema, de ahí que en el número 21 se insista nuevamente en la innecesaria publicación de todos los trabajos:

Siendo muchos los artículos sobre ortografia que rezibimos para su inserzion, advertimos que no nos es posible ejecutarlo con todos, y menos á quienes ya se les ha puesto algunos, cuyos artículos son semejantes á otros de los muchos que se han insertado (*El Educador*, núm. 21, 8 de septiembre de 1842: 1).

El nuevo sistema de representación gráfica de *El Educador* no pasa desapercibido en la prensa de la época y algunos periódicos dan cuenta de él pocos días después (*Eco del comercio*, núm. 2982, 29 de junio de 1842: 4; *El Castellano*, núm. 1852, 30 de junio de 1842: 4). El asunto genera también cierta controversia en un artículo firmado por J. J., que, al hilo de lo afirmado en *El Educador* (núm. 21, 8 de septiembre de 1842: 4), critica que se considere a esta revista como promotora de la reforma, "cuando cien la promovió i sustentó un año antes ce el *Educador*, fue D. Fileto Bidal i Bizente, á cien únicamente se debe esta reforma si llega a jeneralizarse" (*Eco del Comercio*, núm. 43, 13 de octubre de 1842: 4). En cualquier caso, los redactores de *El Educador* (núm. 21, 8 de septiembre de 1842: 4) se congratulan de que la reforma ortográfica llegue al ámbito de la edición de obras y en su apartado de bibliografía afirman que "los razonados artículos de varios suscritores, asi como diversas i fundadas eszitaziones, han inspirado á una sociedad de profesores la resoluzion de llevar á efecto dichas reformas en una empresa literaria", de lo cual es ejemplo la publicación de un texto de fray Luis de León, disponible en la librería de Hernando.[34]

Una vez consolidados los cambios iniciales en la escritura, la revista decide incorporar otras reformas ortográficas en el número 24:

> Desde este número obserbarán nuestros lectores suprimido el uso de esta letra (H) en las bozes que nada suena, i lo mismo el de esta (V) á la que suplirá siempre la (B), consecuente á cuanto se a dicho en nuestros primeros números sobre reformar nuestra ortografía de las muchas anomalías que contiene (*El Educador*, núm. 24, 10 de octubre de 1842: 1).

Dos números más tarde, se anuncia una nueva periodicidad para la revista, que pasa a ser publicada semanalmente, a razón de cuatro números mensuales. Asimismo, se propone el cambio de nombre por el de *Semanario de Instruczión*

---

34 En este caso, su editor es D. A. Artiedal, que lleva a cabo su edición con arreglo a la reforma ortográfica propuesta por Fileto Vidal y Vicente, de cuya lectura en ortografía reformada se congratula un lector que firma como J. J. (*Eco del Comercio*, núm. 43, 13 de octubre de 1842: 4). Aparte de este caso, hay que destacar también en estas mismas fechas los intentos que lleva a cabo *El Alquimista* (núm. 16, 24 de agosto de 1842: 16) por adoptar circunstancialmente en sus páginas "ciertas reformas de ortografía, que imperiosamente reclama nuestra escritura" a partir de sus números de septiembre como uno de los elementos de mejora de la revista.

Pública, sin que se aporten más razones. Estos cambios no significan –según lo expuesto por sus redactores– que exista un nuevo rumbo con respecto al ya trazado (*El Educador*, núm. 26, 31 de octubre de 1842: 1). El *Semanario de Instruczión Pública* publica su primer número el 5 de noviembre de 1842 que, en la línea de su antecesor, sigue alumbrando sus textos con la nueva ortografía reformada, altamente aceptada por sus lectores (así se manifiesta, por ejemplo, en *Semanario de Instruczión Pública*, núm. 4, 28 de noviembre de 1842: 8), si bien la línea argumental de la revista es ahora más sosegada y el tema de la reforma no ocupa ya un lugar central entre sus publicaciones. Pero esto no significa que el tema ortográfico deje de tener relevancia, como, de hecho, se manifiesta en su número 7, donde aparece inserto un artículo que lleva por nombre "A los enemigos de las reformas útiles", firmado por T. y A., que sirve de arenga a los profesores para animarlos a la acción a favor de esta causa:

> [...] enprended con bigor la reforma mas útil que se intentó jamás i de que abeis sido autores: no desmayéis por la oposizion que os arán quizá onbres enemigos del bien de sus semejantes sin probecho propio, i sin otra causa que la de privaros de un onor que por tantos conceptos abeis ganado: imitad al presbítero zitado, que a sostenido ya una polèmica con un alto enpleado que se allaba como otros muchos preocupado de ideas absurdas i antidilubiandas, que no cuadran ya en el presente siglo [...] el volver atrás conociendo las ventajas de la inbenzion, seria vergonzoso: es de cobardes: adelante, adelante pues, sí quereis recoger el galardon que tantos desvelos os a costado el ganar, i si pretendéis que vuestros nombres queden esculpidos en mármoles i en bronzes, que pasen de una á otra jenerazion (*Semanario de Instruczión Pública*, núm. 7, 15 de diciembre de 1842: 5-6).

El presbítero al que hace referencia el texto es Víctor Zurita y Villalba, que también parece adherirse a la reforma y publica en ortografía reformada algunos de sus escritos. Este hecho es también celebrado por Fileto Vidal y Vicente, que da cuenta de su satisfacción en un artículo remitido a *Eco del Comercio* en el que aprovecha para pedir más aprobaciones del proyecto:

> No ai ce detenerse por respetos i miramientos fríbolos. El ce esté de acuerdo, ce lo manifieste; pues al paso ce nada padecerá por ello su reputazion, ará un inmenso bien al proyecto. El Semanario de instruczion pùblica, se escribe ya en la nueva ortografía. La academia de profesores de instruczion púbica, tambien la a adoptado. Y una sociedad de iguales profesores, a resuelto llevarla á efecto en una empresa literaria; abiendo ya publicado barias entregas de las obras de Fr. Luis de Leon. ¿Ce nos detiene pues, á ponerla en práctica? (*Eco del Comercio*, núm. 129, 7 de enero de 1843: 4).

En definitiva, tanto *El Educador* como el *Semanario de Instruczion Pública* son, solo por el alto contenido que sobre la ortografía incluyen en sus páginas, dos importantes revistas para el movimiento de reforma. Pero su valía es aún mayor si se tiene en cuenta que su ideología sobre este asunto no solo queda en un constructo de intenciones sin más recorrido que el de sus publicaciones y textos. La importancia de esta publicación trasciende por llevar de manera sistemática a la práctica la reforma ortográfica en su escritura, lo cual le supone numerosas adhesiones por parte de los docentes que, de manera gradual, se suman a la idea. En este caso, puede decirse con rotundidad que prensa y reforma forjan una fuerte alianza donde estas revistas sirven de institucionalización de la opinión de los maestros. Con su difusión, la amenaza de la reforma deja de estar latente porque el asunto alcanza cierta trascendencia, se comparte en otros periódicos y pasa al ámbito de lo común, haciéndose palpable en la opinión pública; de manera ligada, se producen discusiones en una vida social pública donde los maestros están infectados de la ideología reformista, hasta desencadenar en una "guerra" perdida de antemano en contra de un fuerte enemigo, la RAE, en la que ni el buen ni el mal hacer determinará el destino de la reforma.

4.5 La Academia Literaria i Zientífica de Instruczión Primaria

Los maestros iban en serio con esta rebelión reformista que perseguía simplificar la ortografía por medio de la aplicación del criterio fonetista y que, a su vez, serviría para facilitar su enseñanza. La repercusión que la prensa da a algunas propuestas individuales, como la de Fileto Vidal y Vicente, secundada por la Asociación de Maestros de León[35] y la pujanza cada vez más desafiante de otras sociedades, como la Academia de Profesores de Primera Educación, apoyadas en la difusión de la ideología reformista por revistas como *El Educador* o el *Semanario de Instrucción Pública*, hacen que la reforma ortográfica acabe incorporándose a la actividad didáctica de los maestros. Algunos empiezan a trabajar con sistemas ortográficos simplificados en el aula y a usar manuales de texto (publicados o elaborados por ellos mismos) en los que se ponen en práctica nuevas doctrinas al margen de la RAE. Estamos en el punto más

---

35 En la fecha de 23 de septiembre de 1843, esta Asociación de Maestros de León manda una carta de respuesta a otra carta en la que Cubí y Soler les había hecho llegar la primera edición de su *Sistema completo de Frenolojía*. El asunto tiene algo de vanidoso, pues se trata de un escrito firmado por su presidente, Vicente Nieto Picardo, su vicepresidente, Francisco del Palacio y el secretario, el propio Mariano Cubí y Soler, en el que en nombre de la asociación expresan su satisfacción por la publicación del *Sistema completo de Frenolojía*, a la par que muestran su placer por ver que las reformas ortográficas emitidas en el apéndice F de dicha obra coincidan con los de su corporación (cf. Cubí y Soler, [3]1846: 258).

álgido de todas estas propuestas pero, al mismo tiempo, en el principio del fin de los aires reformistas con la puesta en marcha del proceso de oficialización de la ortografía de la Real Academia Española. La falta de apoyo por parte del gobierno marca un punto de inflexión en las intenciones de los maestros, y su actitud y lucha vuelve a recrudecerse de la mano de la denominada Academia Literaria i Zientífica de Instruczión Primaria,[36] que en 1840 elabora su propio reglamento, en ortografía reformada, con una junta directiva constituida por Francisco Rodríguez Vela como presidente, Rafael Lasala, como vicepresidente y Victoriano Hernando, de secretario.[37]

---

36 Aunque, según Cotarelo y Mori (1913: 226), "esta Academia se forma de la que ya existía con el nombre de Academia de Profesores de Primera Educación" y es fundada en 1836 (Cotarelo y Mori, 1913: 54), existe cierta vaguedad en torno a la creación de la Academia Literaria y Científica de Profesores de Instrucción Primaria, como se demuestra por el hecho de que en noticias de prensa o documentos posteriores a 1840, como el de la conocida sesión del 3 de octubre de 1844 (de la que hablaremos más adelante), siga figurando la denominación de Academia de Profesores de Primera Educación (1844: portada), supuestamente extinta. Podemos suponer que quizás los académicos estaban tan habituados a usar el antiguo nombre que no mudaban de su costumbre, o bien pueda lanzarse la hipótesis de que la historiografía actual ha confiado en exceso en las palabras de Cotarelo y Mori para vincular ambas sociedades, cuando en realidad estamos ante dos academias que, a pesar de compartir algunos de sus miembros, funcionaron a la par durante estos años, cuestión que tampoco parece descartable, pues en otros documentos de estas mismas fechas aparece también la nueva denominación de Academia Literaria y Científica de Profesores de Instrucción Primaria.

37 El anuncio de este reglamento aparece publicado en la prensa, por ejemplo, en el *Diario de Madrid* (núm. 1938, 16 de julio de 1840: 3), pero no hemos podido localizar ningún ejemplar del mismo. Sí hemos cotejado uno fechado en 1843, en el que consta ya como secretario Manuel María Tobía. En este momento concreto, el listado de académicos de número es el siguiente: Diego Narciso Herranz, Aquilino Palomino, Vicente García y Galán, Bernardino González Peña, Antonio Beltrán, Higinio Zazo de Lares, José Segundo Mondéjar, Romas Ania y Aguado, Dionisio López, Joaquín de Úbeda, Tomás Varela, Pascual Cachopo, Pedro Vicente Ovejero, Manuel García de Lamadrid, Isidro Uceda, Vicente Roa, José Velada del Valle, Ildefonso Vidal y Paradilla, Agustín Canales, Ramón Meana, José Fernández, José Masi de Noreña, Francisco Arribas, Pedro Escolástico de Tébar, Manuel Mingo, Juan Antonio García Orcel, Pedro Díaz, Mariano Pellicer, Domingo Ramos, Ramón Muñoz, Zacarías Rodríguez, Vicente Artero, Zoilo Zorita, Jacinto Ruiz, José María Fernández, Alejandro García, Julián Arranz, Hermenegildo Grande, Joaquín Macmaol, Francisco Ruiz Urbina, Celestino Royo, Antonio Alonso Banda, Pedro Bataller Alcalá, Felipe Saenz, Pedro José López, Rafael González Navarro, Francisco de Paula Abril, Felipe

En 1842, el asunto de la reforma ortográfica ocupa un lugar central en esta institución y se dan numerosas manifestaciones y alegatos a favor de estos cambios, con continuas peticiones indirectas a la Real Academia Española para que secunde las reformas propuestas y adoptadas en *El Educador* y el *Semanario de Instruczión Pública*. En más de una ocasión, las sesiones celebradas desembocan en el mismo tema, aun cuando inicialmente eran convocadas para otro fin. Sirva de ejemplo la del 10 de noviembre de 1842, que debía versar sobre el método para el ejercicio de la conjugación verbal, pero en la que algunos de sus miembros (específicamente, Tobía y Hernando), reclaman más acciones a favor de la reforma (*Semanario de Instruczión Pública*, núm. 3, 20 de noviembre de 1842: 1–7) y evidencian el hartazgo que empiezan a padecer con el asunto. Así, por ejemplo, en la intervención de Hernando, se hace constar las siguientes reflexiones:

> Añadió que azia dos dias que *El Eco del Comercio* abia traido un remitido de Zaragoza, escrito por don Fileto Bidal, con todas las reformas del Semanario, elogiando á este, i reprendiendo á los demas periódicos por no coadyuvar con él al buen écsito de las reformas. Dijo igualmente que tenia una carta del maestro de Carabanchel Alto, que abundaba en los mismos sentimientos. Atrebiéndose á invitar á la Academia á que se pusiese de acuerdo con los rejentes de los periódicos para que ayudasen á llevar adelante la obra empezada por el *Semanario* (*Semanario de Instruczión Pública*, núm. 3, 20 de noviembre de 1842: 3).

En un tono más rendido y pesimista, Tobía afirma lo siguiente:

> Aze veinte años que esta Academia compuso i publicó un silabario con las reformas apetezidas por todos, i aun el libro segundo, según se dice en el prólogo de aquel; mas con todo, este prezioso librito yaze olvidado entre el polvo. Siempre que se toca este asunto se aplaza para otro dia, para mas tarde; por cuya razon he dicho ya otra bez en este mismo sitio tratando de igual cuestión, que pareze tiene desgracia pues siempre se deja para luego, i *por la calle de luego se va á la casa de nunca*, esto en mi concepto es bochornoso; esto no es azer nada (*Semanario de Instruczión Pública*, núm. 3, 20 de noviembre de 1842: 4–5).

La Academia Literaria nombra una Comisión de fomento del Profesorado con el objeto de que "trabaje en elevar al mayor grado de esplendor el ramo de primera educación, tan desatendido por desgracia" (*Eco del comercio*, núm. 163,

---

Antonio Macías, José Antonio de Azpiazu, Juan Francisco Pérez, Casimiro López Mariscal, Pedro Esteban Alonso, Tomás María Portillo, Manuel Rodríguez Escobar, José María Ramírez, José Pérez de Soto, Marcos Antonio Oyamburu, Juan Arnaiz de la Maza y Luciano Palacios (Academia Literaria i Zientífica de Instruczión Primaria, 1843: 31–32).

10 de febrero de 1843: 6) y envía una circular dirigida tanto a profesores como a los "amantes del bien de la educación" para que en las capitales de provincia y otras ciudades se constituyan grandes academias de Instrucción Primaria a imitación de la existente en la corte (*Eco del Comercio*, núm. 144, 22 de enero de 1843). El movimiento de asociación entre los maestros alcanza su esplendor en estas fechas y se establecen nuevas academias en diferentes puntos del país.[38]

En el seno de estos maestros existía un malestar que iba en aumento por la inacción de la RAE, a la que en un principio no se le discute su autoridad para la sanción de las reformas, como bien ha expresado Quilis Merín (2020: 494). Sin embargo, en 1843, tras la celebración de una serie de sesiones de debate, la Academia Literaria i Zientífica de Instruczión Primaria acaba por arrogarse la responsabilidad de este proceso, una vez que la paciencia da paso a un derroche de ansiedad por colocar en su sitio aquello que parece descolocado. Con este cambio de actitud, los maestros acaban de modificar su identidad ideológica que, si bien en un principio estaba centrada en promover un cambio concreto en la enseñanza, desemboca en una lucha por el poder en la que estos maestros se erigen en paladines de una legitimidad superior a la otorgada a la Real Academia Española. Desde esta posición, elaboran y adoptan su propia reforma de ortografía, basada en la pronunciación, que envían el 21 de abril de ese mismo año a la prensa bajo la firma de su secretario general, Manuel María Tobía:

> [...] ha resuelto la Academia, con objeto de simplificar la enseñanza de las artes orto-lógico y caligráfico, y con el de que todos hagan uso de este último con una correcta, uniforme y general ortografía, no hacer mérito del uso ni orijen, desterrándolos como innecesarios, y ateniéndonos solo á la recta pronunciación, librándonos por este medio de una multitud de reglas y excepciones que tenemos hoy para escribir con propiedad (*Eco del Comercio*, núm. 242, 1 de mayo de 1843: 2).

De este modo, la Academia Literaria y Científica reduce el alfabeto a 24 letras y adopta el sistema usado en la revista de *El Educador* y el *Semanario de Instrucción Pública*. Su escrito va acompañado de unas instrucciones precisas al respecto de las obligaciones de seguimiento de dicha propuesta por parte de los académicos, con un conjunto de siete artículos de obligado seguimiento que convierten a la corporación en una auténtica defensora de la causa reformista:

---

38 Como ejemplo, la de Santiago de Compostela, en la que son nombrados presidente, D. Ramón Neira; profesor y secretario, D. Vicente Calvelo (*El Heraldo*, núm. 178, 11 de febrero de 1843: 4).

1.º Todos los señores académicos cedan obligados á escribir á la corporación cuanto les ocura con areglo á la reforma ortográfica; en intelijenzia ce no se dará cuenta por secretaría de ninguna comunicación suya ce se presente sin este recisito.

2.º En las particulares de profesor á profesor, se cuidará de azerlo con igual zircunstanzia.

3.º En los anuncios ce la corporazion aya de insertar en los periódicos, tambien se usará igual reforma.

4.º Se imprimirá esta oja por cuenta de la academia en la ce se esplicarán las bariaziones ortográficas, estanpándose tambien en ella estos artículos para darlos publicidad.

5.º Al sujeo ó sujetos ce primero presenten algunos libros inpresos de testo útiles para la enseñanza, con objeto de formar un curso completo para las escuelas con todas las reformas adoptadas por la academia. Se les espedirá título de académicos onorarios, si no lo fuese; i si tuvieren este recisito se inscribirán sus nombres en uno ó dos cuartos, ce se colocarán i perpermanezerán constantemente en la sala de sesiones de ella.

6.º Se ofiziará por secretaría á la comisión de instruczion primaria comunicándola esta reforma para ce se sirva cooperar á su jeneralizaion en vista de su inportanzia.

Y 7.º Tanbien se ofiziará por la misma secretaría á la academia de la lengua con objeto de lograr de ella su conformidad como cuerpo facultativo, mediante á ce conoce la necesidad de esta reforma, como lo manifiesta en cuantas ediciones a echo de su ortografía i diccionario (*Eco del Comercio*, núm. 242, 1 de mayo de 1843: 2).

Tres días después, el 24 de mayo de 1843, se da cumplimiento inmediato a estos artículos y el mismo secretario de la corporación, Manuel María Tobía, envía seis ejemplares de la hoja impresa con la reforma a la RAE por medio de un oficio redactado ya con el nuevo sistema ortográfico en el que solicita al director de dicha institución el apoyo académico para el proyecto de reforma. En el archivo de la RAE se conserva copia de la carta, cuyo contenido reproducimos:

Tengo el onor de pasar a manos de ustedes seis ejemplares de la oja ce a acordado imprimir esta Academia con la reforma de nuestro alfabeto, en lo ce no a eho mas ce secundar las benéficas miras de la ce con tanto azierto dirige usted, encaminadas al bien general de la nazion.

Por ella ceda acel tan simplificado, ce no r̄esulta letra sin sonido propio, ni sonio ce carezca de signo particular: fazilitando la enseñanza i aprendizaje de las artes ortológico i caluigráfico, sin ce pierda por ello nada de su ermosura nuestra elegante lengua.

Ruego a usted se digne dar cuenta de esta comunicazion a esa ilustrada i zientífica Academia, i ce onr̄ando a esta con con la aprobazion de su trabajo, se servirá comunicarme lo ce fuere de su agrado a esta su casa en la del Señor Duce de Medinazeli (Tobía, 1843).

Transcurren pocos días hasta que el secretario de la RAE da curso a la respuesta de la institución, en la que se rechaza la propuesta:

> Enterada la Academia España del nuevo sistema ortográfico de la lengua castellana, acordado por una corporación, según aparece del oficio que V.S. del 24 del pasado y hoja impresa que le acompaña, se ve en la desagradable necesidad de no poder prestar su anuencia á semejante innovacion, de cuya observancia resultarían, en su dictamen, gravísimos inconvenientes y ninguna ventaja (RAE, 1843).

5 La oficialización de la doctrina ortográfica académica (1844-1860)

La RAE no había experimentado la amenaza de la reforma hasta que, en medio de esa aspiración colectiva, las acciones reformistas de los maestros ponen en peligro sus privilegios. En ese momento, los académicos abandonan su largo marasmo y actúan con celeridad. Aprovechando los estrechos lazos existentes entre la Real Academia Española y el Consejo de Instrucción Pública, un órgano consultor que se había creado recientemente para la supervisión del sistema educativo,[39] la Academia lanza su consigna alarmista, en la que advierte, entre otros problemas, de la posibilidad de que la corrupción de la ortografía impida la correcta inteligencia de documentos importantes en nuestra lengua, solicitando apoyo para la defensa de su sistema ortográfico.[40] De este modo, quedan elevadas las quejas a una joven Isabel II que precisamente en ese año de 1843 comienza su reinado efectivo con la declaración por las Cortes de su mayoría de edad adelantada a los trece años.

5.1 La Real Orden de 25 de abril de 1844

El desenlace es bien conocido. La Corporación ve defendidos sus intereses con la publicación, el 25 de abril de 1844, de la archirreproducida real orden en la que se manda que todos los maestros de primeras letras enseñen a escribir con

---

39 Como bien señala L. Villa (2015: 110), Antonio Gil Zárate es miembro de la RAE y director general de Instrucción Pública y, junto a este, hay al menos otros cinco académicos (Manuel José Quintana, Eugenio de Tapia, Martín Fernández Navarrete, Juan Nicasio Gallego y Javier del Quinto) que ocupan puestos de responsabilidad en el consejo cuando este se crea en 1836, de ahí que podamos concluir, en la misma línea de esta investigadora, que la RAE aprovechara los lazos de estos académicos con la administración pública para hacer valer su petición a Isabel II para que esta prohibiera el uso de otros sistemas ortográficos distintos al postulado por la docta institución.

40 La propia *Ortografía* académica de 1999 da cuenta en su "Prólogo" del peligro que en ese año de 1843 percibió la institución con las pretensiones de una reforma radical por parte de la Academia Literaria y de cómo este hecho provocó el freno reformista por parte de la institución, a pesar de que ya había anunciado algunos cambios ortográficos que habrían emparejado la grafía española con la de la corriente americana que seguía la corriente de Bello (RAE, 1999: XVI).

la ortografía de la Real Academia Española, con la que se concede a la institución su autoridad en esta materia escolar y se impone su doctrina:

> El Consejo de Instruccion pública en consulta elevada á la Reina, ha hecho presente el abuso introducido de algunos años á esta parte, de alterar los maestros de primeras letras la ortografía de la lengua sin mas autorizacion que su propio capricho, de lo cual ha resultado un desórden completo hasta quedar muchas voces enteramente desconocidas. S. M. ha tomado en consideración este asunto, que si bien á primera vista parece de poca monta, es de suma trascendencia por los graves perjuicios que puede acarrear en documentos importantes la equivocada inteligencia de lo escrito por efecto de una ortografía adulterada.
>
> Todas las naciones proceden siempre con suma circunspeccion en tan delicado punto, prefiriendo las ventajas de una ortografía fija, uniforme y comprendida por todos, á las de una representacion mas exacta de la palabra, cuando de frecuentes alteraciones puede resultar confusion y equivocaciones; siendo el menor inconveniente el tener que enseñar á los niños dos ó mas ortografias diferentes; por manera que lejos de simplificar la enseñanza, como equivocadamente se pretende, se complica y dificulta.
>
> Por lo tanto, y existiendo corporaciones respetables que pueden graduar las ventajas é inconvenientes de cada variación y acordar el momento de poner en planta las que verdaderamente sean útiles, S. M., conformándose con lo propuesto por el citado consejo, se ha servido mandar: que sin quitarse á cada escritor el derecho de usar individualmente de la ortografía que quiera en sus obras, ya manuscritas ya impresas, todos los maestros de primeras letras enseñen á escribir con arreglo á la ortografía adoptada por la Real academia española, sin hacer variación alguna, bajo la pena de suspension del magisterio; y debiendo los gefes políticos y comisiones de instrucción primaria celar el puntual cumplimiento de esta disposición.
>
> Igualmente y habiéndose notado que los mismos maestros en general cometen graves faltas en este punto, es la voluntad de S. M. que en los exámenes para su recepcion sea objeto la ortografía de un rigor especial, no aprobándose sino los que la tengan perfecta, y suspendiendo para nuevos exámenes á cuantos no se hallen en este caso (*Colección de las leyes, decretos y declaraciones de las Cortes*, 1844: 629–630).

La Real Orden de 25 de abril de 1844 tiene una amplia difusión en la prensa escrita y aparece reproducida en todos los boletines oficiales de provincias.[41] Los maestros quedan advertidos de las nefastas consecuencias que podía tener su desobediencia: la suspensión de su actividad docente. Las reacciones a este mandato coercitivo no se hacen esperar de parte de maestros y escritores, que

---

41　Por poner algunos ejemplos, puede encontrarse en *Boletín Oficial de la Provincia de Orense* (núm. 56, 11 de mayo de 1844: 1), *Boletín Oficial de Segovia* (núm. 59, 11 de mayo de 1844: 2), *Boletín Oficial de Zamora* (núm. 39, 14 de mayo de 1844: 2–3), *Boletín Oficial de la Provincia de Guadalajara* (núm. 54, 3 de mayo de 1844: 2), entre tantos otros.

lamentan tal disposición y la consideran ajena a las atribuciones del gobierno.[42] Son muchos los que creen que se pretende doblegar el magisterio a los caprichos del gobierno, pero la situación era muy delicada (especialmente para los primeros) y alzar la voz individualmente en este momento podía ser perjudicial para los intereses profesionales y personales, de ahí que se prefiriera en la mayor parte de los casos articular una respuesta rápida a esta orden a través de las academias. En esta línea, Manuel María Tobía dirige una carta al *Eco del Comercio* (núm. 542, 9 de junio de 1844: 4) en la que anuncia que en el número 24 del 30 de mayo del *Semanario de Instrucción Pública* "pueden ver los hombres imparciales si está la razon de parte del gobierno, ó si la tienen los profesores cuando trabajan por el bien general de sus conciudadanos, al querer generalizar reforma tan importante".

La brecha se abre más cuando la Academia de Profesores de Primera Educación[43] discute el asunto de la reforma en su sesión del 3 de octubre (*El Nuevo Avisador*, núm. 688, 3 de octubre de 1844: 1) y, poco más tarde, publica una refutación a la circular del gobierno (cf. Academia de Profesores de Primera Educación, 1844),[44] en la que "se patentizan las muchas y poderosas razones que hay á favor de la reforma, y las poquísimas y débiles que alegan en contra los etimologistas, que son los opositores á ella" (*El Nuevo Avisador*, núm. 691, 6 de octubre de 1844: 1). Tanto por parte de asistentes al propio acto como por redactores de diarios y periódicos se da noticia en la prensa de que los profesores se proponen adoptar para la enseñanza un sistema ortográfico basado exclusivamente en la pronunciación. En esta línea, en *Eco del Comercio* (núm. 644, 6 de octubre de 1844: 4) aparece el relato de uno de los presentes en un artículo titulado "Reforma de ortografía", en el que se elabora una reseña de lo sucedido en el acto; es en ese mismo periódico donde también se da conocimiento de la memoria sobre la reforma de la ortografía de esta academia y su publicación en la Imprenta de Hernando:

---

42 Especialmente interesante es, a este respecto, el escrito de un literato francés, Benito Edan, publicado en *El Heraldo* (núm. 609, 8 de junio de 1844: 3–4), que desde una posición sosegada intenta analizar la polémica suscitada por la medida ministerial y poner en una balanza las diferentes posturas.

43 Durante este año de 1844, su junta está constituida por Tomás Varela como director, Antonio Beltrán, como subdirector y Domingo Ramos de secretario. Victoriano Hernando continúa, en esta ocasión, como tesorero (*Diario de Madrid*, núm. 74, 13 de enero de 1844: 2).

44 Para un análisis pormenorizado del contenido del texto y su contextualización, cf. M. Quilis Merín (2014).

Memoria sobre la reforma de la ortografía, leída por la academia de profesores de instrucción primaria en el Instituto Español, el dia 3 del pasado octubre ante un numeroso concurso de personas, la mayor parte instruidas en diferentes ciencias y profesiones. Esta memoria se halla ya impresa con los demás discursos pronunciados por los nueve o diez académicos que tomaron la palabra en defensa de la indicada reforma, pues esta academia quiere dejar, á costa de sus intereses, consignadas por medio de la prensa todas las razones, argumentos y convicciones que se manifestaron, segura de que mas temprano ó mas tarde se ha de realizar, pues lo natural, lo conveniente, fácil, económico y necesario no lo detiene nadie. ¡Ya se alegrarían nuestros vecinos los franceses poder hacer otro tanto, con la facilidad que nosotros, en su ortografía! (*Eco del Comercio*, núm. 714, 26 de diciembre de 1844: 4).

5.2 La publicación del *Prontuario de Ortografía*

Mientras la RAE no contó con un manual escolar adaptado para la enseñanza de la ortografía en la escuela, los reformistas tuvieron alguna esperanza para seguir batallando. En el momento en que sale a la luz el *Prontuario de Ortografía de la lengua castellana* de la Real Academia Española (1844), se facilita el cumplimiento de lo ordenado y los maestros dejan de tener pretexto para la insubordinación. El anuncio del manual escolar se produce repetidamente en los distintos periódicos y boletines oficiales del país, a la par que se emite una nueva real orden el 1 de diciembre de 1844 en la que se manda su adopción para la enseñanza de la ortografía en la Instrucción Primaria:

Por Real órden de 25 de Abril último se mandó que en todas las escuelas del Reino se enseñase una misma ortografía, y que esta fuese la adoptada por la Real Academia española, como la corporación mas autorizada para dar su fallo en la materia. Al propio tiempo se encargó á esta ilustrada corporación que para el mas fácil y cabal cumplimiento de lo dispuesto, formase un compendio claro, sencillo, corto y de poco precio que pudiera servir de testo en las expresadas escuelas. Cumpliendo la Academia con este precepto, acaba de publicar un *Prontuario de ortografía* que llena el objeto deseado; y en su consecuencia la Reina se ha servido mandar que esta obra sea adoptada y seguida en todos los establecimientos de instrucción primaria del Reino, debiendo cuidar muy particularmente las comisiones del ramo de la exacta observancia de esta disposicion. Igualmente es la voluntad de S. M. se recomiende de nuevo á las comisiones de exámenes el sumo rigor de la ortografía respecto de los aspirantes á títulos de maestros, en atención á que por los datos existentes en este ministerio consta el reprensible descuido que en esta parte existe (*Colección de las leyes, decretos y declaraciones de las Cortes*, 1845: 360).

Con la nueva orden, la Academia ve nuevamente cumplido –como señala Esteve Serrano (1982: 79)– uno de los objetivos que se había marcado con la publicación de su primer tratado de *Ortografía* (RAE, 1741), tal y como se recoge además en el acta de la sesión celebrada el 9 de septiembre de 1738:

> [...] se le Suplique a su Magestad mande observar en todos sus Reynos, y Señorios, la dicha orthographia para fijarla en ellos y pedirle al mismo tiempo conceda a la Academia el privilegio perpetuo de la impresión, venta y despacho de dicho tratado que se habrá de hacer en un libro manual y pequeño.

5.3. Persecución de la actividad reformista

Si había pocas dudas de la deriva autoritaria del gobierno, las persecuciones a los maestros son la constatación definitiva de que no hay nada que lo frene a la hora de reprimir o intimidar a la disidencia. Tras la oficialización de la ortografía académica, los maestros son continuamente inspeccionados y su sistema de organización gremial sufre diversas modificaciones a raíz de circulares y órdenes que debilitan la influencia de las academias establecidas; el miedo a perder sus puestos de trabajo hace que comiencen a abandonar lentamente sus reformas, que encuentran cobijo en otros foros, como el del ámbito lexicográfico, por ejemplo, donde autores como Ramón Joaquín Domínguez (1846–1847) adoptan parte de las propuestas de cambio ortográfico en su *Diccionario*, (cf. Quilis Merín, 2008).

De manera puntual, algunos maestros demuestran ser consecuentes con sus creencias, que defienden a ultranza levantando la voz contra la deriva autoritaria del gobierno, pero ya apenas queda una gota de la fascinación que movilizó el movimiento en su asociación gremial de los años previos, o solo queda de ella una caricatura patética carente de empuje social. En este estado de amenaza, algunos valientes autores se atreven a exponer sus ideas con la publicación de obras independientes, acaso para mantener su libertad de conciencia; otros, movidos por un verdadero convencimiento de la causa. Este es el caso, por ejemplo, de la *Impugnación razonada en contra del Prontuario de ortografía castellana* de V. Hernando (1845), que –como bien indica en su estudio Quilis Merín (2020: 498)– se protege de manera prudente en su *Advertencia* contra las posibles acusaciones o sanciones que pudieran generar su propuesta:

> Siempre fiel en obedecer y acatar las leyes y órdenes del gobierno el autor de este folleto, adoptó tan pronto como salió a la luz el prontuario de Ortografía Castellana, compuesto por la Academia de la lengua española, para que sirviese de testo en su escuela de instruccion primaria, como en él se ordena. Pero no pudiendo convenir de ningun modo en las razones en que se funda hoy la Academia para haber vuelto a revocar muchas de las reformas, que con el mayor conocimiento, acierto y tino hizo la misma cuarenta años ha en sus diccionarios y ortografías, se ve en la precision de

manifestar en contra sus convicciones, sacadas de la práctica de treinta y tres años de 1.ª enseñanza, y particularmente de la de lectura, ortografía y escritura. De modo que, oyendo el público ilustrado las razones encontradas por uno y otro lado, pueda juzgar cual sea lo mas conveniente, natural, lójico y acertado en esta controversia. Este es el objeto de haber escrito esta Impugnacion.

En otros casos, puesto que en las aulas no podían usarse otros manuales que los aprobados para tal efecto, algunos reformistas intentan encauzar sus propuestas por medio de otras publicaciones que relacionan con las oficiales, cuyas doctrinas intentan poner en tela de juicio. En esta línea se inscribe el trabajo de Felipe Antonio Macías (1846), como da muestra su propio título en referencia al manual de enseñanza de Joaquín Avendaño, del que pretende ser aditamento crítico. El prólogo de su obra insiste en esta idea:

> [...] no hemos tomado la pluma para injuriarle, ni para zaherirle en su personalidad propia, por mas que alguna vez nos dirijamos con tal cual acritud, ä la completa totalidad de su *presuntuoso* y *obcecado* partido; sino es para combatir sin rebozo, con nuestro nombre al frente, y solo con las armas de la razon, las erróneas doctrinas que ha enseñado en la nota ä la página 252 del 1.ᵉʳ tomo de su *Manual completo*. No hemos nacido para temer, ni para dular, ni para presumir; y muchísimo menos aun, para hacer vil traición ä nuestras profundas convicciones: vemos con sentimiento que el señor D. Joaquin Avendaño exagera sin causa los soñados peligros de la reforma ortográfica, y ä fin de que sus lectores puedan formar acertado juicio de las doctrinas que este autor emite, oyendo ä la vez misma, las de los racionales partidarios de la Ortografía racional, hémoslo creido, en el deber sagrado de acompañar ä su obra el presente aditamento, impreso en la misma forma, tipo y justificacion, para que fácilmente pueda con ella encuadernarse al fin del último tomo (Macías, 1846: 3-4).

Desde otros ámbitos también se aprovecha para proponer soluciones mediadoras en el conflicto creado entre maestros reformistas y la Real Academia Española. Así, por ejemplo, el cura párroco Francisco Pradel y Alarcón (1845: 4) elabora un juicio crítico de toda la situación en el que, a pesar de calificar de muy respetables las pretensiones de los reformistas, describe sus textos "como dos baterías que, colocadas en aptitud hostil frente á frente del citado prontuario, ponen en un conflicto á todo hombre pensador para decidir hacia que parte se inclina la victoria". En sus propias palabras:

> [...] en materia de reformas debemos imitar á la naturaleza que sin que notemos visiblemente sus progresos, nos da á su tiempo maduros y sazonados frutos. La sesión é impugnación citadas, aunque acreedoras y dignas de los mayores elogios por la ilustracion, celo y laboriosidad de que rebosan, no satisfacen, en mi pobre entender, tan cumplidamente que calmen la ansiedad pública é impongan silencio á todo hombre pensador. Prescindo que solo atacan el prontuario por el flanco que descubren las letras irregulares del alfabeto: clamor que se viene ya repitiendo mas de tres siglos;

y que nadie tiene mas deseos que la real Academia de que se presente el afortunado campeon que le ha de cortar la cabeza al gigante, Declarada le tiene la guerra: pero mientras esto no se consiga, mientras no se salven las irregularidades y anomalías del alfabeto de un modo seguro, que no cause ninguna confusion ó trastorno en lo ya escrito; no puede, ni debe admitir, ni adoptar la capitulación que se le proponga (Pradel y Alarcón, 1845: 5).

La intención de Pradel y Alarcón es la de servir de mediador de este conflicto, pero, a efectos prácticos, su texto no es más que un nuevo intento de reforma, ya que pretende dar su propia solución al problema existente en los signos conflictivos por medio de la creación de un alfabeto *ad hoc*, "en el que se hallan las letras cesantes ó reformadas al frente de las activas ó agraciadas, como esperando que estas las consulten ó empleen en los casos que las necesiten" (Pradel y Alarcón, 1845: 6–7). De este modo, este autor consigue que "una clausula escrita según él, no solo la leen los que aprenden por este sistema; sino tambien los que hayan aprendido por el antiguo" (Pradel y Alarcón, 1845: 7).[45]

En lo que atañe a los maestros y, en especial, a la Academia Literaria i Zientífica de Instruczión Primaria, el proceso reformista sigue ejerciendo algunas líneas de presión, intentando (no una, sino varias veces) defender sus dictados y principios, pero, tras los continuos fracasos por reformar la ortografía, comienza a verse como enemiga de las disposiciones del gobierno y, temerosa de perder los escasos privilegios de los que goza, se ve obligada a lanzar un comunicado de muestra de lealtad, firmado por su secretario Julián Arranz, en el que los maestros respiran por la herida, pero hacen imponer la cautela y el sosiego a la hora de acometer el problema:

Noticiosa la nueva junta directiva de que se intenta por algunos hacer aparecer á esta corporacion como opositora de las disposiciones del gobierno, por el solo hecho de haber tratado de simplificar la enseñanza objeto de su instituto, reformando el alfabeto de nuestro idioma, y poniendo la ortografía al alcance de todos los talentos, se ve en el caso de manifestar públicamente mirando el honor del cuerpo que representa, que es de todo punto infundada semejante acriminación; que la academia respeta cual debe las disposiciones del gobierno de S. M. en todos los conceptos, y que habiendo ya consignado públicamente las razones que tenia para hacer aquella reforma en la sesión celebrada el dia 3 de octubre del año pasado, no insistirá mas sobre ella, pues satisfecha de haber cumplido con su deber, trabajando por el bien general de sus

---

45 Su postura de reforma intermedia, en la que no se descarta ninguna letra del abecedario, es –como él mismo defiende– "tan equitativa que debe adoptarse, si queremos ver libre y sin trabas, fácil y espedita la lectura" (Pradel y Alarcón, 1845: 11).

conciudadanos, descansa tranquila en sus buenos deseos y rectas intenciones (*Diario de Madrid*, núm. 442, 16 de enero de 1845: 1).

La prensa, que había servido de transmisor de las ideas de revolución ortográfica de los maestros, pasa a convertirse ahora en su mayor azote, el arma que usa ahora la corporación académica para dar a conocer el apoyo real y su autoridad, así como el medio de difusión del estado para garantizar el cumplimiento y ejecución de sus doctrinas. Pero los resultados de estas advertencias no fueron inmediatos. Los intentos reformistas, ahora debilitados y casi ausentes en la actividad didáctica de los maestros, dan muestra de la amargura de su rápido desengaño en otros medios, que vehiculan su propuesta en la publicación de folletos u obras que seguían siendo anunciados en las páginas de la prensa.[46] Como muestra de esta idea, el propio *Boletín Oficial de la Provincia de Orense* (núm. 35, 22 de marzo de 1845: 4) da publicidad a la existencia de ejemplares de la nueva edición de las *Reflexiones sobre la ortografía de la lengua castellana, y método de simplificar y fijar su escritura*, publicada por Miguel de Burgos en 1806, de la cual se indica lo siguiente:

> [...] se hace necesaria ahora que las opiniones y doctrinas sobre esta importante reforma han ya ganado suficiente crédito, como se patentizó en la solemne sesión celebrada en el salón del Instituto Español el 3 de octubre de 1844 por la Academia de profesores de enseñanza primaria de esta corte, en que se leyó y apoyó la excelente memoria de aquella distinguida Corporacion acerca de tan plausible objeto.[47]

La prueba de que durante algunos años no se acató de manera regular la real orden la tenemos en las continuas advertencias que sobre este asunto se siguen llevando a cabo por parte de las distintas comisiones revisoras en las páginas de los diarios en los meses y años siguientes. Como ejemplo de esta falta de seguimiento en algunas provincias, puede destacarse la circular emitida por la comisión provincial de Instrucción Primaria de Cáceres, en la que se da noticia

---

46 Son muy pocas las controversias que en el ámbito de la prensa se generan sobre el asunto, de entre las que destaca la producida en el año 1847 en el *Diario de Murcia*, donde, tras un inicio polémico poco conciliador, se reconduce el debate entre partidarios y detractores al terreno filológico, especialmente a raíz de las intervenciones de M. Ruiz, en contra de la reforma, y J. M. López, a favor de la misma (cf. *Diario de Murcia*, núm. 87, 10 de agosto de 1847: 2-3; núm. 92, 17 de agosto de 1847: 1-2; núm. 96, 21 de agosto de 1847: 2-3; núm. 100, 26 de agosto de 1847: 1; núm. 197, 3 de septiembre de 1847: 1), a la que se unen también otras voces.

47 Este mismo anuncio, con muy leves cambios en su redacción, aparece también reproducido en otros periódicos como, por ejemplo, el *Diario de Madrid* (núm. 400, 5 de diciembre de 1844: 3).

de los reales decretos y se recuerda que el único libro de texto que puede usarse en la escuela es el *Prontuario* publicado por la Academia (cf. *Boletín Oficial de Cáceres*, núm. 37, 26 de marzo de 1849: 147). Y en la misma línea, destacan otros casos, como el de la comisión provincial de Santander, que años antes había acordado lo siguiente:

> [...] prevenir á los alcaldes constitucionales y comisiones locales de los pueblos, procedan inmediatamente y bajo su mas estrecha responsabilidad á ecsaminar los libros que usan los maestros en sus respectivas escuelas, y recoger cuantos aprezcan escritos con ortografía distinta de la de la Academia, reconviniendo sériamente á los maestros, y haciéndoles entender que, si usasen para la lectura de libros de incorrecta ó reformada ortografía, se les considerará incursos en la pena de suspensión que señala la Real órden de 25 de Abril último (*Boletín Oficial de Santander*, núm. 50, 28 de junio de 1844: 212).

El gobierno se ve obligado a disponer una nueva real orden a finales de la década, en concreto, el 22 de octubre de 1848, en la que se expresa con mayor claridad la obligación de usar únicamente como texto para la enseñanza de la ortografía en la escuela el texto académico, relegando la consulta del resto de obras al ámbito particular de los maestros:

> Enterada la Reina (Q. D. G.) de que no en todas las escuelas del reino se observan las reglas de ortografía prescritas por la Real Academia Española, y considerando las perjudiciales consecuencias que esta falta de conformidad llegaria á producir en el uso é inteligencia de nuestro idioma, se ha dignado S. M. resolver que, cumpliéndose exactamente lo prevenido por Reales órdenes de 25 de Abril y 1º de Diciembre de 1844, sirva únicamente de texto en todas las escuelas el Prontuario de la expresada Academia, y que las demás obras de esta clase, comprendidas en el catálogo que se publicó en 30 de Junio último, sirvan solo para ser consultadas por los maestros con el objeto de perfeccionar el método de enseñanza, pero no de variar el sistema de ortografía (*Colección de las leyes, decretos y declaraciones de las Cortes*, 1845: 216).

En efecto, en los meses anteriores, se había estado publicitando en la prensa, junto al *Prontuario* de la Academia, otros tratados para la enseñanza de la ortografía castellana en las escuelas de Instrucción Primaria: *Ortografía práctica* de Iturzaeta, *Ortografía* de Víctor Martín, *Tratado de ortografía metódica* de Vallejo, *Ortografía castellana* de Moles, *Tratado de ortografía castellana* de P. M. Navarro o *Reglas de ortografía* de Naharro (cf., entre otros, *La Esperanza*, núm. 1185, 11 de agosto de 1848: 4; *El Católico*, núm. 2918, 17 de agosto de 1848: 447). En todos los casos, estamos ante obras que habían sido recomendadas en una real orden de 24 de septiembre de 1847 para la enseñanza de la ortografía (cf. Villalaín Benito, 1999: 94), pero es de suponer que el grupo de tratados usados era mayor y que no todos cumplían con los requisitos necesarios para su aplicación en la escuela.[48]

En 1849, aparece una nueva real orden con fecha de 21 de noviembre (cf. Villalaín Benito, 1997: 140-141), en la que se dictan disposiciones para evitar que en las escuelas de Instrucción Primaria se usen otros libros de textos distintos a los aprobados por el gobierno en su orden del 30 de junio de 1848 (*Colección legislativa de España*, 1849: 193-200). La aplicación efectiva de lo ordenado no fue fácilmente controlable en la escuela, pero estas disposiciones comienzan a dar sus frutos y la real orden acaba siendo aceptada con generalizada sumisión por los maestros. En estos años, la labor de los maestros es continuamente inspeccionada y muchos de ellos –no todos– dejan de lado la aplicación y puesta en marcha en las aulas de otros sistemas ortográficos contrarios a la doctrina de la docta corporación. Los maestros abandonan progresivamente sus pretensiones y el eco de sus propuestas va desvaneciéndose hasta desaparecer durante algo más de una década. Esta actitud no tiene nada de reprochable y entra dentro de las pautas esperadas cuando las consecuencias del incumplimiento de la orden podían suponer su expulsión del cuerpo docente; por encima de sus ideales sobre enseñanza, primaba –lógico es– el mantenimiento de sus puestos de trabajos.

El debilitamiento de las reivindicaciones reformistas alcanza su punto álgido cuando, desde el gobierno, se lleva a cabo un conjunto de actuaciones que debilitan la actividad de las academias de profesores existentes; entre estas, se promueve la formación de una academia de profesores de Instrucción Primaria en cada capital de provincia que acaba por neutralizar el poder de la academia ya existente y los efectos negativos de su crítica sistemática. A raíz de la pregunta que sobre la creación de estas academias provinciales lanza un lector de la *Revista de Instrucción primaria*, sus redactores dan cuenta del conflicto que se había instaurado entre este sistema de organización y el gobierno:

---

48 Hasta mediados de siglos, conviven en las aulas con la doctrina académica los trabajos de Salvá, Terradillos, Mata y Araujo o Braulio Amézaga (cf. Villalaín Benito, 1999: 62, 97, 151) que, aunque mayoritariamente eran seguidores de su teoría, también incorporaban en sus textos algunas propuestas reformistas. Así, por ejemplo, M. Lliteras da cuenta de cómo Salvá (1988 [^{1}1830–^{8}1847]: 54–55) sugería en su gramática la supresión de la tilde en la preposición *a* y en las conjunciones *o, u, e*, que no fue aceptada por la Academia hasta 1911 (cf. Real Academia Española, 1911: 186, 201, 204), o la separación en la escritura de sílabas como *ca-rro* al final del renglón, adoptada por la Academia en la edición de su gramática de 1870 (cf. RAE, 1870: 347).

Según el expresado real decreto, deberá formarse una academia de profesores en cada capital de provincia. Desígnase la capital para el establecimiento de la academia, en nuestro juicio con mucho acierto, porque es el punto céntrico y donde hay mas elementos para instalarla, y sobre todo, porque allí es fácil la vigilancia de la comision provincial y del inspector. Las academias, segun vemos todos los días, llevadas de un celo exagerado y mal entendido, se separan frecuentemente de su objeto, entrando en discusiones extrañas á la educacion y enseñanza y acaso superiores á los conocimientos de los académicos, y haciendo asi inútiles y aun perjudiciales sus trabajos, cuando no dan lugar á desavenencias ridículas que causan la muerte de la institucion. Por eso es muy importante que se celebren las sesiones á la vista de las comisiones provinciales y de los inspectores, quienes con sus consejos, y en caso necesario, valiéndose de su autoridad, puedan precaver y remediar los males á que el zelo exagerado de algunos ú otra causa cualquiera pudiera dar lugar (*Revista de Instrucción Primaria*, núm. 7, 1 de agosto de 1850: 457).

Más adelante, la redacción de esta revista continúa con la campaña de desprestigio de la Academia de Profesores de Madrid, de la que afirma que "no representa la opinión del profesorado español, ni aun del de Madrid, y que ha sido la causa de todos los males de los maestros de la capital del reino" (*Revista de Instrucción Primaria*, núm. 7, 1 de abril de 1851: 212). La opinión es más agresiva unos párrafos más adelante:

La Academia, que debia dar ejemplo de respeto y acatamiento á las leyes, de moderacion y cordura, de conducta en fin pacífica y cristiana, ha excitado la discordia y aversion entre los que se dedican al delicado encargo de educar á la niñez; y no satisfecha con promover estas malas pasiones en su seno, se ha dirigido á los demas maestros, provocándolos á cometer iguales faltas (*Revista de Instrucción Primaria*, núm. 7, 1 de abril de 1851: 213).

Todo desemboca en un conflicto de intereses que lleva a la suspensión de todas las academias por medio de una Real Orden de 5 de enero de 1853 (*Colección legislativa de Instrucción Primaria*, 1856: 338).[49]

5.4. Algunos apéndices de la reforma en la prensa

La fuerza legisladora del gobierno consigue anular también la presencia y propaganda de las teorías reformistas en la prensa durante estos años centrales del siglo. Temerosos por las consecuencias que podían traer sus actos de rebeldía, los maestros silencian la lucha y alejan sus plumas de todos aquellos espacios

---

49 Para más información a este respecto, puede acudirse a J. Melcón Beltrán (1992: 135–143), quien informa más detalladamente de algunos de los acontecimientos de estos años.

de opinión pública que, en años anteriores, habían servido de plataforma de sus propuestas. Son muy pocas las participaciones públicas en estos foros, de entre las que destacamos la de Mariano Cubí y Soler, que en su periódico de *La Antorcha* publica un artículo con relación a por qué no escribe en su periódico con su propuesta presentada en su frenología. Cubí no estaba en contra de la simplificación radical del alfabeto, como ha sugerido M. Vilar (1999: 346), pero sí de la implementación radical de las reformas, tal y como afirma L. Villa (2012: 923), y esa es la razón por la cual se resigna a ponerla en práctica en su propio periódico, aduciendo falta de aceptación social:

> Qué importa que haya una ortografía mas racional, mas filosófica, mas sencilla, mas embarazosa y mas trascendentalmente útil que la que comúnmente se usa, si los ánimos no están aun preparados para recibirla; si la costumbre y el hábito se han arraigado tan profundamente en ciertos usos y prácticas ortográficas que se resisten á cambiarlas por otras de la misma clase aun cuando en si sean mas fáciles y ofrezcan mayores ventajas (reproducido en *El Historiador Palmesano*, núm. 4, 28 de enero de 1849: 2).

Sin duda, la historia avala un triste recorrido de derrotas para los maestros y las recientemente acontecidas con las academias de profesores hacen pensar a Cubí y Soler que apenas merezca la pena ya el intento:

> ¿Qué alcanzó Gonzalo Corréas? ¿Qué alcanzaron los autores del Repertorio Americano? ¿Qué, la Asociacion de Maestros de Leon? ¿Qué, la Academia Literaria i Científica de Madrid? ¿Qué tantos otros como han querido pasar el circulo que en nuestra ortografía defiende la razon? Hasta ahora solo han conseguido el que nadie los siguiera, el que la mayor parte de ellos haya retrocedido mas allá de donde se encontraban antes de precipitarse, i el provocar una real órden prohibiendo se enseñase en las escuelas otra ortografía sino la académica o lo que es lo mismo, la que está en uso general; cuya prohibicion viene á ser un castigo por transgresion (reproducido en *El Historiador Palmesano*, núm. 5, 7 de febrero de 1849: 3).

Otro caso similar es el de la siguiente postura antiacadémica, que aparece en las páginas de *La Esperanza*, que intenta lanzar dardos por la lenta y torpe labor de la RAE en sus tareas sobre la gramática, el diccionario y la ortografía, como consta en este texto:

> Y ¿qué dirémos en cuanto á la ortografía? Preciso es confesar que tampoco la Academia ha adelantado nada; pues aunque hace cinco ó seis años que publicó un prontuario, éste no alteró las reglas antiguas; las dejó casi todas tal y como estaban sin mas diferencia que simplificarlas algún tanto, añadiendo algunas leves modificaciones: de suerte que si hubiéramos de hacer lo que nos enseña, todavía habríamos de seguir escribiendo, *pretexto, zelo* etc. [...] Y no crean nuestros lectores que es por falta de académicos, pues sepan que hay sobrado número, y apenas vaca una plaza, al

momento sale provista. De supernumerarios y honorarios no se hable, porque estos son infinitos: de manera que en este punto nos hallamos como con los empleados, que estamos peor servidos cuantos mas tenemos (*La Esperanza*, núm. 1673, 12 de marzo de 1850: 1).

Unos años más tarde, es la *Revista de Instrucción Primaria* la que alberga algunos textos sobre la reforma de parte de José Martín de Santiago, Domingo Andrés y Gervasio González Villamil. De manera resumida, el primero de ellos se pregunta qué razones hay para no llevar a cabo una reforma tan útil para nuestra lengua, más allá de la confusión entre escritos antiguos y modernos, que, en sus propias palabras, no presentaría excesivos obstáculos con una mínima adición al aprendizaje, tanto de adultos, como de niños; por su parte, José Martín de Santiago propone y justifica la reducción del sistema actual de escritura a un alfabeto de 22 letras, formado por *a, b, c, ch, d, e, f, g, i, j, l, ll, m, n, ñ, o, p, r, s, t, u, z* (*Revista de Instrucción Primaria*, núm. 6, 15 de marzo de 1854: 130–133). En el caso de Domingo Andrés, su postura difiere de las anteriores. Tras lanzar un cúmulo de preguntas sobre la reforma, plantea la posibilidad de que se secunde la propuesta de un acreditado profesor de nombre desconocido, por medio de la utilización de un alfabeto compuesto por los siguientes elementos: *a, e, i, o, u, b, c, h, d, f, g, j, l, ll, m, n, ñ, p, r, s, t, y, z*. En definitiva, excluye del alfabeto las letras *ch* (representada ahora por medio de *h*), *q, v* y *x* (*Revista de Instrucción Primaria*, núm. 11, 1 de junio de 1854: 251–253). En números posteriores, Pedro Seler se adhiere al proyecto, si bien plantea algunas dificultades para que se desarrollen algunos de los cambios:

> [...] el querer que la g suene siempre suave, la c fuerte, el suprimir la ch, usando en su lugar de la h, el desterrar la v consonante, la x y la q, el querer suprimir, repito, todas estas letras á la vez, ¿no sería acumular infinidad de obstçaculos que, aunque nos facilitasen la penosa enseñanza de la lectura, nos pondrian inmediatamente en la precision de tener que enseñar de dos modos, estos, segun la Ortografía reformada, y segun la que entonces llamaríamos antigua? ¿no tendríamos dos trabajos? (*Revista de Instrucción Primaria*, núm. 15, 15 de agosto de 1854: 338–339).

El último en intervenir en esta tanda de propuestas es Gervasio González Villamil, que en una carta al director de la revista alaba las pretensiones de José San Martín de Santiago y se queja del desinterés y falta de ciencia que desde la revista se tiene con la propuesta, al presentarla sin comentario ninguno. Por su parte, se muestra a favor de la reforma, a pesar del fracaso que esta tuvo a partir de abril de 1844 y defiende su implantación haciendo uso práctico de ella en sus comunicaciones, como el propio autor sostiene en las siguientes líneas:

[...] los malos resultados de entonces, ¿nos arán permanecer silenziosos sin apoyar sus deseos, cuando son tan conforme con los de todos? No: somos verdaderos amigos de lo bueno, i jamás le opondremos trabas. Siempre dispuestos á cooperar por nuestra parte á objeto tan beneficioso, no zesaremos de decir; venga desde luego esa deseada, esa pretendida, esa nezesaria reforma. Proscríbase sin tardanza esa confusion, ese laberinto de reglas impracticables, i enseñaremos á escribir con propiedad en pocas oras lo ce no es dado enseñar en muchos años con todo el catálogo de preceptos i prodigioso número de eszecziones ce se nos dan (*Revista de Instrucción Primaria*, núm. 15, 15 de agosto de 1854: 343).

Este conjunto de propuestas de reforma encuentra eco unos números más tarde, cuando salen publicados tres comunicados sobre el asunto, dos de ellos a favor; el tercero, en contra. Entre los partidarios de la reforma se presenta Marcelo Eucubet de Melo, que manifiesta su conformidad con la supresión del alfabeto de *q, v, x* y *ch* siempre que para ello no se lleve a cabo una adopción "de un modo precipitado, sino poco á poco y letra por letra" (*Revista de Instrucción Primaria*, núm. 4, 15 de septiembre de 1854: 375). En la misma línea, Braulio Francisco Encinas, que alaba el modelo de grafía de José San Martín de Santiago, cuyas ventajas, a su modo de ver, son incalculables.

En el lado contrario, destaca la réplica de Esteban Battle, que da muestras de su sentir contrario desde la primera de sus frases, centrada en la figura de Domingo Andrés: "Toda reforma que no lleve el sello del provecho, es inútil cuando no dañosa" (*Revista de Instrucción Primaria*, núm. 4, 15 de septiembre de 1854: 373). Aunque este autor se muestra partidario de algunos cambios (caso, por ejemplo, de la exclusión de *x* del abecedario), muestra su disconformidad con otras modificaciones de mayor calado, entre las que menciona la supresión de *ch, q* o *v*. Esteban Battle prefiere centrarse, como afirma en sus propias palabras, en "la claridad de las ideas", que para él son más importantes que la dificultad en la combinación de los signos.

Más tarde, es José María Olmedilla el que hace públicas sus críticas a estas reformas en *El Preceptor de Instrucción Primaria*, centrando específicamente su texto en la escasa perspectiva que los reformistas han tenido con la ejecución de estos cambios:

[...] aunque no se concibe de ningun modo esa gran ventaja de que nos hablan en el caso de que se adoptasen, impulsados por el deseo de un adelanto en la escritura, que con menos caracteres ó signos de que nos valemos para representar las palabras expresase nuestros pensamientos, han corrido á manifestar sus ideas con tanta rapidez, que no les dió lugar á preveer aquellos inconvenientes que de algunas sustituciones resultarían, originándose muchas detenciones, tanto en la escritura, como en la lectura, si se han de verificar la una de *corrido* y la otra con el *ligado* correspondiente (*El Preceptor de Instrucción Primaria*, núm. 31, 24 de noviembre de 1854: 280).

A esta polémica pronto se une José del Campo que, en contestación a José M. Olmedilla, abandera la defensa de las reformas, rebatiendo en su texto todos los inconvenientes planteados por Olmedilla y otros autores, como Esteban Battle, a los cambios propuestos. Aunque José del Campo muestra su disconformidad con algunas de las ideas de José Martín de Santiago, Domingo Andrés y Gervasio González Villamil, alaba su osadía después de un periodo de silencio, en especial, la del primero en intervenir, José Martín de Santiago, de quien destaca su atrevimiento en una época tan complicada, tal y como figura en el siguiente fragmento, escrito en ortografía reformada:

> Digno de elojio es D. José Martin de Santiago, por ser el primero ce á buelto á insistir sobre indicada reforma despues de la circular del 25 de Abril de 1844 en ce paralizó la grande obra, sucumbiendo el zelo especial de los maestros á la obedienzia ce les caracteriza (*El Preceptor de Instrucción Primaria*, núm. 39, 15 de abril de 1855: 448).

El trabajo de José del Campo termina apremiando a sus comprofesores para que sigan solicitando al congreso la implantación de la propuesta de reforma de la Academia Literaria y Científica de Madrid:

> Rebatidas, pues, todas las objeciones ehas en dihos comunicados en defensa de la actual ortografía, solo me r̄esta llamar la atenzion de mis conprofesores i de cuantos están en fabor de tan utilísima r̄eforma, ce creo es llegado el tiempo de ce nos unamos i pidamos al Congreso, así como se izo al de 1820, ce en reinado de Isabel II se lleve á cabo nuestra ortografía aprobada por la Academia Literaria de Madrid (*El Preceptor de Instrucción Primaria*, núm. 39, 15 de abril de 1855: 452).

Pero el asunto de la reforma no es ya importante en estas fechas, porque la doctrina de la Academia, con el apoyo legislativo, aniquila todas las pretensiones de cambios. La situación se agrava más en los años siguientes. Con la publicación de la Ley de Instrucción Pública, la conocida popularmente como Ley Moyano, se declara obligatorio el texto académico para la enseñanza la ortografía (también sucede lo mismo con la gramática). En su artículo 88, se dice: "La Gramática y Ortografía de la Academia Española serán texto obligatorio y único para estas materias en la enseñanza pública" (*Colección legislativa de España*, 1874: 273).[50] Como apunta García de la Concha (2014: 202), la aplicación de esta

---

50 No faltaron, aun así, recordatorios para que se cumpliera el contenido exacto del artículo 88 de esta Ley de Instrucción Pública, como el siguiente de 10 de abril de 1860, en el que se advierte a los rectores de las universidades para que se adopten "las medidas convenientes á fin de que ningún Establecimiento de enseñanza dependiente de ese distrito universitario admita como libros de texto otras obras que las que señala la Ley" (*Compilación legislativa de Instrucción pública*, 1878: 301).

ley aporta una nueva dimensión educativa al trabajo académico, quedando institucionalizada su doctrina en los *Estatutos* de 1859 (RAE, 1859: 4).

Esta nueva situación deja zanjado el debate público, pero no anula, sin embargo, la circulación de nuevas advertencias y recordatorios en la prensa por parte de la dirección general de Instrucción Pública al respecto de la obligatoriedad del texto académico en la escuela, como este aparecido en los *Anales de Primera Enseñanza*:

> El art. 88 de la Ley de Instrucción Pública de 9 de Setiembre de 1857, señala la gramática y ortografía de la Real Academia Española, como texto obligatorio y único para la enseñanza de estas materias. Y en vista de que contraviniendo á lo mandado, podrían circular en las Escuelas públicas del reino otras ediciones semejantes, basadas en los principios mas generales de las que dá a la estampa aquella corporación; la Direccion general de mi cargo, ha dispuesto recordar á V. S. el exacto cumplimiento de la referida disposición, y al propio tiempo manifestarle la necesidad de que adopte las medidas convenientes, á fin de que ningún establecimiento de enseñanza dependiente de ese distrito universitario, admita como libro de texto otras obras que las que señala la Ley (*Anales de Primera Enseñanza*, núm. 9, 15 de mayo de 1860: 287).

6 Los epígonos del reformismo ortográfico (1860–1874)

La amarga derrota sufrida a partir de la oficialización de la ortografía académica no basta para situar la voz de los maestros en un declive inexorable. Tras
una breve etapa de mutismo, los reformistas deciden retomar sus propuestas
a comienzos de la década de los sesenta. A partir de este momento vuelven a
aflorar en las páginas de la prensa los epígonos del reformismo ortográfico, con
nuevos actores que mantienen renovados debates sobre las propuestas tradicionales por todos conocidas, si bien albergando como novedad en sus discursos el
respeto a la autoridad que la Ley de Instrucción Pública de 1857 había conferido
a la Real Academia Española.[51]

---

51 Como se señala en Gutiérrez Ordóñez y Gaviño Rodríguez (2014: 339), en estos
momentos la doctrina académica ya goza de una amplia difusión y apenas necesita
empuje institucional, lo cual no quiere decir que este apoyo legislativo no sirva para
reforzar y expandir su ideología tras el periodo de debilitamiento institucional vivido
a principios de siglo. A partir de 1857, la Academia edita su *Gramática* con mayor
regularidad y contribuye al cumplimiento de esta ley con la publicación periódica
del *Prontuario* y los nuevos manuales escolares, el *Epítome* y el *Compendio*. Estos dos
últimos son impresos por primera vez en 1857 y cuentan con numerosas ediciones a
partir de esta fecha. Según informa el marqués de Molins (1870: 245–246), director
de la Academia entre 1857 y 1868, el número total de ediciones de la *Gramática*, el
Epítome, el *Compendio*, la *Ortografía* y el *Diccionario* entre los años de 1850 y 1869
es de 50, sumando un total de 1 154 500 ejemplares que vieron la luz en este corto
espacio de tiempo: frente a las 24 500 ejemplares de la *Gramática* y los 16 000 del
Diccionario, se imprimieron 114 000 ejemplares del *Compendio*, 796 000 del *Epítome*
y 204 000 del *Prontuario*. La cifra es suficientemente sustanciosa y con seguridad
reportó a la institución los ingresos suficientes como para alejarla de la desastrosa
situación de precariedad económica que había padecido en las décadas anteriores,
cuando la Academia apenas contaba con fondos para subsistir. Desde mediados del
XIX, todo vuelve a florecer y esta pujante situación permite desarrollar una intensa
actividad en esta segunda mitad de siglo (cf. Fries, 1989: 86), un escenario que la RAE
no podía permitir que cambiara, con buena lógica. A partir de esta fecha, también
su autoridad y la amplia difusión de sus acreditadas doctrinas le hacen temer por las
copias y adaptaciones no autorizadas de la obra, lo cual provoca que, a partir de 1858,
las segundas de portadas de sus obras vayan acompañadas de una advertencia sobre
los derechos de propiedad intelectual, como indica en su estudio Gómez Asencio
(2011: 33–37).

El foro donde se producen los debates más sobresalientes es el de la prensa especializada, en concreto, los periódicos para escuelas y maestros, donde los asuntos sobre la lengua y su enseñanza ocupan un importante lugar y se convierten en elementos fundamentales para la escuela y la propia formación de los maestros (Ezpeleta Aguilar, 2015–2016: 159). En este contexto, estas publicaciones sirven ahora de espacio público para que los partidarios de la reforma de la escritura entablen diversas polémicas ortográficas contra academicistas, en las que se visualizan los argumentos de uno y otro bando y se conforma un panorama complejo de ideologías lingüísticas en torno al asunto.

De entre la prensa pedagógica que circula a mediados del siglo XIX en nuestro país, destaca en estos primeros momentos la cobertura que, a partir de la década de los años sesenta, dan cuatro periódicos (*El Magisterio. Periódico de Educación y Enseñanza, Anales de Primera Enseñanza, Boletín de Primera Enseñanza de la Provincia de Salamanca* y *La Conciliación. Revista de primera enseñanza*) al asunto ortográfico, en cuyas publicaciones se da voz a maestros e intelectuales como Ruiz Morote, García Lozano, Rosa y Arroyo, López y Martínez, etc., que recogen el guante reformista de sus antecesores y mantienen un importante músculo reivindicativo (no tanto organizativo) en un contexto hostil en el que sus propuestas experimentan un salto cualitativo, que se refleja no solo en la voluntad expresa de acabar con la ortografía impuesta, sino sobre todo en la transmisión de un talante, por lo general, dialogante con la Academia, como ya hemos señalado.

6.1 Ruiz Morote y otros en *El Magisterio* y *Anales*

La real orden del 25 de abril de 1844 solo obligaba a los profesores a la aplicación de lo dispuesto en el ejercicio de su profesión "sin quitarse a cada escritor el derecho de usar individualmente de la ortografía que quiera en sus obras ya manuscritas, ya impresas" (Villalaín Benito, 1997: 100), pero la exposición pública de ideas distintas u opuestas a lo legislado en otros foros por parte de cualquier maestro lo colocaban en una posición embarazosa y, muy probablemente, en objetivo de las inspecciones. Por medio de diferentes acciones, el gobierno había logrado tener la última palabra, dibujándose así un escenario en el que parecía difícil que alguien iniciara algún sabotaje al mandato legislativo. Pero esto solo fue así durante unos años, pues –como muy bien afirma L. Villa (2015: 111)– "el real decreto que impuso la oficialización no solo no consiguió concluir el debate público, sino que lo reavivó".

En 1860, aparece la figura del docente Francisco Ruiz Morote, un reformista cuya voz ha sido silenciada en la historiografía lingüística hispánica, pero cuyas

acciones merecen la pena sacar a la luz por la valía y oportunidad de su propuesta, que quiebra la aparente situación de sosiego existente hasta esos años
con la valiente publicación de un artículo que reabre nuevamente la discusión
públicamente, lo cual causa gran expectación y aceptación en el cuerpo de maestros. Con actitud atrevida, en artículo remitido que lleva por título "La actual
ortografía castellana es un tormento para la niñez, cuyos adelantamientos
retrasa extraordinariamente" y que aparece de manera doble en *El Magisterio.
Periódico de Educación y Enseñanza* (núm. 7, 1860: 76–82) y *Anales de Primera
Enseñanza* (núm. 14, 30 de julio de 1860: 422–428), este maestro plasma de
forma nítida su denuncia, que no ha de ser considerada en el conjunto de la
reforma como una mera veleidad aislada. Su texto surge en un momento difícil, sirviendo de aporte de ideas al respecto de la utilidad de reformar algunas
anomalías en el uso y pronunciación de las letras. Su objetivo central es el de
indicar los diferentes perjuicios que la ortografía actual tiene para los jóvenes
en la enseñanza, apelando con ello al resto de profesores para que le secunden
en su postura y expongan –como hace él– sus razones en diferentes instancias:

> Terminaré rogando á mis comprofesores continúen por medio de artículos más lójicos
> esta cuestion; y dilucidada, elevemos de todas las provincias exposiciones razonadas
> á la Real Academia, al Gobierno de S.M.: y a aquellos que tengan proporcion de con-
> versar con personas de posicion, háganles ver las ventajas y desventajas de una á otra
> ortografía, para ver si tocando estos resortes, se logra tan deseado objeto, que tanto
> puede influir en la mayor instruccion de la niñez de España (*Anales de Primera Ense-
> ñanza*, núm. 14, 30 de julio de 1860: 428).

En números posteriores de esos mismos periódicos, el propio Ruiz Morote
remite un nuevo artículo, titulado "Si admitiera la Real Academia de la lengua la reforma de la ortografía ¿convendría simplificar y variar algunas
reglas de acentuación?" (*El Magisterio. Periódico de Educación y Enseñanza*,
núm. 13, 1860: 150–154; *Anales de Primera Enseñanza*, núm. 15, 15 de agosto
de 1860: 463–467), en el que aborda el problema de acentuación en algunas
palabras, con el objeto de que la Real Academia Española pueda formular un
método para su aplicación.[52] En este caso, su apelación a la reforma va dirigida
no solo a la Academia, sino también a la reina Isabel II, a la que pretende hacer
llegar su utilidad:

---

52 Este objetivo no impide que, a lo largo de su exposición, Ruiz Morote aporte sus ocho
    reglas para la mejora de la acentuación (cf. *Anales de Primera Enseñanza*, núm. 15,
    15 de agosto de 1860: 464–465).

Si á nuestra excelsa Reina, que tan propicia se presta á todo lo útil, á todo lo grande, se le hiciera ver las ventajas que ofrece la reforma, ¿no querría librar á sus tiernos é inocentes hijos de esa carga tediosa y áspera de la ortografía, que solo ha de contribuir á retrasar y minorar los conocimientos que tantos han de necesitar para regir los altos destinos á que están llamados? (*Anales de Primera Enseñanza*, núm. 15, 15 de agosto de 1860: 464–465).

Como ya advertimos en Gaviño Rodríguez (2020c: 141), las publicaciones de Ruiz Morote son especialmente relevantes por dos aspectos: 1) porque sirven como reapertura pública del debate ortográfico en la prensa, y 2) porque inician una nueva etapa para las reivindicaciones de estos reformistas, que ahora buscan la complicidad y apoyo de la Real Academia Española tras los episodios vividos en torno a la fecha de 1844 con la oficialización de su doctrina. En una situación como esta, en que los maestros parten de una posición de subordinación ante una corporación erigida ahora como el órgano regulador de la lengua española y su enseñanza, la contienda con la RAE estaba condenada al fracaso. De nada servía, pues, que los maestros, de manera aislada, tratasen de luchar contra este *statu quo* establecido. La estrategia cambia y el objetivo consiste en aglutinar voces que sirvan para ejercer presión a la propia Academia, a la que hay que convencer y persuadir de la importancia de estas reformas, haciendo uso para ello de nuevas acrobacias retóricas en las argumentaciones. El maestro Ruiz Morote conoce bien la problemática del momento y su tarea de argumentación es muy positiva y meritoria, porque discurre entre maestros de distinto signo ideológico, de ahí que su talante dialogante a la hora de plantear sus argumentos es una de las claves del éxito de su propuesta, pues permite con mayor comodidad la adhesión a sus ideas por parte de un grupo que en estos momentos sopesa mucho su participación en estos actos reivindicativos. Todo ello no es obstáculo para que, en un determinado momento, este autor se lamente de que sean solo los profesores los que luchen contra esta situación, acusando a la prensa de su inacción en relación con este tema, a pesar de que las mejoras en la instrucción provocarían también para la prensa la presencia de más lectores y un ahorro considerable en sus publicaciones, al reducirse los tipos:

La prensa que tanto pudiera hacer, y á la que compete poner de manifiesto las ventajas de toda mejora, es á la que mas le interesa, porque cundiendo la ilustración mas lectores tendría, y mas económicas le serian las fundiciones, porque se ahorraría la sétima parte de tipos. Sin embargo permanece muda; cuando si insistiera en su defensa, el triunfo seria seguro, como lo fue la predicacion de los Apóstoles para estender la doctrina de Jesucristo; porque la verdad al fin vence (*Anales de Primera Enseñanza*, núm. 14, 30 de julio de 1860: 423).

La propuesta de Ruiz Morote parece pasar inadvertida en un primer momento, hasta que después de varios números de *El Magisterio*, Juan Fernández Barranquero[53] manifiesta su apoyo con un artículo firmado el 1 de agosto de ese mismo año en el que aporta sus propias reflexiones sobre el tema y anima también al resto de maestros a pronunciarse al respecto (cf. *El Magisterio. Periódico de educación y enseñanza*, núm. 19, 1860: 219–222). Casi al mismo tiempo, también Manuel García Lozano se suma a las palabras de Ruiz Morote en los *Anales de Primera Enseñanza* (núm. 16, 30 de agosto de 1860: 490–494), con la redacción de "Dos palabras sobre la ortografía", un texto en el que admite que, a pesar de estar obligado a enseñar la ortografía oficial, en su correspondencia particular usa una ortografía reformada. Por otro lado, afirma haber empezado a confeccionar un trabajo con esta nueva ortografía, abandonado por las siguientes razones:

> [...] mis graves y continuas ocupaciones, y la natural timidez, propia del que no tiene la autoridad que dan las canas, una carrera literaria, ó un nombre conocido y apreciado de todos (cosa de que puedo decir que carezco completamente) me han hecho que abandone el proyecto (*Anales de Primera Enseñanza*, núm. 16, 30 de agosto de 1860: 492).

Manuel García Lozano anima a Ruiz Morote a "que ponga en práctica este plan, aplicado á su método de lectura, y publique el resultado, la reproducción de estos escritos" (*Anales de Primera Enseñanza*, núm. 16, 30 de agosto de 1860: 493).

Por su parte, A. Valcárcel, plantea, desde una posición más escéptica, algunas dudas a la propuesta (cf. *Anales de primera enseñanza*, núm. 16, 30 de agosto de 1860: 494)[54], que son contestadas por el propio Ruiz Morote en "Ortografía" (*Anales de Primera Enseñanza*, núm. 18, 30 de septiembre de 1860: 549–552; *El Magisterio. Periódico de Educación y Enseñanza*, núm. 21, 1860: 245–248), un

---

53 Previamente, las páginas de este mismo periódico habían testimoniado la publicación de otro artículo de este mismo autor, titulado "Observaciones sobre la enseñanza de la ortografía" (*El Magisterio. Periódico de Educación y Enseñanza*, núm. 10, 1860: 110–119), que trataba de los obstáculos que tiene la enseñanza de esta materia, ya sea por la falta de atención a las reglas como por la presencia de una serie de vicios en los niños que impiden la práctica y el progreso.

54 Más concretamente, Valcárcel presenta dos preguntas directas al autor de la propuesta en relación con la acentuación (cf. *Anales de Primera Enseñanza*, núm. 16, 30 de agosto de 1860: 494): una, en la que interpela a Ruiz Morote para que le dé respuesta a por qué es una locura enseñar la acentuación de las palabras sin conocimiento de etimología; la segunda, demandando las consideraciones que puedan servir de fundamento para las reglas de acentuación.

artículo en el que se hace una presentación del procedimiento que –según él–
debería seguirse para tramitar toda la reforma:

1.º Dilucidar en los periódicos de educacion las bases y circunstancias para formular
la nueva ortografía, con las ligerísimas nociones que deben quedar de la antigua,
admitida la reforma.

2.º Redactarla luego por una comision de los mas eminentes Profesores.

3.º Imprimirla. Su expendicion (sic) seria segurísima entre los Profesores y aun los
alumnos de las Escuelas normales.

4.º Establecer Juntas provinciales, y una Central en la Córte.

5.º Que estas Juntas hicieran una exposicion en donde se comentara las ventajas y
desventajas que una y otra ofrecen, firmándola los Profesores, los individuos de
las Juntas de Instruccion primaria, y Catedráticos que quisieran.

6.º Que la Junta formulara el itinerario para la firma, siendo de cuenta del Profesor
remitirla al pueblo correspondiente sin demora.

7.º Remitidas las exposiciones á la Junta Central, esta se encargase de presentarlas
con los ejemplares correspondientes de la nueva ortografía á la Real Academia, á
las Córtes ó á quien corresponda.

8.º Los gastos de las Juntas pudieran salir del sobrante de impresion, para lo cual se
vendiera el ejemplar a un real mas de lo justo.

9.º Que los Profesores pusieran en juego todas sus relaciones para excitar a los escritores públicos, à las personas de posicion, y con especialidad á la Prensa para que
tomaran parte en tan portentosa mejora.

10. Si la obra fuese aprobada, ceder la propiedad á beneficio de los inutilizados en la
guerra de Africa (*El Magisterio. Periódico de Educación y Enseñanza*, núm. 21,
1860: 247).

Sabedor de la importancia del apoyo de su gremio, termina su texto pidiendo al
resto de profesores la adhesión al proyecto, "manifestando siquiera la conformidad de parecer, con dos palabras y su firma" (*Anales de Primera Enseñanza*,
núm. 18, 30 de septiembre de 1860: 552).

A estos les siguen algunos más que aplauden la iniciativa y publican textos
relacionados con la temática en las páginas de ambos periódicos: Rafael Martínez de Carnero es el autor del artículo "Admitida la reforma de la ortografía,
podrán leerse dentro de algunos años los escritos con la antigua?" (*El Magisterio. Periódico de Educación y Enseñanza*, núm. 21, 1860: 248–251), en el que
impugna los inconvenientes que se ponen a la pretendida reforma y propone
su propio alfabeto reformado compuesto por veinticuatro letras: *a, e, i, o, u,
b, z (ce), h (che), d, f, g (gue), j (ge), l, ll, m, n, ñ, p, c (q), r, r̄, s, t, y*. Por su parte,
Matías Catalina (*Anales de Primera Enseñanza*, núm. 24, 30 de diciembre de
1860: 749–752) presenta la reducción de, al menos, cinco de las letras del alfabeto español en un texto que habla del arte ortológico:

[...] de estas veinte y ocho letras que contiene nuestro alfabeto español, puede reducirse (especial y provisionalmente en el minúsculo) á veinte y tres, pudiendo suprimir
por de pronto las cinco siguientes: la *b*, la *c*, la *h*, la *q* y la *x* (*Anales de Primera Enseñanza*, núm. 24, 30 de diciembre de 1860: 750).

Su discurso finaliza también con la repetida llamada al resto de profesores y
personas influyentes, a los que solicita ayuda para poder implementar estos
cambios:

[...] no queremos chocar abiertamente con la ortografía de la Real Academia de nuestra lengua castellana, pues que sabida cosa es, que unas mismas palabras escritas con
b ó con *v*, con *h* ó sin ella, tienen distinto significado. Por lo que concluiremos rogando
á nuestros amados comprofesores nos ayuden con otros comunicados mas bien dictados, y á todas las personas que por su rango y alta posicion puedan influir á la par
que con sus elevadas luces, inculcar en el ánimo de los Señores que componen la Real
Academia, á fin de que se dignen llevar á cabo tan importante reforma para alivio de
los Profesores y discípulos (*Anales de Primera Enseñanza*, núm. 24, 30 de diciembre
de 1860: 752).

Pero esta participación no es suficiente para las aspiraciones de Ruiz Morote,
que se muestra muy decepcionado por lo que él considera una escasa aceptación
de su propuesta:

Cuando creía que el debate ortográfico hubiese ido tomando gigantescas proporcio-
nes; cuando juzgaba que todos los profesores hubiesen levantado su fuerte voz, en pro
ó en contra, —que uno y otro conviene— llevando al verdadero terreno tan patriótica
cuestión; cuando mi ilusion me hacia entrever á las hábiles plumas de ilustres profesores suspender otros trabajos, que si bien importantes, ninguno como este, atestando
las columnas de los Anales y demás periódicos dedicados al Magisterio, con artículos
razonados, que levantaran de quicio la adormecida indiferencia con que es mirada la
mejora mas portentosa, la mas humanitaria, la mas luminosa, la mas económica, la
mas civilizadora de cuantas pueden recibir los pueblos; la que sacaria de autómatas
á infinidad de almas del envilecimiento, del crímen, de la miseria; cuando veía pasar
un número y otro de los *Anales*, como periódico que corre por la España, sin que en el
Sumario, que revisaba con ansiedad, apareciese, Ortografía, refutando ó dilucidando
mis incoherentes ideas. Mi corazón ántes extasiado, quedaba desesperanzado: con-
siderando con extrañeza la apatía de mis comprofesores en la cuestión primordial; ó
que habrían prohibido al Editor insertar artículos de Ortlgrafía (sic) (*El Magisterio.
Periódico de Educación y Enseñanza*, núm. 3, 1861: 28–30).

En un nuevo intento de llamada a la acción, el maestro Ruiz Morote defiende la
necesidad de elaborar una reforma total de la ortografía, pues, en sus propias
palabras, "las reformas parciales son las que llevan en pos de sí un cúmulo de
imperfecciones, de confusión perpetua" (*El Magisterio. Periódico de Educación
y Enseñanza*, núm. 3, 1861: 29).

No sabemos muy bien si por su insistencia, o bien porque los maestros nece-
sitaban madurar la idea, lo cierto es que al poco tiempo comienzan a sucederse
los apoyos favorables a la reforma en manos de autores que alaban la iniciativa
y hacen gala de tener sus propias ideas al respecto o de haber formulado ya sus
propuestas con anterioridad. En esta lista, destacan algunos como Fernando
Rosa y Arroyo, Cosme Arnal, Simón López y Anguta o José del Campo. El primero de ellos publica un artículo titulado "Dos palabras sobre la ortografía"
(*Anales de Primera Enseñanza*, núm. 2, 30 de enero de 1861: 39–41) que pasa
prácticamente inadvertido en este periódico; no ocurre lo mismo cuando sale a
la luz en el *Boletín de Primera Enseñanza de la Provincia de Salamanca* (núm.
12, 25 de marzo de 1861: 1), donde se genera un debate del que nos ocuparemos
más tarde. A este primer texto, le sigue un segundo artículo también del mismo
autor publicado en *Anales de Primera Enseñanza* (núm. 17, 15 de septiembre de
1861: 518–522). Cosme Arnal, un experimentado maestro, recuerda que hace
ya treinta y tres años que pidió al gobierno cambiar algunas letras del alfabeto;
ahora, tras treinta y cinco de experiencia, expone sus ideas sobre la supresión de
cuatro letras (*v*, *h*, *q* y *x*), cuya desaparición favorecería la educación:

> Se dirá que estas innovaciones inutilizarian tantos escritos como hay en el dia; pero la
> calificacion de antiguos remediaria todos los inconvenientes. Sea de esto lo que fuere,
> resultará que si no se llevan á efecto las reformas expresadas, siempre tendremos los
> mismos obstáculos en la enseñanza; y de hecho peores, si no se hace obligatoria la
> enseñanza de seis á diez años (*Anales de Primera Enseñanza*, núm. 4, 28 de febrero de
> 1861: 111–112).

Simón López y Anguta (cf. *Anales de primera enseñanza*, núm. 4, 28 de
febrero de 1861: 112–113), que aplaude en su texto la propuesta de Ruiz Morote,
opta igualmente por la pronunciación como principio de escritura y solicita
también la eliminación de *v*, *h*, *q* y *x*, así como un nuevo reparto de sonidos
para *c* y *g*. En su texto alude a la importancia de las reformas para la infancia
y, como en otros casos, a la necesidad de que los profesores en conjunto aúnen
esfuerzos y llamen la atención de la RAE y la reina, a quienes pretenden seducir
vinculando la reforma con una necesidad de progreso para la educación, una
verdadera tarea patriótica que es presentada como un bien común para el pueblo, en este caso concreto, para la infancia:

> ¡Sí, amados comprofesores! El camino está preparado, merced á los Sres. Ruiz Morote
> y García Lozano. Con que demos un aso por él, y no retrocedamos. Hagamos algo por
> la infancia, que este es nuestro deber. Clamemos sin cesar por la reforma completa de
> la ortografía; llamemos la atención de los ilustres miembros que componen la Real
> Academia, y en particular la de nuestra excelsa Reina: á aquellos para que no se dejen
> escapar la gloria que este asunto les preparara, y á esta para que libre á sus tiernos hijos

de la pesadísima carga de la actual ortografía, que solo ha de contribuir á retrasar y disminuir los conocimientos que han de necesitar para regir los altos destinos de la patria, á que están llamados (*Anales de Primera Enseñanza*, núm. 4, 28 de febrero de 1861: 113).

Finalmente, José del Campo, que se muestra entusiasmado con esta reforma de Ruiz Morote y García Lozano, felicita al primero, "por sus bien razonados escritos, y por ser el primero que, después de algunos años de silencio sobre dicha reforma, ha salido á la palestra á defender las inmensas ventajas que reportaría á las generaciones todas, si dicha reforma se realizada"; al segundo, por responder rápidamente al llamamiento de Ruiz Morote (*Anales de Primera Enseñanza*, núm. 7, 15 de abril de 1861: 204–207). Como muestra de su preocupación previa por esta materia, José del Campo reproduce al final de su intervención un artículo de su autoría, fechado en 1855, que tiene continuación en el número siguiente de la misma revista (*Anales de Primera Enseñanza*, núm. 8, 30 de abril de 1861: 236–240) en el que ya abordaba la cuestión y se adhería a la propuesta de la famosa sesión de 3 de octubre de 1844 de la Academia de Profesores de Primera Educación.

Ese mismo año, otros nombres dan continuidad a este interés temático y se muestran partidarios de que se inicie un plan de reforma de la ortografía: entre estos, Casimiro Ramírez de la Piscina (*Anales de Primera Enseñanza*, núm. 10, 30 de mayo de 1861: 292–293), cuyo artículo versa en concreto sobre la *rr*, o Manuel Enriquez de Salamanca (cf. *Anales de Primera Enseñanza*, núm. 13, 15 de julio de 1861: 393–395), que, en su intento de petición de apoyos entre los maestros, intenta calmar a aquellos aún recelosos por la represalia que pudieran conllevar sus acciones:

> La Real Academia de la Lengua no creerá que nos rebelamos contra ella; al contrario, se persuadirá de que en la ortografía hay un vacío que llevar, que esto lo han comprendido los Maestros, y no dudemos que llegará un dia en que todas las dificultades que hoy tenemos en nuestra escritura se vencerán (*Anales de Primera Enseñanza*, núm. 13, 15 de julio de 1861: 393).

En la misma línea se manifiestan Luis Díaz Guerra (*Anales de Primera Enseñanza*, núm. 20, 30 de octubre de 1861: 618–620), Juan Antonio de Bartolomé (*Anales de Primera Enseñanza*, núm. 21, 15 de noviembre de 1861: 647–650; núm. 24, 30 de diciembre de 1861, 750–755)[55] o Juan Fernández Barranquero, que, después de haber publicado inicialmente su parecer en *El Magisterio*,

---

55　Su primer escrito aparece publicado en *Anales de Primera Enseñanza* (núm. 21, 15 de noviembre de 1861: 647–650) bajo la firma de "El Amigo de los sordo-mudos" y versa sobre la situación de la enseñanza de la ortografía a este colectivo. En un segundo también hace expresa su adhesión ahora en los *Anales de Primera Enseñanza* (núm. 22, 30 de noviembre de 1861: 677–679) por medio de un artículo de especial interés, porque en él se da noticia de la acogida que ha tenido este asunto en el seno de la Academia, en cuyo concurso convocado en 1863 ha sido incluido el siguiente título: "Memoria sobre el valor, uso y nombres que las letras del alfabeto castellano han tenido hasta hoy. Si la ortografía castellana podría total y exclusivamente arreglarse á la pronunciacion. Ventajas é inconvenientes de este sistema".[56] La felicidad que transmite Fernández Barranquero por este anuncio no puede ser mayor y se muestra muy optimista por la posibilidad de que estas razones sean escuchadas:

> Una de las cosas que más deben alentarnos hoy es la circunstancia de haber propiciado á cumplirse los pronósticos de nuestro compañero el Sr. Ruiz Morote. En efecto, no se engañaba al presagiar con sobrado fundamento en uno de sus artículos que nuestras razones serian al fin escuchadas, deduciendo de antemano el fallo favorable que un dia debería recaer, atendida la justicia de la pretensión. Ese dia está quizá mas cerca de lo que creíamos. La Real Academia acaba de abrir un concurso para el año de 1863, proponiendo entre otros asuntos en los que puede aspirarse á los premios que se señalan, la redacción de una *Memoria sobre el valor, uso y nombres de las letras que el alfabeto castellano han tenido hasta hoy. Si la ortografía castellana podría total y exclusivamente arreglarse á la pronunciacion, Ventajas é inconvenientes de este tema.* Nada mas podía apetecerse. Así, pues, los que deseen emplear sus conocimientos sobre los particulares designados en el tema, tienen un ancho campo en que discurrir; porque la

---

artículo, que sale a la luz en *Anales de Primera Enseñanza*, (núm. 24, 30 de diciembre de 1861, 750–755) sí aparece ya la firma de Juan Antonio de Bartolomé.

56 En efecto, el anuncio de este concurso aparece primero en la *Gaceta de Madrid* (30 de septiembre de 1861) y es reproducido posteriormente en *Gaceta de Madrid* (núm. 285, 12 de octubre de 1862: 2) con firma del secretario de la Academia, Manuel Bretón de los Herreros, y fecha de 10 de octubre de ese mismo año. Cuando queda ya poco tiempo para la celebración del concurso, en la prensa aparecen mensajes instando a la participación de los posibles concursantes. En este sentido, se informa de que se trata de un concurso destinado a amantes de la reforma ortográfica que "tienen ya asunto donde con honra y provecho pueden lucir sus dotes literarias y conocimientos filolójicos" (*La Concordia. Periódico Semanal de Primera Enseñanza*, núm. 4, 12 de febrero de 1863: 28). En la prensa se publican algunas de las disertaciones que concursan al premio, como la de Antonio Álvarez Chocano, que aparece en *El Guadalete* (núm. 3751, 22 de diciembre de 1864: 1; núm. 3752, 23 de diciembre de 1864: 1; núm. 3753, 24 de diciembre de 1864: 1): se trata de una reforma fundamentada en la necesidad de ahorrar tiempo y trabajo en la enseñanza, cuya propuesta está basada en dos principios básicos: eliminación de aquellas letras que suenan, y representación unívoca de cada signo para un mismo sonido.

Academia no se limita á una sola proposición, sino que en las tres comprende cuanto tiene relación con el asunto puesto á discusión, en términos de poder congratularnos de que en esta parte ha satisfecho nuestros deseos. De modo, que si antes dudábamos que vuestras razones fuesen escuchadas; ya no solo estamos seguros de ello, sino de que han de revisarse y analizarse por un respetable Cuerpo, convencido de la utilidad de la reforma, y que parece se muestra dispuesto á aceptarla, bajo las condiciones mas favorables al desarrollo intelectual. Antes procurábamos interesar al publico discutiendo verbalmente con las personas instruidas, y publicando algunos artículos con el mismo fin, poseídos siempre de la confianza que anima al que con el mas fervoroso entusiasmo se desvela en obsequio de la ilustración, sin otro móvil que el interés que le anima en favor de su amada patria que es su madre, y de sus queridos discípulos que son sus hijos, por quienes habla, ruega y suplica, para procurarle un bien, que también ha de hacerse extensivo a la sociedad; y ya podemos congratularnos de que como preludio de recompensa, se nos invita á consignar nuestra pretensión, ilustrándola con los datos y razones en que deba apoyarse, para que pueda ser debidamente apreciada y resuelta (*Anales de Primera Enseñanza*, núm. 22, 30 de noviembre de 1861: 678–679).

El tema no pasa desapercibido por el propio Ruiz Morote que, algo más de un año después de su primera intervención, vuelve a sacar a la luz un nuevo escrito titulado "Ortografía reformada" en el que asegura que la publicación del concurso convocado por la Academia es fruto de que esta ha oído los clamores y fundadas quejas de los maestros y que la nueva situación "vá, á no dudar, á poner término á tan suspirado deseo" (*Anales de primera enseñanza*, núm. 8, 30 de abril de 1862: 231). Más adelante, continúa:

> ¿Puede pedirse mas? ¿No hemos conseguido un triunfo? ¿Dejaremos pasar ocasión tan propicia? ¿Consentirá la España que otra nación culta se le anticipe ya que tan aventajada se halla sobre las demás? No: confío que además de los literatos que al efecto tomen parte, no faltarán comprofesores celosos de tantos y tan distinguidos como hoy tenemos tomen por su cuenta este trabajo por no dejar, al menos, en manos agenas nuestra propia causa. Nuestra es, defendámosla, provoquemos á la batalla á los *incrédulos* y á los *parcialistas*, que la victoria es segura: que levanten su débil voz, y vencidos, les haremos ver que la reforma completa no ofrece inconvenientes, que las parciales hechas de cualquier modo, hace á la ortografía mas confusa, mas difícil (*Anales de Primera Enseñanza*, núm. 8, 30 de abril de 1862: 231).

Ruiz Morote defiende nuevamente la reforma total de la ortografía y aprovecha este artículo para presentar su propia doctrina, en la que sostiene que hay que desterrar el orden arbitrario e inconexo del alfabeto actual para reorganizarlo de la siguiente manera: en primer lugar, por las vocales, y seguido por las consonantes a continuación, ordenadas estas, ya sea por el orden de su forma caligráfica, ya sea por el órgano de la voz que juegan en su pronunciación. En total, su propuesta de alfabeto consta de veintidós letras mayúsculas y veinticuatro minúsculas: *A.a, E.e, I.i, O.o, U.u, B.b, H.h, D.d, F.f, G.g, J.j, K.k, L.l, LL.ll, M.m, N.n, ñ, P.p, R.r, R, S.s, T.t, Y.y, Z.z.*

Su texto termina con una nueva alusión a la reina Isabel II, a la que intenta persuadir con la importancia de estudiar una ortografía natural:

> Si Isabel I inmortalizó su nombre, entre otras grandes cosas, con el descubrimiento de las Américas, Isabel II ha de inmortalizar el suyo, entre otras grandes cosas, con decretar la completa reforma de la ortografía: Isabel II no debe consentir que la instruccion del Príncipe Alfonso dé principio con tan torpe, diabólica y repugnante ortografía; y la Providencia, no hay que dudar, ha preparado coronarle con tal gloria, para que la historia consigne: Alonso (sic) XII fue el primero que aprendió la primer letra por la celestial ortografía (*Anales de Primera Enseñanza*, núm. 8, 30 de abril de 1862: 236).

A pesar de que Ruiz Morote plantea su propia propuesta de cambio ortográfico, no se trata de un plan cerrado, de ahí que haga una petición para que otros presenten también sus propias ideas:

> [...] considero de alta importancia consignen en los periódicos su dictamen los que piensen distintamente, siempre que no hayan de presentar memoria, para que con mas acierto ó menos molestia la formulen metódicamente y consigan el triunfo, aquellos que se dediquen á trabajo tan laudable (*Anales de Primera Enseñanza*, núm. 8, 30 de abril de 1862: 232).

Su postura es abarcadora, ya que comprende que hay matices en cada persona y, a su vez, experimenta la necesidad imperiosa de un verdadero debate que ayude a llevar a buen puerto este proceso. Es en este intercambio de ideas donde tienen cabida los textos publicados por otros autores como Bartolomé Tortes (*Anales de Primera Enseñanza*, núm. 12, 30 de junio de 1862: 359–361), Ramón Pérez Baquero (*Anales de Primera Enseñanza*, núm. 22, 30 de noviembre de 1862: 578–582)[57] o Simón López (cf. *Anales de Primera Enseñanza*, núm. 4, 28 de febrero de 1863: 76–79), cada uno de ellos con sus propias ideas sobre cambios concretos, fundamentalmente en lo relativo a la representación de los sonidos vibrantes o la preferencia entre *c, k* y *q*, entre otras peculiaridades. Todos ellos enuncian en sus textos las bondades que el nuevo sistema presenta para la enseñanza, que en el caso de Simón López son enumeradas específicamente en cinco puntos:

---

57 En el caso de Pérez Baquero, hay constancia de la carta que este autor dirige al director de la Real Academia Española con su propuesta de reforma de la ortografía y método de lectura, de la cual se conserva copia en el archivo de esta institución (códigos de referencia: ES 28079 ARAE F1-2-8-3-2-14; ES 28079 ARAE F1-2-8-3-2-15).

1.º Que no habrá en lo sucesivo un solo español por poco que asista á la Escuela que aprenda á leer y escribir.

2.º Que las reglas de ortografía serán muy difíciles de olvidar, cosa que hoy sucede a todo niño, por enterado que esté en ellas cuando se despide del Maestro para dedicarse á otras tareas.

3.º Que los niños podrán tomar en general un libro manual y leer en él á los cinco años de edad, haciendo por consecuencia adelantos mucho mas rápidos que hoy en las demas asignaturas que comprende el programa de enseñanza; y pudiendo salir instruido de la Escuela á los diez años de edad, cosa que hoy es imposible á no tropezar con un niño de un talento superior; y aun así sucede que al año de haber salido de aquella ya se le han olvidado las reglas ortográficas, cometiendo faltas garrafales cuando se ven en la precision de escribir una carta á sus padres ó á un amigo.

4.ª Que de este modo nuestro idioma será atractivo por su sencillez; claro porque queda estinguido lo qu le hace hoy oscuro, que es esa doble pronunciacion que tienen algunas letras, y esos verbos que en unos tiempos se escriben con *v*, y en otros como *b*: v. gr., el verbo *ir*, cuyo pretérito imperfecto de indicativo se escribe con *b*, y los demas tiempos con *v*, y único en Europa porque se escribirá como se habla.

Y 5.º Que con la facilidad que ha de proporcionar la reforma en cuestion, tendremos esperanza de que, esos perniciosos dialectos que tenemos en la península, desaparezcan desde luego. Hasta aquí las inmensas ventajas que ofrece nuestro predilecto idioma, arreglado á la pronunciacion (*Anales de Primera Enseñanza*, núm. 4, 28 de febrero de 1863: 78).

Movido por las memorias que pudieran enviarse a la Real Academia Española sobre la reforma, también Manuel García Lozano desarrolla en un nuevo artículo su propio sistema ortográfico, formado, en este caso, por veintitrés letras (*a, v, z, h, d, e, f, g, i, j, l, ll, m, n, ñ, o, p, c, r, r̄, s, r*) (*Anales de Primera Enseñanza*, núm. 3, 15 de febrero de 1863: 61–65), al que acompaña algunas reglas:[58]

1.º Las palabras españolas se escriben como se pronuncian.

2.º No se usarán abreviaturas.

3.º Se pondrá siempre *n* y no *m* antes de *v* y *p*, lo cual viene a ser una consecuencia de la regla 1.ª, puesto que solo se percibe aquel sonido y no este.

4.º Se sustituirá la *x* en las palabras que la tienen por *s* antes de consonante; por *cs* entre vocales, y por *s* (ese y guion) cuando signifique cesacion de empleo (*Anales de Primera Enseñanza*, núm. 3, 15 de febrero de 1863: 62).

58　Junto a estas, García Lozano también incluye otras reglas relativas a la puntuación y la acentuación.

Al llegar 1866, la propuesta reformista en los *Anales* se vuelve mordaz de la mano de Francisco Caballero, que publica un serial de cuatro artículos en el que se escenifica un indiscutible tono belicista poco acorde a la línea del resto de autores de este periodo. El primero de estos textos, titulado "A todos los maestros de primera enseñanza de España" (*Anales de Primera Enseñanza*, núm. 10, 30 de mayo de 1866: 263-265) parece toda una arenga y es con diferencia el más hostil de todos los aparecidos en este periódico con respecto a la Academia, a la que sitúa de adversaria o enemiga en la siguiente alegoría:

> Una vez y otra vez acomete intrépidamente un ejército el asalto de una plaza fuerte, y otras tantas se ve rechazado con energía, dejando con dolor en la estacada sus mejores capitanes y soldados.
>
> Pues revistámonos de igual constancia; que los grandes triunfos solo se alcanzan con grandes luchas. Nuestro enemigo es poderoso, cierto; posee abundantes vituallas, y no se le puede rendir por hambre; tiene un copioso arsenal, y no hay que esperar le falten armas ofensivas y defensivas; se parapeta tras una muralla fortísima, que el tiempo *parece* contribuye á robustecer antes que á debilitar. Pero *¿qué importa?* Adelante. La muralla se encuentra aportillada; los sitiados, que no pueden ocultarlo ni repararla nos han llamado á capitulacion; si por esta vez no se han rendido, es sin duda ó porque se consideran aun, si no inexpugnables, bastante fuertes, ó porque no han reconocido en nosotros suficiente graduacion ó jerarquía para humillarnos su egrerio estandarte. «No me rindo á ti; me rindo al Emperador; yo soy el Rey;» dijo Francisco I al soldado español que le intimidaba se rindiese. *Et omnia vanitas. ¿Y qué importa?* Adelante.—Continuemos el bloqueo con teson y vigilancia; y si no hemos podido tomar de rebato la fortaleza ni conseguimos de los contrarios que nos la entreguen rendidos, carguemos a nuestros hombros el arca santa de nuestra idea; paseémosla con himno de alabanza, y entonces nos apoderaremos del codiciado áureo vellocino, y cantaremos la victoria sobre Faraon, y será un dia de júbilo para muchos (*Anales de Primera Enseñanza*, núm. 10, 30 de mayo de 1866: 263-264).

Como ya hicieran otros maestros, alude a la necesidad de alzar su voz de manera conjunta con el resto de compañeros ante esta institución:

> Ciertamente, mis dignos comprofesores, no es tan robusta mi voz que pueda por sí sola hacerse oir de la respetable y sapientísima Real Academia de la Lengua; y si no temiera, sobhrado fundadamente, que menospreciase mi reto diciéndome con Goliat «¿Soy acaso algún perro?... yo me presentaría solo y frente á frente con no menor valor que el Pastorcillo de Bethleen, confiado en que el triunfo habia de deberse únicamente á la bondad de la causa que defendemos. Y por eso acudo á vosotros, hermanos y compañeros mios, en la íntima convicción de que no me dejareis abandonado al provocar la lucha, que si llegamos á conseguir que esta se entable, eso será para nosotros hallarnos á la mitad de la victoria (*Anales de Primera Enseñanza*, núm. 10, 30 de mayo de 1866: 264).

Su alegórico grito es desafiante y supone una ruptura con la actitud que venían mostrando los neógrafos en la época:

> [...] yo... el mas humilde de todos, constituyéndome en eco de los que me han precedido en este empeño y en voz de todo el Magisterio de primera enseñanza y de todos los afectos á la *reforma*, oso presentarme como primer paladin en esta nueva campaña y decir á la Real Academia: «Alzate, pues, que Oscar te desafía» (*Anales de Primera Enseñanza*, núm. 10, 30 de mayo de 1866: 265).

A este primer escrito le siguen otros: el segundo, directamente destinado a la Real Academia y en el que Francisco Caballero se confiesa único culpable del impertinente reto lanzado a la RAE, a la par que suplica su atención para que emprenda la reforma ortográfica (*Anales de Primera Enseñanza*, núm. 12, 30 de junio de 1866: 332–333); el tercero, destinado a sus comprofesores, sirve de comentario de los distintos pareceres de su reacción, en especial (aunque no únicamente) los de aquellos que reprueban su arrojo (*Anales de Primera Enseñanza*, núm. 15, 15 de agosto de 1866: 419–420); en el cuarto y quinto, este autor aborda la naturaleza de la reforma (*Anales de Primera Enseñanza*, núm. 21, 15 de noviembre de 1866: 605–607).[59]

6.2 Rosa y Arroyo y otros en el *Boletín de Primera Enseñanza*

Frente a lo sucedido en *El Magisterio. Periódico de Educación y Enseñanza* y *Anales de Primera Enseñanza*, donde todos los maestros parecen seguir la propuesta de Ruiz Morote y se pronuncian al unísono sobre la necesaria reforma ortográfica, el *Boletín de Primera Enseñanza de la Provincia de Salamanca* es testigo de una realidad cambiante en la que conviven muestras heterogéneas de lo que piensan los maestros. Hay que esperar más de cuarenta años para que la prensa española acoja en sus páginas el segundo gran ciclo polémico entre posturas ahora enfrentadas por la ortografía, la de aquellos seguidores del espíritu reformista instaurado por Ruiz Morote, frente a la de los partidarios de la doctrina académica, que se niegan a las reformas. El debate en este caso se inicia con un artículo titulado "Dos palabras sobre la Ortografía" que ya había visto la luz en el número 2 de 30 de enero de 1861 de los *Anales de Primera Enseñanza*

---

59 No hemos podido consultar la quinta parte de este trabajo en los *Anales*, pero sí lo hemos hecho en *El Profesorado de Primera Enseñanza del Distrito Universitario de Granada. Periódico de las Escuelas y de los Maestros* (núm. 41, 25 de abril de 1866: 1–3; núm. 43, 25 de mayo de 1866: 1–3; núm. 44, 10 de junio de 1866: 1–3; núm. 49, 10 de agosto de 1866: 3–5; núm. 23, 10 de diciembre de 1867: 1–4), donde Caballero publica de manera simultánea sus textos.

por parte de Fernando Rosa y Arroyo y que dos meses más tarde aparece también en el *Boletín de Primera Enseñanza de la Provincia de Salamanca*, donde sus palabras alcanzan más resonancia. En este texto se presentan idénticos planteamientos a los que ya se habían formulado por otros reformistas antes de la oficialización de la ortografía, reivindicando la reforma de la ortografía por medio de la pronunciación como medio de mejora para su enseñanza, una necesidad que el propio autor –según nos manifiesta– ya había meditado en su época de estudiante:

> [...] cuando me contaba como alumno del Colegio normal de la madre de las ciencias, llegué á reflexionar detenidamente sobre la ortografía de la Real Academia, y comprendí que indudablemente causarían sus intrincadas reglas entorpecimiento en su enseñanza, y deduje por conclusión que no estaría demas una *reforma razonable* (*Boletín de Primera Enseñanza de la Provincia de Salamanca*, núm. 12, 25 de marzo de 1861: 1).

Su propuesta no es original, pero sí lo son sus formas, pues, aunque afirma que durante tiempo pensó desarrollar la reforma en la misma línea que Francisco Ruiz Morote, admite no haberlo hecho antes por tratarse de "una empresa que correspondia á hombres mas ilustrados", aparte de por el respeto mostrado a "doctrinas originarias de un cuerpo tan distinguido como respetable, cual es la Real Academia" (*Boletín de Primera Enseñanza de la Provincia de Salamanca*, núm. 12, 25 de marzo de 1861: 1). Con estas palabras, Rosa y Arroyo sigue la línea iniciada por Ruiz Morote, en un claro intento de no entrar en confrontación directa con la posición de privilegio que en el ámbito educativo goza el texto académico, aun cuando expresa el desacuerdo con su sistema. Su intención es conseguir la unión de maestros para tratar que la Academia actúe y realice una reforma de la ortografía que la haga más sencilla, corta y perfecta.

La réplica a este texto no tarda en aparecer en el seno de los propios maestros, donde se discuten y cuestionan sus planteamientos: el *Boletín de Primera Enseñanza de la Provincia de Salamanca* (núm. 28, 25 de noviembre de 1861) inserta en sus páginas un artículo comunicado anónimo firmado por *El Síbila del Magisterio*, que se dirige a Fernando Rosa y Arroyo como "condiscípulo y amigo" a la par que le envía ciertos dardos envenenados que consiguen agriar la disputa. Nada más empezar su escrito, manifiesta lo siguiente:

> Soy el Síbila del magisterio, y si mi poder no es bastante á transformar los montes, embravecer los mares y suspender los ríos, como hacían los profetistas de otros tiempos, al menos pretendo detener el curso de los Arroyos, cuando me parece que su precipitado torrente se sale del cauce (*Boletín de Primera Enseñanza de la Provincia de Salamanca*, núm. 28, 25 de noviembre de 1861: 1).

En efecto, el Síbila manifiesta su acuerdo con reformar la ortografía, pero no tanto con el hecho de que se atienda exclusivamente a la pronunciación, ya que ello provocaría la pérdida de un rico tesoro en nuestro idioma. A este respecto, arguye que letras como la *h* y la *v* son necesarias en español, pues tienen la facultad de desambiguar palabras sin necesidad de acudir al contexto: "quitando tan solamente esas dos letras del abecedario has borrado de una plumada millares de palabras que otras tantas ideas representan, y herido de muerte la grandiosa facultad de manifestar nuestros pensamientos" (*Boletín de Primera Enseñanza de la Provincia de Salamanca*, núm. 28, 25 de noviembre de 1861: 1). Defensor de la labor lenta y cauta desempeñada por la Academia, de ella dice lo siguiente: "No hay que dudarlo, trabaja; pero no se presenta un Edipo que dé la solución competente al enigma y mate la esfinge que á todos nos devora" (*Boletín de Primera Enseñanza de la Provincia de Salamanca*, núm. 28, 25 de noviembre de 1861: 2).

La respuesta de Rosa y Arroyo a la actitud y palabras del tal Síbila no se hace esperar. En el mismo periódico firma un nuevo artículo en el que se extraña por el anonimato en el que se esconde su contrincante, al que también acusa de usar un discurso contradictorio con argumentos poco razonables al respecto de la utilidad de letras como *h* y *v*, pues –a su juicio– el verdadero problema está en la enseñanza a un niño de la escritura de letras como *b* o *v*, por ejemplo, además de que es de sentido común "conocer por el contesto de la oración el verdadero significado de las palabras" (*Boletín de Primera Enseñanza de la Provincia de Salamanca*, núm. 35, 25 de febrero de 1862: 2). Su texto concluye nuevamente proclamando su grito con varios signos de exclamación: "¡¡¡La Ortografía precisa reforma!!!"

El asunto, por supuesto, no queda ahí. De nuevo vuelve a la carga el Síbila con un artículo publicado en el *Boletín de Primera Enseñanza de la Provincia de Salamanca* (núm. 41, 25 de mayo de 1862: 1-3) bajo el epígrafe de "Cuestión ortográfica". En su furia sin tregua, se le adivina un mayor sarcasmo lingüístico en su tozuda defensa de todas las letras del alfabeto, que considera necesarias para el conocimiento certero de las acepciones de las palabras. Su discurso ahonda en ataques personales a su adversario y en la defensa de una reforma ortográfica que no tiene por qué pasar por la eliminación de letras, sino por otros aspectos como, por ejemplo, la elaboración de reglas para el uso de signos de puntuación:

> Y sin meterme á dilucidar cuestiones que no son para humildes inteligencias como la mia, no puedo menos de llamar la atención sobre los signos puntuativos, pues en muchas ocasiones nos vemos precisados á usarlos caprichosamente, notándose mas la escasez de reglas suficientemente claras al enseñar la niñez; y máxime cuando es

tan cierto que la falta, sobra ó mala aplicacion de una simple coma desfigura completamente el pensamiento del escrito *Boletín de Primera Enseñanza de la Provincia de Salamanca* (*Boletín de Primera Enseñanza de la Provincia de Salamanca*, núm. 41, 25 de mayo de 1862: 2).

La réplica de Rosa y Arroyo se produce unos números más adelante, concretamente en el *Boletín de Primera Enseñanza de la Provincia de Salamanca* (núm. 46, 10 de agosto de 1862: 1-3), con unas "Ultimas palabras á El Síbila", un texto cuyos argumentos, en el plano puramente lingüístico-pedagógico, siguen insistiendo en las mismas ideas: la pérdida de determinadas letras en palabras como *onbre, vista, kaza, zera, jigante*, etc., no hace peligrar nada en nuestro léxico; contrariamente, facilita su aprendizaje y enseñanza. Finalmente, se muestra cansado con el asunto y carga airadamente contra el anónimo autor:

> No piense El Síbila del Magisterio que me harán sellar mis labios sus sarcásticas y despreciativas frases, que á la verdad le honran mucho por su elevada erudición, sino que protesto huir de toda polémica apasionada en que el mezquino interés personal abre una lucha vergonzosa que obra en daño de la institución y de la clase, á cuyo patrocinio aspira *el Síbila*; y que si él se propone salir á la palestra con el singular objeto de lucir su gallardía, tenga presente que es ponerse en ridículo ante el público, en razón á que la cuestión la provoca bajo tal aspecto, gracia que no pretendo yo y que tampoco le envidio (*Boletín de Primera Enseñanza de la Provincia de Salamanca*, núm. 46, 10 de agosto de 1862: 2).

Rosa y Arroyo intenta, por medio de este artículo, dar por zanjada la polémica, no sin antes lanzar un dardo a su interlocutor, al que acusa de poco caballero por el uso de voces desentonadas:

> Concluyo, pues, con manifestar que por mi parte queda terminada la polémica, porque veo que el campo de batalla se va presentando cubierto de cráteres que vomitan lavas las mas propias para poner en evidencia á *El Solitario*; pero esto es ageno á mi propósito, y que después al cabo y al fin no hemos de quedar en nada: no sin que deje de darle las mas cordiales gracias por la buena ocasion que me ha presentado de combatir como se merece el empirismo, pedantería y mas todavía la petulancia de algunos que se precian de impugnadores de la reforma ortográfica. Use, por fin, *El Síbila* de mas caballerosidad en sus escritos, pues será el único medio de hacer algun bien á la primera enseñanza y de ilustrar más y más el vasto campo de las ideas (*Boletín de Primera Enseñanza de la Provincia de Salamanca*, núm. 46, 10 de agosto de 1862: 3).

Pero el debate se enmaraña cuando entran en escena nuevos participantes, que se unen a la causa de uno u otro. El primero en manifestar sus ideas al respecto es Rosendo Sierra y Gómez en un texto que sale a la luz apenas un mes y poco después. Aunque al poco tiempo de comenzar su discurso, compara al Síbila con un inocente corderillo que "murió en buena lid á manos de su contrario,

que supo con inimitable maestría meterle hasta el corazon la espada de la justicia" (*Boletín de Primera Enseñanza de la Provincia de Salamanca*, núm. 49,
25 de septiembre de 1862: 1), Sierra y Gómez congenia con sus argumentos
cuando defiende el papel desambiguador de la escritura en la homonimia, hasta
el punto de sostener como lo más lógico "que conozcamos las frases por la significación de las palabras y no ésta por el sentido de las frases y oraciones" (*Boletín
de Primera Enseñanza de la Provincia de Salamanca*, núm. 49, 25 de septiembre
de 1862: 2).[60] En un determinado momento, Sierra y Gómez denuncia la dejadez
de la Academia tiene con todo el asunto:

> [...] qué hace la Ilustre Real Academia que al cabo de tanto tiempo no ha procurado
> dar una terna de plumazos á las letras inservibles? Creo que para eso poco es menester
> estando ya hechos los trabajos, y con su apatía desmesurada priva al magisterio años
> y años de un bien tan grande como es la reforma (*Boletín de Primera Enseñanza de la
> Provincia de Salamanca*, núm. 49, 25 de septiembre de 1862: 2-3),

Una semana más tarde, se suma a este ciclo polémico Niceto Epifanio Lamas.
Su escrito pretende servir de correctivo al publicado por Sierra y Gómez, en el
que –según sus palabras– "dejando aparte todo lo que contiene de incondu-
cente y mal argumentado, que no es poco en verdad, se cometen errores de tan
exagerado bulto, que de manera alguna pueden dejarse pasar sin correctivo"
(*Boletín de Primera Enseñanza de la Provincia de Salamanca*, núm. 2, 30 de
octubre de 1862: 1). En relación con los homónimos, este autor se basa en el uso
oral para eliminar la validez de sus argumentos, además de exponer la existencia de casos de homónimos en nuestro sistema actual, como *vino, duelo, velo,
son...*, que no parecen plantear problemas en la conversación. Aún así, el autor
se muestra partidario de llevar a cabo reformas, ahora bien, con la calma y tranquilidad que merece dicha empresa, al ritmo que marcará la RAE:

> No se hará de una vez, como quisieran los impacientes, porque si bien las dificultades
> serian de poca monta, no seria prudente tampoco chocar en tanto grado con los usos
> establecidos, produciendo una perturbacion general en la manera de escribir, pero se
> irá haciendo por grados, que es el verdadero medio de que las reformas echen raíces
> y se perpetúen (*Boletín de Primera Enseñanza de la Provincia de Salamanca*, núm. 2,
> 30 de octubre de 1862: 5).

La respuesta por parte Rosendo Sierra y Gómez aparece en el *Boletín de Primera Enseñanza de la Provincia de Salamanca* (núm. 7, 20 de diciembre de
1862: 1-4; núm. 8, 30 de diciembre de 1862: 1-4) en un trabajo titulado "Cuestión

---

60 Sí está de acuerdo, sin embargo, en simplificar la escritura en lo concerniente a algunas letras como *c* y *z*, o *k* y *q* (o a la *u* pospuesta a *q*).

Ortográfica" que sirve para mostrar las ambigüedades que se producen tanto en la escritura como en el habla. La segunda parte de su texto sirve de conclusión y en ella el autor aclara que no considera hostil a la Academia en relación con la reforma. A lo sumo, el asunto no está suficientemente claro, por lo que, ante la duda, le parece plausible la abstención en este punto. Sierra y Gómez no pretende –según sus propias palabras– constituirse en autoridad y, menos aún, hacerse socio de la Academia. Con Lamas conviene en que la reforma se llevará a cabo, tarde o temprano, si bien se hace la siguiente pregunta: "¿Por qué no se principia ó se ha principiado ya á enseñar en las escuelas la Ortografía reformada, para ir imponiendo á la juventud?" (*Boletín de Primera Enseñanza de la Provincia de Salamanca*, núm. 8, 30 de diciembre de 1862: 3). Y su respuesta es clara: después de cuatrocientos años seguimos en el mismo punto de partida, de lo que se puede inferir lo poco conveniente que esta reforma es para nuestra lengua.

Sierra y Gómez no se plantea tanto la utilidad de los anhelos pendientes de los maestros, sino que hurga en las diferencias internas dentro del movimiento, específicamente, en la que atañe a la inexistencia de una única propuesta entre los reformistas, que es uno de los principales problemas para su ejecución:

> Cuando varios sujetos pensando libremente están contestes en sus pensamientos, entonces, aunque no de un modo seguro, puede decirse que allí está la verdad. Mas cuando divergen como los rayos de luz que parten del foco ¿á cuál deberá atenderse? ¿Y con qué seguridad y firmeza podrán caminar los que hayan de seguirle? Miren como Vallejo la trata de diferente manera que Bello; Sarmiento no la trata como Bello ni como Vallejo, y otros de diferente manera que los tres (*Boletín de Primera Enseñanza de la Provincia de Salamanca*, núm. 8, 30 de diciembre de 1862: 3).

Sea como fuere, el objetivo de los partidarios de la reforma va cumpliéndose paso a paso. La resistencia a la imposición de la doctrina ortográfica académica en las escuelas es ya una realidad y nuevamente todo se cuestiona; los debates ortográficos vuelven a formar parte de la temática de algunas revistas especializadas para maestros y poco a poco se van ganando adeptos en la escena pública en general, donde se producen renovadas discusiones sobre la materia.

6.3 Debates e ideas ortográficas en *La Conciliación*

De los periódicos que forman parte activa en el asunto ortográfico en esta década de los sesenta, *La conciliación. Revista de primera enseñanza* es el más tardío. Hay que esperar hasta el 16 de abril de 1866 para que aparezca en sus páginas el primer artículo sobre el tema, de la mano en esta ocasión de Basilio Tirado, que inaugura una nueva polémica ortográfica. En su trabajo, este

maestro manifiesta abiertamente la traba o imposibilidad que supone la enseñanza en las aulas del *Prontuario de Ortografía* de la Real Academia Española,
no solo por la complejidad que implica la atención al origen desconocido de
las palabras para los niños, sino también por la dificultad metodológica que
entraña seguir el orden alfabético propuesto, que implica comenzar la enseñanza de la ortografía por letras dificultosas, como *b* y *v*, por ejemplo.[61]

Los redactores de este periódico son perfectamente conocedores del revuelo
que podía generar un escrito como este contrario a la decisión del gobierno, de
ahí que, antes de reproducir el texto, añaden una advertencia previa en la que
se dice lo siguiente:

> Nosotros respetamos como el que más las decisiones de la Academia, y si consentimos
> en que se trate del asunto, es porque conocemos la diferencia que hay de introdu-
> cir desde luego en las Escuelas la enseñanza de la ortografía reformada, que fue lo
> que comenzó á realizarse en algunas Escuelas de Madrid y motivó dicha Real órden,
> á exponer simplemente una opinion que no causa estado, sobre si conviene ó no
> la reforma (*La Conciliación. Revista de Primera Enseñanza*, núm. 8, 30 de abril de
> 1866: 180).[62]

El propio Tirado es consciente de esta pleitesía, que intenta salvar por medio de
la misma línea discursiva que ya había utilizado en su momento Ruiz Morote
o Rosa y Arroyo, esto es, el respeto a la autoridad académica como base para la
reforma, advirtiendo lo siguiente:

> Demás está decir que la Real Academia es la autoridad competente para introducir
> estas reformas, y que á los Maestros de primera enseñanza solo nos toca poner de
> manifiesto los inconvenientes que ofrece el querer enseñar á los niños el Prontuario de
> ortografía de dicha Academia, y tal vez esta Ilustre Corporacion tomará en considera-
> ción nuestros humildes escritos, y hará la reforma apetecida (*La Conciliación. Revista
> de Primera Enseñanza*, núm. 8, 30 de abril de 1866: 183).

---

61 Junto a estos aspectos, el articulista aboga también por la supresión de la letra *g* para
    el sonido velar fuerte, sustituyéndola por *j* en todas las ocasiones.

62 Esta postura es claro ejemplo de cómo la oficialización de la ortografía académica y
    su principio de autoridad hicieron que la doctrina de la Corporación ganara paula-
    tinamente adeptos, en la línea postulada por Esteve Serrano (1982: 92). Así mismo,
    hay que tener en cuenta que –como bien aduce Martínez Alcalde (2010: 162)– una vez
    que la unificación normativa se produce, esta es presentada ante la comunidad que
    debe acatarla como una consecuencia de su carácter unitario desde el punto de vista
    lingüístico y, a la vez, como testimonio de esa unidad, de ahí que para muchos –en
    este caso, estos redactores– los criterios de unificación quizás no son elementos ya
    valorables. La preservación de la norma constituye, por así decirlo, el mantenimiento
    de esa conciencia de unidad.

Posteriormente, Pedro López y Martínez insiste, como su antecesor, en la necesidad de abordar la reforma ortográfica. Su objetivo –como bien defiende– no es inculcar la desobediencia a la RAE, sino "aducir razones para ver si conseguimos ser oídos y atendidos, y facilitar y aligerar la enseñanza de la escritura, porque hoy no es más que un tormento para los Maestros y un suplicio para los niños" (*La Conciliación. Revista de Primera Enseñanza*, núm. 10, 30 de mayo de 1866: 225–226). Su argumento no es nuevo: persiste en el conocido problema que supone la imposibilidad de aplicar los tres principios por los que se sustenta la escritura de nuestra lengua (origen, uso constante y pronunciación).

Tras un repaso del autor por todas estas reglas o criterios, que aborda en artículos siguientes (cf. *La Conciliación. Revista de Primera Enseñanza*, núm. 12, 30 de junio de 1866: 283–285 y núm. 13, 15 de julio de 1866: 302–305), su teoría concluye en un cuarto artículo (*La Conciliación. Revista de Primera Enseñanza*, núm. 14, 30 de julio de 1866: 321–327), en el que plantea una reforma del sistema gráfico en siete puntos: 1) usar exclusivamente la *b*; 2) conservar la *c* con sonido fuerte, de modo que las secuencias *ca, ce, ci, co, cu* se lean todas igual (sustituyendo el uso anterior de *q*) y poniendo la *z* para el uso suave de la *c* (*za, ze, zi, zo, zu*); 3) reservar el uso de la *g* para la pronunciación suave (*ga, ge, gi, go, gu*); 4) usar la *j* como hasta el momento y también para suplir a la *g* en su sonido fuerte; 5) usar *r* para el sonido suave y *r̄* o *r̄* para el fuerte y la reduplicación; 6) suprimir las letras *h, q, rr, v, x* e *y* griega, y 7) pronunciar todas las consonantes mudas, desechándose la denominación de semivocales. Con su aplicación, el alfabeto castellano quedaría reducido a veintitrés letras: *a, b, z, ch, d, e, f, g, i, j, l, ll, m, n, ñ, o, p, c, r, r̄, s, t, u*.

El Magisterio. Periódico de Educación y Enseñanza (núm. 24, 1866: 280–281) también da noticias de esta reforma, si bien en este periódico se advierte como dificultad la siguiente:

> La reforma podrá estar fundada en buenos principios y los trabajos de su autor serán dignos de todo encomio; pero á pesar de todo, no podría desaparecer la necesidad de conocer dos ortografías: una para la lectura de los libros impresos anteriores á la reforma, y otra para los que estuvieron escritos con sujeción á ella, á no ser que se reprodujeran los primeros con estas modificaciones.

Pedro López y Martínez finaliza su texto expresando las ventajas e inconvenientes de esta reforma. Entre las primeras, destaca las siguientes: a) facilidad y prontitud en la enseñanza de la escritura, b) simplificación de la ortografía y eliminación de los defectos actuales del alfabeto; c) facilidad para que el vulgo conserve la escritura una vez concluida su enseñanza, dado que esta solo obedece al principio de pronunciación; d) los escritos en muchas profesiones dejarían de tener problemas; e) todos los escritos serían uniformes, f) facilidad de aprendizaje para sordos, g) perfección en el alfabeto, y h) la palabra escrita sería viva imagen y traslado fiel de la hablada. Entre los inconvenientes, se señalan solo dos: a) las palabras perderían la pureza y valor de su origen, y b) los escritores anteriores a la reforma no serán entendidos por las generaciones venideras.

Meses más tarde, aparece en esta misma revista una impugnación de la reforma de la ortografía que escribe Juan Figueroa (*La Conciliación. Revista de Primera Enseñanza*, núm. 23, 15 de diciembre de 1866: 540–542) y en la que sostiene que el problema de todo este asunto está en pretender que la enseñanza en las escuelas de primeras letras sea perfecta, cuando en realidad no es más que una aproximación a una serie de estudios en los que posteriormente habrá que profundizar y mejorar:

> ¿Puede haber perfeccion en la enseñanza de las Escuelas de primeras letras? Me parece que lo más que puede haber es aproximación, no hay capacidad en las edades, porque los padres tienen que sacar á sus hijos al tiempo que empiezan á comprender, y el que no, le pone á estudiar en los Institutos, Seminarios y Universidades, y allí es donde los aplicados podrán entender bastante de la ortografía de nuestro idioma, pero de ningun modo en las Escuelas por ser indispensables otras explicaciones y otros estudios (*La Conciliación. Revista de Primera Enseñanza*, núm. 23, 15 de diciembre de 1866: 540).

En este texto se encuentran las razones de Figueroa para sostener que no hay tantos inconvenientes para seguir enseñando la ortografía según los principios de la RAE y sí en la reforma propuesta defendida en los números anteriores por Pedro López y Martínez. Como ejemplo de ello, menciona el uso de la *r* y su línea horizontal (*r̄*), cuya utilidad cuestiona, o la supresión de *q*, *x*, *y* griega y *h* que, a su juicio, no es sino desvirtuar el origen, uso constante y pronunciación de las palabras y de las mismas letras.

Pedro López y Martínez no podía permanecer impasible a esta impugnación, de modo que pronto aparece su contrarréplica a Juan Figueroa, en este caso, en dos partes (cf. *La conciliación, Revista de primera enseñanza*, núm. 1, 15 de enero de 1867: 6–10; núm. 2, 30 de enero de 1867: 25–30). Aunque manifiesta su conformidad con el hecho de que ninguna enseñanza es perfecta, ve necesario aspirar a su mayor perfección, razón por la cual considera necesaria la reforma y acaba solicitando al resto de profesores para que la defiendan o ataquen:

> He expuesto lo que a mi juicio debe hacerse en esta cuestión. El palenque está abierto. Acudan todos armados de las razones que crean y juzguen más fuertes, y defiendan ó

ataquen la reforma propuesta (*La conciliación. Revista de primera enseñanza*, núm. 2, 30 de enero de 1867: 25-30).

Como postura intermedia, encontramos la de Nicolás González Corroto, que al tiempo que considera poco acertada la impugnación de Juan Figueroa, también se muestra partidario de esperar a que sea la Academia la que juzgue el momento oportuno para poner en marcha las reformas:

> Ahora bien, la oportunidad de la época en que tales reformas deban efectuarse, dispénseme el Sr. Lopez y Martinez, que ese juicio, según mi humilde opinion, debemos someterle al centinela del rico tesoro de nuestro idioma, cual es, la ilustración de la Real Academia, á cuyas mas cultivadas ó superiores inteligencias les es dado el mejor acierto de semejante conveniencia que á las nuestras (*La Conciliación. Revista de Primera Enseñanza*, núm. 2, 30 de enero de 1867: 31).

Desde el comienzo de este debate en *La conciliación*, ya se podía inferir, por las palabras de sus redactores, que el tema incomodaba. Por esta razón, y aunque parecía evidente el interés suscitado en los lectores, los redactores de la revista intentan zanjar la discusión y, con el objeto de darla por finalizada, en el siguiente número anuncian la decisión de no publicar un nuevo artículo de parte de Basilio Tirado, en el que –al parecer– indica las reformas y variaciones que la Academia ha introducido en la ortografía desde su fundación, que han llevado a mayor sencillez y claridad de nuestra ortografía (cf. *La Conciliación. Revista de Primera Enseñanza*, núm. 3, 15 de febrero de 1867: 60-61).

6.4 Un artículo más sobre la reforma en *La Mariposa*

Casi en las mismas fechas, aparece un artículo más sobre la reforma en *La Mariposa* (núm. 9, 2 de septiembre de 1866: 4), periódico que, como su propia cabecera indica, está dedicado a las señoras y especialmente a las profesoras de Instrucción Primaria. El trabajo lleva por título "Leer con perfección y escribir con ortografía" y va firmado por Ramón Mayorga y Ceballos. En él su autor se lamenta de los obstáculos e inconvenientes hallados en la enseñanza, para los que ruega poner remedio. Al concretar el tema, centra su interés en la reforma ortográfica, de la que apenas hace más que enumerar su problemática, sin una propuesta propia:

> [...] las consonantes solo debieran representar cada una de ellas una sola articulacion como las voces de las cinco vocales, y que tambien deberian suprimirse los signos inútiles, adoptando un solo tipo de letra usual y obligatorio común para la *pluma* y la *imprenta*, sustituyendo el tamaño al uso que ahora hacen las mayúsculas. Con esta reforma el que aprendiera veinte y ocho letras las conoceria en todas partes, leyendo los impresos como los manuscritos tan pronto como supieran combinarlas, y no

hallaría entorpecimientos teórica y prácticamente cuando tuviera que escribir y luego leer dicciones en que jugasen la *g* y la *j*, la *ll* y la *y*, la *b* y la *v*, la *q* y la *k*, y la *c* y la *z*, y la *x* y la *gs*, y *cs*.

6.5 Una polémica ortográfica en el sexenio democrático

La caída de Isabel II inaugura un periodo especialmente significativo en la historia política de España, el comprendido por el sexenio democrático (1868–1874), en el que el establecimiento de la libertad de enseñanza en el uso de manuales escolares decretado el 21 de octubre de 1868 provoca un importante cambio legislativo que afecta sustancialmente al papel de la doctrina de la Real Academia Española en la escuela. A partir de este decreto, firmado por el ministro de Fomento, Manuel Ruiz Zorrilla, se estipula que "los Profesores deben ser también libres en la elección de métodos y libros de texto y en la formación de un programa, porque la enseñanza no es un trabajo automático, ni el Maestro un eco de pensamientos ajenos", de modo que, en su artículo 16, se establece que "los profesores podrán señalar el libro de texto que se halle más en armonía con sus doctrinas y adoptar el método de enseñanza que crean más conveniente" (Villalaín Benito, 1997: 187–188), al margen del *Prontuario* académico, cuyo uso había sido obligatorio hasta entonces desde las reales órdenes de 25 de abril de 1844, 1 de diciembre de 1844 y 22 de octubre de 1848.

La nueva situación propiciada en el actual sexenio democrático hacía presagiar un escenario idóneo para que los reformistas continuaran con sus propuestas y comenzaran a ver colmadas sus expectativas de cambios ortográficos. Sin embargo, nada salió como parecía porque, paradójicamente, el establecimiento de la libertad de enseñanza en el uso de manuales escolares causa el efecto contrario y acomoda la lucha de los maestros, cuyas propuestas quedan al albur de decisiones personales. Desaparecen las prisas y urgencia del asunto; la intensa actividad dialéctica del debate público de los años anteriores contrasta con el desvanecimiento actual de las peticiones de reforma en las páginas de los periódicos.

Son pocos los maestros que dejan ver sus pretensiones en público, si bien es cierto que, en los pocos casos que aparecen, se visualiza un nuevo cambio de actitud, más valiente y atrevida en contra de la doctrina de la RAE, en la que se intenta retomar ideas y propuestas del pasado, con fuerzas renovadas. Aunque la situación económica de la Academia había mejorado ostensiblemente gracias a las numerosas ediciones que, desde 1857, lleva a cabo de sus obras escolares (el *Compendio*, el *Epítome* y el *Prontuario*), su autoridad institucional en la escuela se encuentra en estos años debilitada, de modo que es una ocasión ideal para que los neógrafos ejerzan presión con sus peticiones de reforma, pero también es buena coyuntura para que escépticos de la reforma y/o defensores de la labor académica custodien la doctrina académica y expongan sus contraargumentos.[63] En este estado de cosas, se produce un intenso ciclo polémico sobre la ortografía española y su reforma entre Fernando Gómez de Salazar, Francisco de Asís Condomines y Matías Bosch, que surge a partir de la publicación del artículo "Neografía", firmado en 1871 por Juan Bermejo[64] en *El Magisterio Español. Periódico de Instrucción Pública*[65] (núm. 184, 30 de junio de 1871: 3), palabra procedente de dos voces griegas que consiste –como precisa su propio autor– en "el arte de introducir un nuevo sistema de escritura".

Consciente de estar viviendo una oportunidad histórica para combatir los problemas que aún perviven en la ortografía actual, Juan Bermejo reemprende en su texto las propuestas de reforma iniciadas por la Academia de Profesores de Madrid, destacando entre sus acciones, específicamente, la conocida sesión del 3 de octubre de 1844 (cf. Academia de Profesores de Primera Educación, 1844), en la que los profesores se proponen adoptar para la enseñanza un sistema ortográfico basado exclusivamente en la pronunciación. Desde una óptica continuista, Bermejo plantea un sistema ortográfico en el que el alfabeto español queda reducido a veinticinco letras (*a, b, z, h, d, f, g, i, j, l, ll, m, n, ñ, o, p, c, r, r', s, t, u, x, y*), instando a que se inicien las reformas ahora que las dificultades han desaparecido:

> Tan respetable Corporacion se había convencido de la necesidad de amoldar la escritura á la pronunciacion, simplificándola de una manera razonable. Como nosotros, había encontrado mil y mil dificultades en la enseñanza práctica y se propuso realizar la reforma que dejamos apuntada. Mas, por desgracia, tropezó con un dique insuperable; el monopolio que entonces caracterizaba á los centros oficiales; tal vez el gozo

---

63 La defensa y publicidad de las acciones de la Academia, que en periodos anteriores no había sido importante dada la autoridad conferida por la real imposición, se hace ahora necesaria, y no faltan enaltecimientos a su labor, como los aparecidos en *La Ilustración de Madrid* (núm. 25, 15 de enero de 1871: 3–6; núm. 33, 15 de mayo de 1871: 138–139; núm. 46, 30 de noviembre de 1871: 347–350) por parte de Florencio Janer, entre otros tantos.

64 Para una revisión de la biobibliografía de todos estos autores, cf. Gaviño Rodríguez (2021c).

65 *El Magisterio Español* es uno de los periódicos pedagógicos más longevos e importantes de la época. Durante sus primeras décadas de existencia, sus páginas acogen muy diversos artículos teóricos y prácticos sobre la lengua y su enseñanza, como nos relata en su estudio García Folgado (2021).

de ver humillada á una clase tan modesta como respetable, ó cuando ménos, la ojeriza de aquellos Gobiernos á toda idea de progreso.

Hoy, por fortuna, han desaparecido estas dificultades y es la época de emprender con valor estas y otras reformas. ¿Qué importa que venga la iniciativa de una clase modesta y poco profunda en conocimientos científicos? ¿Es útil y convenientes lo que proponen? Pues amplie y perfeccione el pensamiento quien sea más competente (*El Magisterio Español. Periódico de Instrucción Pública*, núm. 184, 30 de junio de 1871: 3).

Bermejo destaca las bondades de la reforma y enumera algunas de las complicaciones que el sistema actual provoca en el aprendizaje de la escritura y la lectura, hasta aportar –como ya hizo en su momento la Academia de Profesores– un ejemplo de la puesta en práctica de esta ortografía conforme a los principios enumerados en la misma línea en que fue ejecutada en algunos periódicos (*El Educador* o el *Semanario de Instruczión Pública*) en los momentos previos a la oficialización de la ortografía de la Real Academia Española.

Al poco de salir a la luz este primer artículo, Fernando Gómez de Salazar, un especialista en lingüística, publica un artículo titulado "Cuestión trascendental" en el que califica el asunto de "más grave de lo que á primera vista parece" (*El Magisterio Español. Periódico de Instrucción Pública*, núm. 185, 5 de julio de 1871: 2) y elabora un discurso de réplica a las palabras de Bermejo en el que intenta desacreditar sus ideas demostrando lo absurdo del sistema propuesto. Bermejo no topaba con un autor cualquiera, sino con un avezado articulista amante de la polémica, acostumbrado a batirse airosamente y de manera incansable con quienquiera que le reprochara una coma. En esta contienda, Gómez de Salazar es el atacante y Bermejo el que debe defenderse de la agresión de estas palabras que intentan quebrar su imagen pública. Pero este último no quiere cumplir ese desairado rol de polemista, así que no se presta a ser partícipe de la contienda discursiva y huye de la controversia. Su decisión se ve respetada y consigue alejarse del revuelo dialéctico, quizás también porque muy pronto aparece en escena una nueva figura espontánea, Bosch, que, desde las páginas de otro periódico, *El Fomento Balear*, se alinea con sus palabras y contesta las de Gómez de Salazar. Entre ambos entablan una polémica de contenido ortográfico con múltiples idas y venidas[66] cuya temática puede agruparse en diferentes

---

66   El desarrollo del debate se produce esencialmente desde las páginas de *El Magisterio Español* y *El Fomento Balear*, aunque, cuando entra en escena Condomines, lo hace con la redacción de un opúsculo titulado *Reformas gramaticales* que –al parecer– apareció como anexo en la publicación de su *Compendio de prosodia y ortografía* del año 1871, publicación que no he encontrado recogida en *Bicres V* (cf. Esparza Torres y Niederehe, 2015) o en bases de datos de bibliotecas. Afortunadamente, toda

categorías: conveniencia o no de las reformas ortográficas, autoridad para la introducción de los cambios, forma de llevar a cabo estos cambios, validez de los criterios de la etimología, uso y pronunciación, libertad de enseñanza, entre otros temas.

Los dos primeros asuntos, el relativo a la conveniencia de introducir reformas en nuestra ortografía y la discusión acerca de quién debe llevarlas a cabo, son los principales de la polémica. Gómez de Salazar y Bosch coinciden en la necesidad de realizar cambios ortográficos, pero el primero de ellos tiene un punto de vista más restrictivo, ya que se muestra partidario de una reforma parcial en aquellos sonidos para los cuales hay dos o más letras porque "la cuestión es puramente de sentido común" (*El Magisterio Español. Periódico de Instrucción Pública*, núm. 185, 5 de julio de 1871: 2):

> ¡Tiempo es ya, dice el Sr. Bermejo de que abandonemos la rutina, amoldando la ortografía á la pronunciacion!! Tiempo es ya, repetimos nosotros, de que abandonemos la rutina; más no para producir el mal, sino el bien; no para introducir el desconcierto, y el caos; sino el concierto y la claridad (*El Magisterio Español. Periódico de Instrucción Pública*, núm. 185, 5 de julio de 1871: 2).

Por su parte, Bosch es más explícito en sus ideas: aunque manifiesta no estar del todo conforme con la propuesta de Bermejo, acepta abiertamente la introducción de algunos cambios en el alfabeto actual (por ejemplo, la supresión de *ch* y su sustitución por *h*, la eliminación de *q* y *k*, la variación del sonido suave de *c* y del fuerte de *g*) y aboga por comenzar a hacer uso de los cambios en algunos contextos como el de los periódicos para maestros como una manera de llegar a un consenso y autorizar su reforma: "lo que nosotros queremos es que se introduzcan reformas en nuestra ortografía; reformas que todo el mundo aprueba, que son lógicas, que son necesarias" (Gómez de Salazar, Condomines y Bosch, 1872: 20). En este asunto, encontramos un importante punto de fricción entre ambos autores al respecto de quién debe iniciar estas reformas. Bosch está convencido de la fuerza del uso para promover la reforma y él mismo se presta a llevarla a la práctica en la prensa, eso sí, siempre que otros le sigan:

> Por nuestra parte declaramos que (en nuestro nombre no en el de El Fomento) estamos dispuestos á ser los primeros en comenzar á escribir en la ortografía reformada si algún otro periódico del ramo nos promete ser el segundo, porque estamos en la

---

la polémica fue recogida en un folleto independiente titulado *La neografía. Polémica sobre reformas ortográficas entre los señores Gómez de Salazar, Condomines y Bosch* publicado en 1872. Para las citas incluidas en este trabajo, acudo tanto a los artículos originales de la prensa como a los de este folleto.

íntima conviccion de que no han de faltar los terceros y así sucesivamente hasta dar cima á la modificación (Gómez de Salazar, Condomines y Bosch, 1872: 29).

En el otro lado, Gómez de Salazar es respetuoso con la autoridad de la Academia y no encuentra fuente más fiable que la RAE como impulsora del cambio, hasta el punto de afirmar que cualquier iniciativa al margen de esta institución está condenada al fracaso y el desengaño, como ya sucedió en el pasado con las acciones de la Academia de Profesores de Madrid:

> Sucedió lo que debía suceder; lo que sucederá siempre que no sea la Academia Española la que plantee esa reforma [...] no es pues, repetimos, lo que nos admira, el valor del Sr. Bermejo al marchar tan decidido á la empresa en que otros con mayores elementos naufragaron: lo que mayor extrañeza nos causa es el que á su mente no se hayan presentado las fatales consecuencias que puede producir esa inovacion, á no ser iniciada por la Academia Española (*El Magisterio Español. Periódico de Instrucción Pública*, núm. 185, 5 de julio de 1871: 2).

Para Bosch, una modificación con la que todos estamos de acuerdo y que facilita la enseñanza de la lectura y la escritura "debe adoptarse desde luego, prescindiendo por completo de la Academia y prescindiendo tambien de los trastornos que pueda causar, porque con esperar no se evitan y lo que ha de hacerse, cuanto antes mejor" (Gómez de Salazar, Condomines y Bosch, 1872: 30). En el siguiente fragmento manifiesta de manera más rotunda la incapacidad de la Academia para llevar a cabo estas reformas:

> [...] de ninguna manera debe ser la Academia la reformadora, porque no puede imponer condiciones, sino que ha de recibirlas para *fijarlas, limpiarlas y darles esplendor*, según el mote ó inscripción de su instituto (Gómez de Salazar, Condomines y Bosch, 1872: 26).

Gómez de Salazar destaca dos inconvenientes para la aplicación del plan de reforma indicado: en primer lugar, la nueva ortografía se enfrentaría al problema de la ausencia de libros para practicarla, así como al hecho de que el patrimonio literario de nuestra lengua quedaría fuera del alcance de los instruidos con el nuevo sistema (*El Magisterio Español. Periódico de Instrucción Pública*, núm. 185, 5 de julio de 1871: 2). Al respecto de este problema, Bosch se muestra extrañado y se pregunta, con fina ironía, lo siguiente: "¿desaparecerá este inconveniente si toma la iniciativa la Academia?" (Gómez de Salazar, Condomines y Bosch, 1872: 18).

Su pregunta es rápidamente respondida por Gómez de Salazar, que defiende que los problemas no desaparecerían solo porque la Academia sea la encargada de ejecutar la reforma, sino porque se lleve a cabo –como ya había indicado previamente– con "mucha cordura y prudencia" (Gómez de Salazar, Condomines y Bosch, 1872: 22). Esto no significa que Gómez de Salazar no sea crítico con la labor de la Academia, a la que acusa de inacción:

> Verdad es que ese Cuerpo literario no se cuida de plantear las reformas que reclama el progreso del idioma. Sensible es esa inacción. Más sensible seria sin embargo, que los educandos fuesen víctimas de innovaciones impremeditadas (*El Magisterio Español. Periódico de Instrucción Pública*, núm. 185, 5 de julio de 1871: 2).[67]

El segundo de los obstáculos señalado por Gómez de Salazar en relación con la reforma consiste en la necesidad que muchos estudiantes tendrán en un futuro de conocer la ortografía de la Real Academia Española si quieren optar a algún trabajo en el que se exija una correcta escritura (por ejemplo, los vinculados al estado, donde se pide seguir dicha doctrina). A este respecto, Bosch ataca las contradicciones del propio Gómez de Salazar: si son numerosos los perjuicios de la reforma para aquellos que tengan que presentarse a exámenes oficiales, en los que no se les admitirá la ortografía reformada, "¿por qué tan radicales reformas introduce en su gramática el señor de Salazar?" (Gómez de Salazar, Condomines y Bosch, 1872: 18). En efecto, Gómez de Salazar quiere pasar por un purista más de los que combaten las novedades ortográficas, pero no parece ser la persona más indicada para enarbolar esa bandera cuando en sus textos gramaticales no cumple con ese mismo principio. Gómez de Salazar se empecina en sostener su postura con escaso fundamento y se niega a dar su brazo a torcer a pesar de los sólidos argumentos ventilados por Bosch, afirmando lo que sigue: "las reformas que hemos introducido en nada afectan al idioma hablado ni escrito y solo se refieren á la exposición de las reglas para aprender la gramática" (Gómez de Salazar, Condomines y Bosch, 1872: 23).

En la primera parte de este ciclo polémico, estos contrincantes abordan, por último, el asunto de la libertad de enseñanza en el uso de manuales escolares, donde también muestran con claridad sus discrepancias. Preocupado por las diferencias de doctrinas y enseñanzas que en este periodo de libertad se da en la escuela, Gómez de Salazar lanza un alegato a favor de una libertad de enseñanza controlada por un tribunal competente:

> Queremos la mayor libertad posible; pero no el libertinaje. Bueno, magnífico es que el Maestro tenga su autonomía; que use de sus derechos de elegir autores en todas materias. Pero creemos que debiera de haber un tribunal, un jurado competente, ante

---

67 No debe olvidarse que Gómez de Salazar es, al mismo tiempo, autor en estos mismos años de la publicación de un folleto titulado *Juicio crítico del Diccionario y de la Gramática de la Academia Española* (cf. Gómez de Salazar, 1871) en el que se muestra muy contrario a la labor desempeñada por la institución.

el cual todo autor compareciese públicamente a defender sus doctrinas y á sostener discusión con todos que quisieran hacerlo, y que sólo entre las obras que fuesen aprobadas por dicho Tribunal, pudiesen elegir los Maestros. Lo demás es un desbarajuste que sólo puede producir fatales resultados (*El Magisterio Español. Periódico de Instrucción Pública*, núm. 185, 5 de julio de 1871: 2).

Pero Bosch no está nada de acuerdo con la creación de un jurado o tribunal que examine las obras usadas en la escuela, pues, en su opinión, "de este Jurado á la prévia censura, y al monopolio despues, no hay mas que un paso" (Gómez de Salazar, Condomines y Bosch, 1872: 20). Lamentablemente, la redacción de la revista no permite que los polemistas ahonden en este asunto y en determinado momento omiten la respuesta de Gómez de Salazar a este respecto "por tratarse de un asunto ageno á la Neografía" (Gómez de Salazar, Condomines y Bosch, 1872: 24, nota 1).

Hasta aquí la que podríamos denominar primera parte de esta contienda. En este punto, tercia la figura de Francisco de Asís Condomines, que en un opúsculo titulado *Reformas ortográficas* había calificado el asunto de la reforma como una "cuestión de honra nacional", por medio de la cual se conseguiría escribirse como se habla y hablarse tal como se escribe (Gómez de Salazar, Condomines y Bosch, 1872: 32). En este sentido, defiende, en la línea ya conocidísima de otros neógrafos, la inutilidad de los principios del uso constante y la etimología, adhiriéndose, de este modo, al principio de la pronunciación como único criterio para fijar la escritura. Aunque su texto es en principio independiente a esta polémica, puede afirmarse que Condomines se sitúa en la misma línea de Bosch, pues reconoce el uso como juez absoluto e inapelable de la ortografía, aduciendo las siguientes consideraciones a aquellos que plantean reparos en rechazar las reformas por la confusión que su ausencia podría provocar en el significado de las palabras:

> 1.ª El sentido ó acepcion de una palabra depende del contexto y forma de la frase en que figura; pues de lo contrario el habla dependería de la escritura, y se partiria del absurdo de que para hablar es preciso antes saber escribir. 2.ª hay palabras que tienen muchas acepciones, bajo las cuales se emplean y entienden sin necesidad de ninguna letra ó signo que las indique. Y 3.ª En la conversacion ó lectura en alta voz todo el mundo distingue los homónimos sin tener á la vista signo alguno que marque su diverso significado (Gómez de Salazar, Condomines y Bosch, 1872: 42).

Condomines propone la supresión de cinco signos (*h*,[68] *k*, *q*, *v* y *x*) en el alfabeto actual y defiende, de este modo, un alfabeto compuesto por las siguientes

---

68 Para Condomines, la conservación de *h* en el sistema ortográfico reformado solo estaría justificada si esta pasa a ocupar el lugar de la articulación *ch*, para hacer desaparecer de este modo una de las letras dobles.

veinticuatro letras: *a, b, c, h, d, e, f, g, i, j, l, l', m, n, ñ, o, p, r, r', s, t, u, y, z* (Gómez de Salazar, Condomines y Bosch, 1872: 39–43). Es consciente de la dificultad que tiene plantear una reforma al margen de la RAE, así que huye de las precipitaciones y busca una solución intermedia entre las posturas de Gómez de Salazar y Bosch con la que intenta seducir a la Academia, otorgándole la gracia de ser la promotora de los cambios:

> 1.º Que la Academia, siendo consecuente con sus últimas declaraciones y respondiendo al objeto de su creacion, señale los vicios de que adolece nuestra actual ortografía y publique su alfabeto arreglado en un todo al principio de pronunciacion. 2.º Que haga un llamamiento á las demás Corporaciones científicas y literarias para que la secunden en la generosa y levantada tarea de acabar con todos los defectos ortográficos. 3.º Que el Gobierno ordene que en todas las escuelas públicas de la nacion se dé á conocer la nueva ortografía y sus incalculables ventajas, mandando á los Maestros que ejerciten á las secciones más adelantadas en la lectura de libros escritos segun las reformas hechas. 4.º Que abra un concurso proponiendo un premio al autor de la mejor obra para conseguir la pronta y general adopcion de las susodichas reformas. Y 5.º Que á la primera oportunidad escriba y publique los documentos oficiales á tenor de los adelantos ortográficos realizados hasta entonces (Gómez de Salazar, Condomines y Bosch, 1872: 45).

El opúsculo de Condomines, anunciado y recomendado en otras revistas (cf. *La Convicción*, núm. 542, 30 de noviembre de 1871: 7412), no tiene por objeto terciar en esta polémica, como manifiesta este mismo autor: "si bien la aparición de mi obrita coincidió con la polémica que el señor Gomez sostenía contra los que él titula neógrafos, fue, no obstante, escrita é impresa muchos meses antes, conforme lo anunció oportunamente *La Gaceta de Instrucción primaria*" (Gómez de Salazar, Condomines y Bosch, 1872: 45). Sin embargo, la estrecha relación que guarda el texto de Condomines con la polémica suscitada entre Gómez de Salazar y Bosch hace que finalmente este acabe también formando parte de ella, específicamente, a partir de la impugnación que Gómez de Salazar lleva a cabo de su trabajo en las páginas de *El Magisterio Español* (núm. 213, 25 de octubre de 1871: 3; núm. 214, 30 de noviembre de 1871: 2–3; núm. 215, 5 de diciembre de 1871: 2–3; núm. 216, 10 de diciembre de 1871: 3) en un artículo seriado en cuatro partes y titulado "A los neógrafos", en el que este es sumamente crítico con la actividad de los reformistas y sus argumentos (citando específicamente a Bosch y Condomines). En su opinión, "es preciso que no nos dejemos seducir por falsas apariencias; es necesario que la verdad impere" (*El Magisterio Español*, núm. 213, 25 de octubre de 1871: 3). En esta impugnación, Gómez de Salazar critica, entre otros aspectos, el criterio de la pronunciación para la escritura, y se pregunta si, en base a esta regla, tendrán que autorizar que los niños escriban *probe, porcuraor, asina, ayar* (por *hayar*), *aiga* (por *haya*), etc., o bien limitarles esa libertad y obligarles a pronunciar y escribir *pobre, procurador*, etc.:

> ¿En virtud de qué les impondrá esa obligación? ¿En qué regla apoyará su mandato? [...] como es mucho mayor el número de personas faltas de instruccion que el de las instruidas, resulta que una gran parte de aquellas pronuncia mal las palabras; y por consiguiente el principio que el Sr. Condomines llama *fijo, general* y *luminoso* no puede ser más *vário, parcial* y *oscuro* (*El Magisterio Español*, núm. 213, 25 de octubre de 1871: 3).

Aunque Condomines no se siente a gusto con el tono de la réplica de Gómez de Salazar, no rehúsa a contestar y publica un artículo dividido en tres partes, titulado "¡Abajo la rutina!", en el que justifica su entrada en la polémica:

> Amigo de la discusión tranquila y llamado á ella, no he de rehusar la lid á que me provoca el Sr. Gomez, por más que al bajar á la arena me sienta falto de fuerzas para vencer á tan esforzado adalid; pero la fé en la bondad y justicia de la causa que defiendo me inspira el aliento y denuedo que necesito para batirme honradamente y no abandonar como un cobarde el palenque (Gómez de Salazar, Condomines y Bosch, 1872: 74).

Condomines no entiende el contrasentido en que incurre Gómez de Salazar, que, a pesar de estar conforme con la necesidad de que se corrijan los defectos de la ortografía, se muestra tan contrario a la reforma, a pesar de que, en su opinión, solo estamos ante un problema de forma: "todos los esfuerzos del Sr. Gomez se dirigen á exagerar los inconvenientes que implica la reforma, sin curarse de las incalculables ventajas que necesariamente reportaría" (Gómez de Salazar, Condomines y Bosch, 1872: 77). En este sentido, trata una a una las reformas propuestas y, alabando sus ventajas, defiende lo siguiente: "anhelo que la reforma se realice, no brusca é inoportunamente, sino cuando los ánimos estén convenientemente preparados, cuando brinde la coyuntura" (Gómez de Salazar, Condomines y Bosch, 1872: 89–90).

Bosch aprovecha las palabras de Condomines para salir a la palestra con un texto llamado "Neografía", nuevamente publicado en *El Fomento Balear*, en el que pone en práctica su propuesta de ortografía e insiste en el mismo hecho:

> ¿Emos diho acaso ce la reforma deba azerse en un día, en un mes, en un año? ¿Aplaude ce las reformas, cuando son convenientes, nezesiten para verificarse siglos enteros? Y por otra parte, cuando se iniciaron las reformas ce se an verificado en algunos siglos ¿estaban en la mente de algún innovador, como ahora, las ce se an llevado á cabo? ¿No fueron acellas introduziendose paulatinamente, sin necesidad de acudir á nuestra Academia de la lengua para ce las admitiera, y esta, cieras ce no, ¿no tuvo ce zeder al

uso general ce las autorizaba, ce se las imponía? (Gómez de Salazar, Condomines y Bosch, 1872: 92).

La contestación a ambos artículos no se hace esperar con "A los reformistas del idioma", de Gómez de Salazar (*El Magisterio Español*, núm. 233, 5 de marzo de 1872: 2–3; núm. 234, 10 de marzo de 1872: 2–3), en el que acusa a ambos neógrafos de su impaciencia por ejecutar los cambios ortográficos. Al referirse en concreto a las palabras de Bosch, muestra la clara contradicción en que incurre cuando afirma que la reforma no tiene por qué llevarse en un día, mes o año, pero al mismo tiempo comienza a aplicarla y da muestras de su impaciencia por que los cambios "vengan cuanto antes". Y esta misma contradicción es advertida en Condomines, quien defiende una reforma no brusca a la par que intenta que el gobierno imponga un sistema para su implantación en la escuela.

El debate llega a un punto en el que lo importante es encontrar errores en el otro, aunque estos sean imaginarios o dudosos, porque eso sustenta la polémica y para Gómez de Salazar lo importante es polemizar. La controversia es así consumida por asuntos que no atañen a la ortografía y degenera en una disputa personal en el que se ataca más a la persona y las escasas capacidades intelectuales del otro que al contenido filológico;[69] las contestaciones de Condomines (en su cuarta parte de "¡Abajo la rutina!") y Bosch (con un artículo titulado nuevamente "Neografía" dividido en cuatro partes) que cierran el debate son una muestra de ello. El propio Condomines llega a afirmar que "llegados a este punto, el silencio se hace indispensable" (Gómez de Salazar, Condomines

---

69 Interesa en este punto insistir nuevamente en cómo en la prensa de la época este tipo de dialécticas son más frecuentes de lo que pudiera parecer. La polémica lingüística se convierte en una tipología discursiva propia del momento, todo un arte connatural a la vida intelectual del momento de la que es difícil escapar (cf. Gaviño Rodríguez, 2021a); para algunas personas que querían hacerse hueco entre la élite intelectual de la época era una manera de que los tomaran en cuenta, de ahí que con frecuencia los polemistas gasten horas y horas en discutir con sus adversarios, lo que a su vez les servía a estos como una manera de crear haces de relación entre los distintos autores. Estamos ante una manera de socializar en la que, en no pocas ocasiones, el asunto del que se debate es lo menos importante, escondiéndose detrás de las palabras otras verdaderas intenciones, no siempre fácilmente interpretables, pero que en la contienda lleva, en no pocas ocasiones, a la presencia de un discurso extremado artificialmente, porque, como ha sabido exponer Durán López (2016: 504), los participantes "ventilan también sus vanidades, la alta idea que tienen de su propia sabiduría y que exigen que los demás les reconozcan".

y Bosch, 1872: 126). Bosch, por su parte, termina su texto enalteciendo la labor de la neografía en su comparación con la ortografía:

> [...] la *Neografía*, que en tono tan despreciativo ha llamado *eso*, el Sr. de Salazar, es tan noble como la *Ortografía*, que podríamos llamar *aquello* en el mismo tono, y que responde á un fin mas elevado, más humanitario y mas civilizador (Gómez de Salazar, Condomines y Bosch, 1872: 144).

El debate interesa tanto a la opinión pública del momento que, una vez finalizado en la prensa, se intenta sacar rédito a la polémica con su edición en un folleto (cf. Gómez de Salazar, Condomines y Bosch, 1872), cuya lectura se recomienda en *El Magisterio español* y *El Magisterio Balear*, sucesor de *El Fomento Balear*:

> Terminada ya la polémica sobre Neografía ó reformas ortográficas que en forma de folleto acaba de publicar este periódico, entablada entre los Sres. Gómez de Salazar, Condomines y nuestro particular amigo de Redaccion Sr. Bosch, no podemos menos de recomendarla al público en general, y en particular á todos aquellos que desean ver realizadas dichas reformas, ya por sus palpables e innumerables pruebas que exponen los Neógrafos, ó ya su bien razonada discusión que en ella se observa tanto en uno como en otro contrincante (*El Magisterio Español. Periódico de Instrucción Pública*, núm. 265, 15 de agosto de 1872: 2).[70]

Con estas referencias se pone punto y final a la controversia, cerrándose uno de los ciclos polémicos sobre la ortografía más intensos vividos en la prensa pedagógica durante este sexenio democrático y que cumple a la perfección el modelo de debate que mayoritariamente se lleva a cabo en las páginas de la prensa al respecto del asunto ortográfico: cruce de réplicas y contrarréplicas, en ocasiones, de tono ácido, donde los polemistas juegan su papel con cartas marcadas, pues las ideologías que representan cada uno de los contendientes sirve de portavoz de los intereses de un grupo sociocultural particular: de un lado, las posiciones de Bosch y Condomines representan las actitudes reformistas, que guardan ciertas concomitancias en la defensa de reformas ortográficas al margen de la Academia[71] y cuyo principio fundamental es el fonético; del

---

70 La publicación del folleto es anunciada de manera repetida durante muchos años en *El Magisterio Español. Periódico de Instrucción Pública* (núm. 265, 15 de agosto de 1872: 4; núm. 608, 20 de mayo de 1877: 4; núm. 1493, 5 de septiembre de 1889: 4 y núm. 1505, 5 de noviembre de 1889: 4, entre otros) o *El Magisterio Balear* (núm. 38, 23 de septiembre de 1877: 8 y números sucesivos).

71 La postura de Condomines es más flexible, como se ha visto, pues intenta hacer partícipe a la institución de los cambios.

otro, Gómez de Salazar, defensor de la autoridad inapelable de la Academia como institución encargada de velar por la correcta escritura de nuestra lengua a partir de los tres principios clásicos: el etimológico, el uso y la pronunciación. Ser dos contra uno no es garantía de éxito en estas lides y, en realidad, poco importa el resultado de un debate en el que los argumentos de uno y otro bando son sobradamente conocidos. La Academia, aunque debilitada en la legislación educativa, tenía consolidada su doctrina en la escuela y muchos maestros, ya sea por costumbre o convencimiento, siguen sus ideas en la enseñanza de la ortografía, de ahí que su posición actual no estaba tan dañada como pudiera parecer. Los neógrafos, sin embargo, necesitan aún de impulso y fuerzas para hacer mudar la costumbre de sus pares y convencer a la propia sociedad de las virtudes de sus propuestas, así que para ellos sí es importante aún la publicidad y difusión de estos debates en la opinión pública. Justo en este sentido se manifiesta Bosch cuando, en la advertencia que inicia el folleto de esta polémica, muestra su confianza en la difusión y la propaganda como resorte para alcanzar el triunfo en una época en la que las circunstancias son más favorables:

> [...] la libertad de enseñanza, la libre adopción de los libros de texto, y la libertad de imprenta, tres palancas de un poder inmenso, están prontas á trabajar en favor de la ilustración, si hay quien les dé su primer impulso. Antes, la voluntad mas potente, los deseos mas vivos de un partido naciente debían sucumbir á la poderosa censura oficial, á la mas poderosa censura de la opinion pública. Ahora, que la semilla que sembraron los anteriores neógrafos ha fructificado, especialmente entre los propagadores de la enseñanza, solo se necesitan dos cosas para alcanzar el triunfo, actividad y constancia (Gómez de Salazar, Condomines y Bosch, 1872: 3).

A pesar de este intenso debate, la tenaz actividad de la década anterior contrasta con la pobre alineación neógrafa entre los maestros. Sus acciones flaquean y son insuficientes en estos años, de ahí que sus planes de reforma queden en el olvido en un periodo favorable en que quizás podrían haber ejercido más presión para alcanzar sus pretensiones. Resulta difícil delimitar con exactitud las razones por las cuales sus reivindicaciones pasan a un segundo plano, pero nos atrevemos a aventurar provisionalmente tres hipótesis que pueden servir, quizás de manera combinada, como explicación de esta inacción. La primera hipótesis supone que tras el azote supuesto por la oficialización de la doctrina académica en 1844 y la lucha constante librada por los neógrafos desde entonces, se produce ahora un acomodo natural y humano con la situación actual; la complacencia que los maestros encuentran con la libertad en el uso de manuales al margen de la doctrina académica hacen que, tras un periodo intenso de contienda, estos se relajen y disfruten de un necesario y natural periodo de quietud y tranquilidad.

En la segunda hipótesis no hay que descartar el hecho de que tal vez los partidarios de la reforma pensaran que, una vez debilitada la Academia, los cambios
acabarían llegando de manera natural con el mero paso del tiempo, una vez que
el uso de nuevas doctrinas ortográficas en la escuela sirvieran para consolidar
su uso y, posteriormente, su fijación en la escritura. Y en la tercera hipótesis los
neógrafos se percatan de lo difícil que es romper individualmente por su propia
cuenta con el principio de autoridad académica del que goza la institución no
solo en la escuela, sino también en los distintos sectores de la sociedad, donde
la doctrina de la corporación había ganado paulatinamente adeptos y estaba ya
plenamente consolidada –en la línea postulada por Esteve Serrano (1982: 92)–
de ahí que muchos cejen en su empeño de reformar la ortografía, sobre todo,
cuando entre los propios neógrafos no existía un consenso sobre el modelo de
reforma ortográfica que debía imponerse.

Que no hay nada tan difícil como romper con el hábito ya adquirido es una
afirmación general que tiene plena aplicación a las prácticas educativas de la
época. Por más que los maestros gozaran de libertad para el uso de libros de
texto, eso no quiere decir que estos mudaran su costumbre de manera sistemática ni obligatoria. En muchos casos, el *Prontuario* académico siguió actuando
como manual para la enseñanza ortográfica y en la prensa de estos años no
faltan anuncios en los que literalmente se sigue recomendando su uso en el aula
como uno de los "libros que han de servir de texto en el instituto de segunda
enseñanza de esta Capital, para el presente año económico de 1869 á 1870",
(*Boletín Oficial de la Provincia de Logroño*, núm. 118, 1 de octubre de 1869: 3;
núm. 120, 6 de octubre de 1869: 4; núm. 121, 8 de octubre de 1869: 4).[72] Este
hecho se confirma con la información del siguiente fragmento de la *Ilustración
de Madrid*, en el que se reproduce parte del texto incluido por el Sr. Segovia en
el *Resumen de tareas y actos de la Academia Española*, que da cuenta de cómo la
institución no ve mermada en estos años la venta de sus libros,[73] de los cuales es
de suponer que una gran parte tenía por destino su uso en las escuelas:

> Y cuenta, señores, que en época, como la presente, de libertad de enseñanza, y de anar-
> quía de sistemas, y de ignorancia atrevida, y de prurito de imprimir; en tiempos en

---

72 En anuncios posteriores desaparece la perífrasis de obligación en el texto: "Libros
     que están sirviendo de texto" (*Boletín Oficial de la Provincia de Logroño*, núm. 140,
     22 de noviembre de 1869: 4; núm. 141, 24 de noviembre de 1869: 4; núm. 142, 26 de
     noviembre de 1869: 4; núm. 147, 8 de diciembre de 1869: 4).
73 En concreto, hace referencia a la *Gramática*, el *Prontuario de ortografía* y el *Diccio-
     nario*.

que cada maestrico se esfuerza por acreditar su librico, y en que los buenos escasean, y superabundan los malos, y todos luchan en encarnizada competencia, es síntoma no despreciable de que el público se inclina á las doctrinas de la Academia, el copioso despacho de nuestros citados libros (*La Ilustración de Madrid*, núm. 46, 30 de noviembre de 1871: 350).

7 El resurgimiento de las propuestas neógrafas (1875–1900)

Con el fin del sexenio democrático, se restituye la libertad limitada del libro de texto en las escuelas y se da muestra de la fortaleza del gobierno en su defensa de una instrucción pública centralizada y unificada. La nueva situación beneficia otra vez, de manera indirecta, a la Real Academia Española, que logra recuperar la obligatoriedad de su doctrina ortográfica en la educación. Los partidarios de la reforma, por contra, son los damnificados del cambio, al verse constreñidos a las normas académicas en sus enseñanzas lingüísticas. Se abre, de este modo, un nuevo periodo, en el que los neógrafos tendrán que vencer más adversidades en su batalla por la reforma de la ortografía en el marco de una serie de movimientos internacionales por la reforma que darán apoyo a las reivindicaciones de estos autores.

7.1 Restitución del *Prontuario de ortografía* de la RAE

El 29 de diciembre de 1874, el pronunciamiento militar del general Martínez Campos en Sagunto proclama rey de España a Alfonso XII y se inicia la Restauración borbónica que, en pocos meses, supone la derogación de la libertad en el uso de manuales de enseñanza. Por medio de un real decreto, el 26 de febrero de 1875 se dispone que vuelvan a regir respecto de textos y programas las prescripciones de la ley de 9 de septiembre de 1857 y del reglamento general de 20 de julio de 1859. El marqués de Orovio defiende esta decisión de la siguiente manera:

> [...] los perjuicios que a la enseñanza ha causado la absoluta libertad, las quejas repetidas de los padres y de los mismos alumnos, el deber que tiene el Gobierno de velar por la moral y las sanas doctrinas y el sentimiento de responsabilidad que sobre él pesa, justifican y requieren su intervención en la enseñanza oficial, para que dé los frutos que pueden exigírsele. Por estas razones cree el Gobierno llegado el caso de proponer el restablecimiento de las disposiciones que, exceptuando los seis últimos años, rigieron siempre en dicha materia (Villalaín Benito, 1997: 192).

Aunque es de suponer su disconformidad con la nueva situación, los reformistas no hacen excesivo alarde público de su desacuerdo en prensa; sus leves atisbos de resistencia quedan relegados a las aulas, donde quizás algunos estudiantes siguieron recibiendo enseñanzas por medio de sistemas y textos distintos a los académicos, algunos de ellos, contrarios a su doctrina, tal y como ya había sucedido también tras la oficialización de 1844.[74] De hecho, algunos maestros ni tan siquiera son sabedores de si pueden o no enseñar en el aula otra ortografía que no sea la de la Academia, tal y como se recoge en la siguiente consulta realizada en *El Magisterio Balear*: "¿Puede un Maestro enseñar otra ortografía que no sea la de la Academia Española, é introducir en la escritura las modificaciones que su criterio le dicte?". La respuesta de los redactores del periódico es afirmativa y se ampara en el punto de vista legal, pero deja lugar a dudas sobre su conveniencia: "En el terreno de la legalidad nada hay hasta ahora que impida ni coarte ese derecho proclamado por la última disposición citada" (*El Magisterio Balear*, núm. 6, 6 de febrero de 1875: 8).

Las inspecciones en las escuelas son en esta época tan poco efectivas como lo fueron tras la oficialización de 1844 y el único remedio disponible para controlar el cumplimiento de lo ordenado es el de la publicación constante de órdenes reales con recordatorios (más o menos amenazantes) sobre este mandato, que perduran hasta finales de siglo. Así, por ejemplo, el 4 de febrero de 1877 se publica la primera real orden que sirve de recordatorio del cumplimiento del artículo 88 de la ley de 9 de septiembre de 1857. En ella se advierte de que la *Ortografía* y la *Gramática* –en realidad, se refiere a sus adaptaciones didácticas del *Prontuario*, *Compendio* y *Epítome*– de la Academia deben ser los textos obligatorios y únicos para la enseñanza de estas materias en la escuela pública (Villalaín Benito, 1997: 201–202).

Años más tarde, siguen sucediéndose nuevas advertencias, lo cual es indicativo de las muchas irregularidades detectadas a este respecto por los inspectores: el 31 de enero de 1885 y el 18 de diciembre de 1893 vuelven a aparecer órdenes de la Dirección General de Instrucción Pública disponiendo el uso exclusivo de la *Gramática* y la *Ortografía* de la Real Academia Española en las Escuelas Públicas (Villalaín Benito, 1997: 211–212; 223).

7.2 Aceptación y defensa de la doctrina ortográfica académica

En esta última etapa de siglo no existe duda alguna de la función que se le otorga a la Academia como institución de referencia para cualquier asunto relacionado con la regulación normativa de la lengua. En el ámbito ortográfico, su doctrina ya está

---

74 Uno de los manuales no admitidos que con seguridad fue usado clandestinamente, al menos, en estos primeros años fue la nueva edición (en esta ocasión, la quinta) de la ortografía de Ruiz Morote (1875), cuyas propuestas y reivindicaciones de los años sesenta en *El Magisterio. Periódico de Educación y Enseñanza* y *Anales de Primera Enseñanza* alcanzaron cierto seguimiento entre los maestros.

plenamente instaurada en los hablantes de una sociedad que, casi en su totalidad, ha sido instruida en la lectura y la escritura según las directrices ortográficas de la institución. La muestra evidente de que en la sociedad era aceptada la doctrina académica como canon de pureza y corrección para la escritura está en el siguiente texto, reproducido en la revista *El Álbum*, en el que se relata una chistosa anécdota al respecto de una falta ortográfica cuyo error no admite discusión alguna:

> Un cajero entregó al jefe la cuenta correspondiente al año, encabezándola con una especie de discurso, en el cual encomiaba su probidad, su economía etc. Al final se leía este párrafo: «Por último, ninguno podrá presentar tantas y tan repetidas pruebas de *onradez* como el que suscribe»
>
> El jefe, que era muy exigente en materia de ortografía, notó con disgusto la falta de la *h*, y llamando inmediatamente al cajero, le dijo:
>
> — Amigo mío, desde hoy cesa usted en su destino.
> — ¡ Dios mio! ¿Por qué?
> — Porque su *onradez* de usted no me satisface
>
> El cajero ofendido, citó á juicio al que le injuriaba.
>
> — El señor tiene que probar su calumnia, — dijo; — yo soy un hombre honrado á carta cabal.
> — Repito que su *onradez* de usted no es completa.
> — ¿Pues qué le falta?
> — Una h. Y mostró el documento.
>
> El cajero pagó el juicio y no volvió á incurrir mas en semejante descuido (*El Álbum*, núm. 46, 19 de octubre de 1873: 6).[75]

La propia Academia se enorgullece de haber contribuido a esta situación, como demuestran las palabras del Sr. Segovia en el *Resumen de tareas y actos de la Academia Española* que aparecen también reproducidas en *La Ilustración de Madrid*:

---

75 No es el único ejemplo en este sentido. Unos años antes, aparece también en otro periódico una anécdota similar, también en referencia al uso de la *h*: "Un maestro de escuela de los que tienen al dedillo la ortografía, fué á comprar un gaban y antes de entrar en la tienda se puso á leer el letrero de la sastrería. El letrero decía entre otras cosas; *ropas echas*, y no tuvo el maestro necesidad de mas para retroceder gritando espantado; «Si así escatima las letras ¿que hará con el paño?" (*La Alborada*, núm. 54, 27 de enero de 1860: 3). Y ya á finales de siglo, el Ateneo de Lorca (núm. 23, 10 de agosto de 1896: 8) recoge otra muestra muy similar en el siguiente diálogo humorístico sucedido en una fonda: "Esto le pasó a Torcuato en la fonda el otro día… – Mozo! – Señor! – Tráeme un plato, de faltas de ortografía. – No las hay. – No? Pues entonces, ¿por qué las incluye en lista?".

[...] la corrupción del lenguaje, que hace años parecía incurable gangrena, se va ata-
jando de algun modo. Ya no es moda, como lo fué algun dia, hacer alarde imprudente
de incorreccion, de barbarismo, de neologismo y de galicismo; ya vemos, hasta en los
periódicos, acusarse recíprocamente de falta de lenguaje, y echar en cara al adversario
un pecado con la gramática, en el mismo tono de censura y con igual encarnizamiento
que se emplean en fiscalizar los crímenes políticos. Nótase en las Cámaras, en el foro
y hasta en el púlpito, que los oradores eminentes cultivan, y no podría ser otra cosa,
el estudio de la lengua patria. Hasta la jerga filosófica moderna parece que va apren-
diendo el castellano; y algunos tal vez me escuchan que no tienen dificultad, como
tampoco la tuvieron los escritores de nuestros buenos tiempos, en exponer las más
peregrinas teorías y tratar de los sistemas y utopías más enrevesados, recónditos y
abstrusos en lenguaje puro y con estilo llano, claro, inteligible, sencillo. No es esto
decir que la reforma sea obra exclusiva de la Academia, sino que muy probablemente,
gran parte debe atribuírsele; y á la verdad que, si así fuese, no podria apetecer galardon
más lisonjero de sus ímprobas tareas, que el ver reconocido por el público *Español* el
celo laborioso y la utilidad positiva de una Corporacion que se honra ante todo con el
título de *española* (*La Ilustración de Madrid*, núm. 46, 30 de noviembre de 1871: 350).

Las peticiones de reforma ortográfica en estos primeros años no son muy abun-
dantes, de modo que existe una escasa presión social para la reforma y los academicistas apenas sienten la necesidad de hacer aparición en la opinión pública
para la defensa de los intereses de la institución académica, que, tras la restitución de su autoridad en la enseñanza escolar, goza de una posición cómoda
y favorable. Esto no quiere decir que sus partidarios no aprovechen cualquier
ocasión para lanzar sus ideas sobre el asunto en publicaciones periódicas, como
es el caso de Miguel Benedicto Berdier, por ejemplo, que en un escrito dirigido
a un maestro de escuela intenta persuadirlo de lo poco conveniente de estas
reformas y de la necesidad de dedicarse a otras cuestiones más importantes en
el ejercicio de su profesión:

Deja, pues, querido, que los sábios piensen en las cosas que son de su exclusiva competencia.

Nosotros tenemos que cumplir con una misión más elevada, y de consecuencias más
tangibles para la vida de los pueblos, que las que puede traer la reforma de nuestra
actual Ortografia.

Ninguna más grande que la reforma de las costumbres; y esta sólo se consigue, diri-
giendo al hombre desde sus primeros albores por el camino de la virtud (*El Magisterio
Español*, núm. 505, 15 de diciembre de 1875: 2).[76]

---

76 En el mismo mes de diciembre de 1875, es Gómez de Salazar quien, al reseñar una
    obra de Simón López y Anguta (1875) sobre las anomalías de la ortografía actual,

En esa misma línea se manifiesta Luis Parral cuando, en un texto de mayor envergadura sobre el concepto de la lógica y su relación con la gramática, realiza un alegato a favor del sistema ortográfico actual y destierra la actividad neográfica:

> La Neografía reduce el número de letras; pero es á costa de perder la huella que en las raíces de las palabras dejan marcada los idiomas que las enjendraron. Simplifica la escritura; pero dificulta la Etimología de las voces, por lo cual la creemos muy perjudicial y poco científica (*Guía del Magisterio*, núm. 7, 5 de marzo de 1880: 51).

En cualquier caso, la Academia no era insensible a los cambios ortográficos y en los años previos, con toda seguridad, debieron de producirse algunos debates sobre el asunto que, como ya se ha visto anteriormente, desembocaron en alguna concesión a los neógrafos, como la del concurso que bajo esta temática había convocado a comienzos de los sesenta, o las propias reformas ortográficas que incluyó en la publicación de su *Gramática*, difundidas primariamente en la *Revista de primera enseñanza* por medio de un trabajo firmado por M. C. P. que transpira un profundo prescriptivismo, tanto para el ámbito educativo como para el de la imprenta:

> Esta reforma deberán admitirla inmediatamente los maestros en sus respectivas escuelas; los periódicos profesionales en sus columnas; y sobre todo, los editores en las obras de texto para la enseñanza; porque á nadie podrán ocultarse los inconvenientes con que lucharíamos los profesores obligados á explicar la acentuación contraria á la que tuviese los libros que ponemos en manos de los niños (reproducido en *El Heraldo de Castilla*, núm. 163, 19 de octubre de 1881: 1).

El texto, tomado de una reproducción que se hace en *El Heraldo de Castilla*, da idea de la importancia social otorgada en la época a la correcta escritura y a la autoridad académica en esta materia. No es el único caso, pues al igual que este, otros periódicos de la época también se hacen eco de la noticia y realizan advertencias en el mismo sentido:

> […] aunque no las juzgamos importantes, ni mucho menos; como las decisiones de la Academia son las leyes vigentes en materia de lenguaje, creemos oportuno darlas á conocer a nuestros lectores para que no dejen de poner algún acento de los muchos que se han creado en esta última reforma, é incurran, por tanto, en un delito grave contra la ortografía que es la parte en que más notables reformas parece que se han introducido (*La Paz del Magisterio*, núm. 23, 15 de agosto de 1883: 1).

---

intenta influir en los lectores del periódico con una crítica negativa. En sus propias palabras, "sentimos no poder recomendar más sino como lectura entretenida" (*El Magisterio Español*, núm. 503, 5 de diciembre de 1875: 4).

Aunque es posible que los académicos pretendieran con estos cambios calmar los ánimos reformistas y contentar parcialmente sus expectativas, lo cierto es que la reforma solo afectaba a la acentuación, un ámbito periférico de la polémica, y no tuvo buena acogida ni en el sector educativo ni en el de la imprenta. *El Heraldo de Castilla* (núm. 163, 19 de octubre de 1881: 1) da noticia de estos hechos, acatando los cambios e instando a su cumplimiento, pero no deja pasar la oportunidad para señalar la desazón que producirán estas novedades ortográficas en los padres de aquellos alumnos obligados ahora a comprar nuevos manuales, incluso los de la Real Academia, "cuyos libros serán los primeros que hayan de utilizarse por estar sus anteriores preceptos en contradiccion con los nuevos, lo cual no debe tolerarse" (*El Heraldo de Castilla*, núm. 163, 19 de octubre de 1881: 1). De manera irónica, se indica:

> [...]esta reforma es indudablemente un progreso: de los niños que salen hoy de nuestras escuelas son contados los que saben leer los libros impresos en el siglo XVIII; pero los que salgan en adelante no sabrán leer los libros del siglo XIX, incluso los escritos y publicados por los Académicos reformadores (*El Heraldo de Castilla*, núm. 163, 19 de octubre de 1881: 1).

Similares reacciones se habían producido unos meses antes en *El Magisterio Balear*, donde, desde una línea combativa, se afirma que "la Real Academia no está autorizada para erigirse en legisladora del lenguaje", pues "esto es de la exclusiva competencia de los buenos escritores públicos" (*El Magisterio Balear*, núm. 29, 16 de julio de 1881: 1) y se catalogan las propuestas académicas de arbitrarias y caprichosas:

> [...] La Real Academia parece que se ha propuesto marchar al arbitrio y al capricho, saliéndose de la esfera de sus atribuciones contra lo cual debieran protestar todos los hombres eruditos en cuyas obras, lo mismo que en el comun sentido aquel alto Cuerpo ó el delegado especial suyo mejor dicho, viene á causar una revolucion tonta y ridícula por una parte é infundada por otra (*El Magisterio Balear*, núm. 29, 16 de julio de 1881: 1).

Una muestra más de que en la opinión pública también existían dudas sobre la idoneidad del sistema ortográfico propuesto por la Real Academia Española es la siguiente publicación de 1900 en el *Heraldo de Murcia* (núm. 703, 11 de julio de 1900: 8), en el que con un pequeño chiste se da buena constancia del uso innecesario de la grafía *h*:

> — Vea usted qué absurdo. Se escribe hijo con h, y padre, que denota más autoridad, no tiene ninguna.
> — Pero, hombre, la h en padre no serviría de nada.
> — Tampoco sirve en hijo. ¿No advierte usted que no suena?

Nada fuera de lo normal, ya que una reforma tan importante en una lengua como la de su ortografía conlleva necesariamente vacilación social, particularmente, en aquellos sectores profesionales en los que la escritura correcta forma parte de su quehacer profesional. Un caso muy paradigmático en esta línea es el de los opositores, que pronto manifiestan sus dudas en la prensa sobre la conveniencia o no de aplicar las nuevas reformas:

> Opina un colega de valencia de la corte, conformándose con lo dicho por otro de Valencia, que la reforma ortográfica de la Real Academia no obligará á los opositores á escuelas.
>
> Á lo cual contesta *El Clamor* diciendo:
>
> «Obligar en absoluto, nó; pero, de no aplicarlas un actuante, pesarán sobre él, suponiendo al Tribunal recto y competente, las consiguientes notas desfavorables, que pueden contribuir á la no aprobación de los ejercicios ó la postergación en la lista de mérito relativo».
>
> *El Clamor* está en lo cierto, y nosotros aconsejamos á los opositores de esta provincia, si no quieren sufrir algún percance, que pongan en práctica la acentuación establecida por la Academia de la lengua (*Boletín de Primera Enseñanza de la Provincia de Gerona*, núm. 29, 17 de julio de 1883: 9).[77]

7.3 Los movimientos internacionales de reforma

Desde mediados del siglo XIX, comienzan a constituirse, especialmente en el continente europeo, algunas sociedades internacionales de fonética que impulsan el desarrollo de la disciplina y el estudio fonético las lenguas, de las que se deriva de manera natural la demanda de reformar las ortografías usadas en muchas de estas lenguas. Desde sociedades como la temprana Phonetic Society, fundada en 1843, la American Spelling Reform Association, establecida en 1876, o la English Spelling Reform Association, fundada en 1879, se reivindica la reforma de la lengua inglesa en Europa y Estados Unidos.

En otros países se originan similares asociaciones, caso de Suecia, donde se crea en 1885 la Rœttstavningssœlskap, o de Alemania, con la fundación en 1876 de la Allgemeiner Verein für Vereinfachte Rechtschreibung, encargada de la simplificación de la ortografía alemana y cuyos movimientos de reforma tienen especial trascendencia en la prensa española: *El Globo* (núm. 278, 5 de enero de 1876: 14) informa de una conferencia de profesores en Dresde, donde los

---

77 El asunto es tratado igualmente en periódicos como *La Discusión* (núm. 566, 5 de marzo de 1881:3), *La Unión* (núm. 30, 28 de julio de 1883: 229), *El Adalid* (núm. 17, 30 de julio de 1883: 5–6) o *La Paz del Magisterio* (núm. 24, 25 de agosto de 1883: 7–8).

gobiernos federales habían encargado al filólogo alemán M. Raumer la redacción de un proyecto para la reforma ortográfica de aquella lengua. Más tarde, la prensa española da también noticias de algunos desencuentros dentro del gobierno alemán a causa de la ortografía alemana (*El Liberal*, núm. 315, 11 de abril de 1880: 1). Del mismo modo, en 1881, otros periódicos nacionales, como *La Opinión* (núm. 442, 9 de marzo de 1881: 3) o *La Crónica Meridional* (núm. 6316, 9 de marzo de 1881: 2), anuncian la celebración en septiembre de ese mismo año de un congreso internacional en Berlín para reformar la ortografía de los distintos idiomas con un ambicioso proyecto, pues –como se afirma en el anuncio– "su objeto es la composición de un alfabeto común, y la conformidad y el acuerdo para la formación de un idioma universal". La noticia es ampliamente divulgada en diferentes anuncios en *El Amigo* (núm. 160, 13 de marzo de 1881: 4), *El Bien Público* (núm. 2399, 18 de marzo de 1881: 3), *El Eco de la Provincia* (núm. 449, 9 de marzo de 1881: 3) o *La Unión* (núm. 13, 3 de mayo de 1881: 98), donde también se indica la duración de tres días para el evento y se advierte de que a él acudirán sabios de Europa y América.

De todas estas nuevas sociedades, son las aparecidas en Suiza y Francia, centradas en la reforma de la lengua francesa, las que más éxitos cosechan en sus reivindicaciones y también las de mayor repercusión internacional, dada la trascendencia de sus logros y el eco que sus acciones reformistas tienen en las páginas de la prensa escrita. En el caso concreto de Suiza, durante la década de los sesenta se van fundando a lo largo del país diferentes comités fonográficos que reclaman una ortografía racional y que en 1867 acaban agrupados en la denominada inicialmente Société néographique de Suiza y, dos años más tarde, Société néographique Suisse et étrangère, presidida por Edouard Raoux, profesor de la Académie de Lausanne. En los inicios de esta sociedad ejercen gran influencia las teorías de Ambroise Firmin Didot (1867), compartidas con Raoux por el propio autor y en las que persigue el perfeccionamiento de la lengua francesa por medio de una propuesta de simplificación de su escritura. En 1876, la sociedad pasa a denominarse Société Suisse de Réforme orthographique y se convierte en la responsable de apoyar los intentos de reforma en Francia e informar a las partes interesadas en Suiza.

En Francia, es el fonetista francés Paul Passy quien impulsa en 1886 la creación de la denominada Dhi Fonètik Tîtcer'z Asóciécon ('The Phonetic Teachers' Association), a la cual se asocia la creación, en ese mismo año, de una revista titulada *Dhi Fonètik Tîtcer* (*The Phonetic Teacher*), que en el año 1889 pasa a denominarse *Lə mɛːtr fonetik* (*Le Maître Phonétique*), dirigida por el propio Passy y que sirve de órgano periódico para la propaganda de la importancia de la transcripción fonética en relación con la enseñanza de lenguas. En esa misma fecha de 1889, la asociación, cuya lengua oficial es el francés, también cambia su nombre al de Asosjʌsjõ Fɔnetik de Profesœr de Lāg Vivāt (Association Phonétique des Professeurs de Langues Vivantes). Es en enero de 1897 cuando pasa a denominarse Asɔsjɑ:sjõ Fɔnetik Ễ tɛrnasjɔnal dirigida por el propio Passy y que sirve de órgano periódico para la propaganda de la importancia de la transcripción fonética.[78]

La prensa española no es ajena a los debates y propuestas que sobre la reforma del francés se producen en el país vecino, de ahí que sean constantes las noticias al respecto de este tema en las páginas de muchos periódicos españoles. En *El Eco de Cartagena* (núm. 4898, 17 de enero de 1878: 1) se informa de cómo en Francia, Suiza y Bélgica se constituyen comités para planificar la reforma ortográfica, con el objetivo de "provocar un Congreso en Paris en el cual se votaria la adopcion definitiva de un programa, tomando las disposiciones necesarias para su pronta realización".

De las repercusiones que alcanza la reforma en estos países en los años siguientes nos da cuenta *La Correspondencia de España* (núm. 10576; 7 de marzo de 1887: 2), entre otros, donde se relata también la carta que Gaston Paris, miembro del Collège de France, envía a Paul Passy acerca de la utilidad y conveniencia de reformar la ortografía francesa, cuyos sentimientos son canalizados en los años siguientes a través de las acciones de la Societé de Réforme Orthographique, encargada específicamente de la reforma de la ortografía francesa,[79] así como de un conjunto de publicaciones (la ya mencionada *Le*

---

78 Esta asociación surge inicialmente en torno a un grupo de profesores de lenguas coincidentes en considerar la fonética como un elemento esencial para la enseñanza y cuyo sistema de transcripción fonética pasa a ser la grafía normal en la redacción de los números de su revista. De manera veloz, la asociación va creciendo y sus afiliados se multiplican. Desde sus inicios, sus miembros proceden mayoritariamente de Alemania, Inglaterra o Francia, aunque también de otros países como Portugal, Dinamarca, Bélgica, Finlandia, Suecia, Finlandia, etc. Poco a poco van aumentando en presencia, hasta que en 1898 cuenta con 907 miembros (según lo indicado por Araujo en su sección de "Revista de revistas" de *La España Moderna*, núm. 116, 1 de agosto de 1898: 142), un número que alcanza los 953 en 1900 (*The Maître Phonétique*, núm. 1, enero de 1900: 1–24) y sigue creciendo aún en las primeras décadas del siglo XX.

79 Acerca de las diferencias entre la Societé de Réforme Orthographique y la Association Phonétique des Professeurs de Langues Vivantes, es el propio P. Passy el que nos aclara que, mientras esta segunda se encarga de la reforma de los métodos de enseñanza de lenguas, la primera se centra en la simplificación de la ortografía francesa (cf. *La Tradition*, núm. 8, noviembre de 1887: 251–253 y *Le Temps*, núm. 9378, 7 de enero de 1887: 2).

Societé de Réforme Orthographique, Maître Phonétique, el *Bulletin de la Sociéte de Réforme orthographique* o *La nouvelle ortographe*) que adoptan una grafía reformada propia y sirven de órganos para la reivindicación de los ideales reformistas. Es precisamente la Societé de Réforme Orthographique la encargada, entre 1889 y 1890, de adoptar un proyecto de petición de reforma a la Academia francesa, en el que se solicita la simplificación de la ortografía y su camino hacia una ortografía fonética.[80] La noticia, que aparece en diversos medios periodísticos franceses (cf., por ejemplo, *Revue de Philologie française et provençale*, Tomo III, 1889: 158), es difundida también en algunos periódicos españoles, como el veterano diario *La Palma de Cádiz* (núm. 27889, 19 de noviembre de 1889: 2) o *El País* (núm. 874, 17 de noviembre de 1889: 3), donde también se aprovecha para llevar a cabo un paralelismo con la irrisoria situación española, en la que después de tantos años aún no se han suprimido las "inutilidades" de nuestro idioma. No nos adentraremos en los pormenores de esta solicitud, pero conviene tener en cuenta que detrás del silencio de la Académie française se esconde una profunda división dentro de la institución en relación con este tema, donde se dan interesantes polémicas de acogida o rechazo de los cambios propuestos (*La Época*, núm. 13357, 28 de octubre de 1889: 3 y núm. 14691, 8 de agosto de 1893: 2; *El Guadalete*, núm. 10318, 30 de octubre de 1889: 3, etc.).[81]

Entretanto, el asunto de la reforma ortográfica va cobrando interés también en Bélgica, donde en 1892 se crea la sección belga de la Societé de Réforme Orthographique, a la que se adhieren 370 miembros, y que en años posteriores apoya el movimiento reformista en Francia. Al mismo tiempo, esta sección prepara su propia propuesta para llevarla a la práctica con la celebración de una

---

80 El proyecto es respaldado por 7000 personas y el encargado de su redacción es Louis Havet, autor muy activo a favor de la reforma en los años precedentes por medio de diversos artículos en prensa que, como suele ser habitual en la época, acaban siendo recogidos más tarde en forma de folleto individual en Havet (1890). En 1889 también aparece en la *Revue de l'enseignement secondaire et de l'enseignement supérieur* (núm. 1, 1 de julio de 1889: 24–31) la reproducción del contenido de la carta, así como un análisis de las reivindicaciones de los reformistas, que firma Jean Passy, y entre 1889 y 1891 se producen discusiones al respecto de la reforma en muchas revistas de temática especializada, como, por ejemplo, la *Revue de philologie française*.

81 Algunos académicos como Émile Littré (1873–1874), por ejemplo, son partidarios de cambios al respecto de algunas inconsistencias de la ortografía francesa, pero sus propuestas no son aceptadas inicialmente. La tendencia parece cambiar ligeramente unos años más adelante, cuando, con la publicación de la séptima edición del *Diccionario* (Institut de France, 1877–1878), la institución parece relajar su conservadurismo y tolera la inclusión de algunas reformas.

asamblea en la Escuela Normal de Bruselas, a la que acuden diversas persona-
lidades. En ella, su director M. Sluys imparte una conferencia sobre el tema de
la reforma de la ortografía y la democracia, en la que afirma que simplificar
la ortografía es ayudar a la emancipación de las masas (*La Escuela Moderna*,
julio-diciembre de 1892: 77).

El *Heraldo de Madrid* (núm. 903, 25 de abril de 1893: 1) también recoge en
sus páginas la petición de M. Gréard para que se ejecute esta reforma en Bélgica (cf. M. Arrivé, 1994: 69–70), acompañando esta noticia de una crítica a las
observaciones conservadoras que a este respecto emite el escritor M. Elwall en
La Libre Critique de Bruselas, quien considera el proyecto como una amenaza
y peligro a la unidad nacional. En 1893, llegan noticias a la prensa española
del comienzo de la reforma por parte de la Academia francesa y sus acuerdos
en relación con cambios en algunos elementos gráficos (*El Correo de Gerona*,
núm. 151, 1 de agosto de 1893: 2; *El Isleño*, núm. 11940, 1 de agosto de 1893: 2;
núm. 11943, 4 de agosto de 1893: 3). Pero las aspiraciones de los reformistas son
más amplias, así que la Societé de Réforme Orthographique solicita al ministro
de Instrucción Pública francés "reformar la enseñanza de la ortografía en las
escuelas, suprimiendo gradualmente las anomalías más violentas y más difíciles de aprender" (*Boletín de la Institución Libre de Enseñanza*, núm. 438, 30 de
septiembre de 1896: 277).[82]

A finales de siglo, la *Revista de Extremadura* (núm. 3, 1 de mayo de 1899: 205)
anuncia que la ortografía fonética se va haciendo sitio en Francia[83] y son numerosas las noticias triunfales en la prensa escrita al respecto de sus logros en la
reforma de su ortografía (cf., por ejemplo, *El Íbero*, núm. 61, 1 de noviembre
de 1900: 903–904; núm. 62, 16 de noviembre de 1900: 914–916; núm. 63, 1 de
diciembre de 1900: 932–934; núm. 64, 16 de diciembre de 1900: 951–953).

Durante estos años, la prensa española también acoge diferentes artículos teóricos sobre el asunto, como el publicado en el *Boletín de la Institución
Libre de Enseñanza* (núm. 318, 15 de mayo de 1890: 129–132; núm. 323, 31 de
julio de 1890: 209–212; núm. 327, 30 de septiembre de 1890: 273–275; núm.
328, 15 de octubre de 1890: 289–290) por parte de M. A. Sluys bajo el título de
"La enseñanza de la lectura y de la ortografía", extraído de su libro *Méthode*

---

82 El contenido específico de esta petición puede verse en diversas publicaciones periódicas francesas como, por ejemplo, la *Revue des revues* (vol. XVII, 1896: 67–74), *La
revue pédagogique* (t. 29, julio-diciembre de 1896: 18–29) o el suplemento a la *Revue
Universitaire* (15 de marzo de 1896).

83 También se habla, en esta ocasión, de la situación en Hispanoamérica.

analytique et synthétique de lecture et d'ortographe.[84] Por su parte, Fernando Araujo informa del decreto del ministro de Instrucción Pública de Francia que resuelve la reforma de la ortografía francesa a partir de los trabajos de la comisión constituida para tal efecto, así como del malestar mostrado por la Academia por no haberse contado con ella (*La España Moderna*, núm. 142, octubre de 1900: 185–186).

7.4 Influencia de las sociedades de reforma ortográfica

A pesar de que en las últimas décadas del XIX, la Real Academia Española ha afianzado por completo su autoridad como institución encargada de la regulación de la lengua española en España (cf. Martínez Alcalde, 2010: 76) y su doctrina es considerada la fuente principal de referencia para la enseñanza de la ortografía en las escuelas, esto no es obstáculo para que el calmado silencio de los reformistas españoles se vea quebrado a principios de los años ochenta. No era fácil que, en un ambiente como este, los partidarios del reformismo ortográfico pudieran reavivar sus acciones como una mera reacción a esta autoridad, máxime si tenemos en cuenta que todas las reivindicaciones e intentos de décadas anteriores apenas habían contabilizado hitos de importancia para la reforma. Sin embargo, la creación de las sociedades internacionales de fonética[85] y los distintos movimientos de reforma internacionales que se desarrollan

---

84 Se trata de un artículo seriado destinado específicamente a la importancia de un buen método de lectura, pero en el que se aborda también la problemática que supone enseñar a leer en una lengua como el francés con un alfabeto con tantas irregularidades.
   No faltan tampoco noticias que muestran cierta mofa con la trascendencia que toma el asunto ortográfico en Francia. En esta línea, *El Cantábrico* y *El Guadalete* informan de las elecciones municipales de París por medio de un artículo en el que, al hablar de la pertenencia de los candidatos a distintos partidos, se menciona, entre ellos, "al que fia la resolución de todos los problemas sociales en la reforma de la ortografía y al que ofrece lavar la cabeza á sus electores" (*El Cantábrico*, núm. 1829, 8 de mayo de 1900; *El Guadalete*, núm. 13721, 10 de mayo de 1900: 1).

85 En todo este proceso, conviene no desdeñar la importancia que tiene el desarrollo científico de la disciplina fonética, especialmente a partir de 1888 con el lanzamiento del Alfabeto Fonético Internacional (Alphabet Phonétique International), en cuya base existía la convicción firme por parte de estos profesores de lenguas de que el sistema de escritura utilizado para transcribir las distintas lenguas del mundo no se correspondía con su pronunciación. Su creación suponía una ayuda inestimable para la enseñanza de lenguas, pero también jugaba un papel fundamental en la adaptación que tanto Passy como otros fonetistas perseguían para adecuar letras y sonidos.

en países como Suiza, Francia, Bélgica, Alemania o Inglaterra, entre otros, penetran ideológicamente en nuestro país, donde acaban forjando una sólida estructura que sirve de apoyo ideológico y científico a los neógrafos españoles y facilita el establecimiento de diferentes haces de relación a nivel internacional con los que alcanzan el impulso solidario necesario para dar rienda suelta a sus anhelos de reforma.[86] Es muy probable que en la época muchos de estos neógrafos mantuvieran entre sí conversaciones privadas que ahora son difíciles de recuperar, pero que revelarían mucho más sobre esto que aquí defendemos. Esas conversaciones se han perdido en el aire para siempre, pero no así la conversación diferida que estos neógrafos reflejan con tinta impresa en las páginas de los periódicos en su pulso por la reforma, con la redacción de textos reivindicativos u otras acciones que dan lugar al resurgimiento de nuevas propuestas de cambio ortográfico en la prensa de finales del XIX.

En las dos últimas décadas del siglo aparecen en la prensa escrita algunas intervenciones a favor de la reforma, entre las que destacamos la aparecida en el periódico de primera enseñanza *El Magisterio Balear*, por parte de un anónimo que firma como B. A. y publica un artículo titulado "Neografía". En un principio, su autor defiende la conservación de todas las letras del alfabeto y centra su reforma en los distintos alfabetos de la lengua:

[...] de los cuatro abecedarios que actualmente han de aprender los niños, para poder leer, se podrían suprimir nada ménos que tres, conservando sólo el minúsculo

---

En palabras de P. Passy, "lo que distingue este movimiento de los anteriores es, en su conjunto, la parte que en él han tomado los lingüistas de profesión, y por tanto, el carácter de rigor científico que ha tomado y se acentúa cada día más" (*Revista de España*, Tomo CXIX, enero de 1888: 62). En este mismo punto insiste F. Araujo cuando menciona las distintas sociedades internacionales y afirma de ellas que "aspiran por uno ú otro procedimiento á sustituir á la actual escritura otra escritura razonada y, principalmente, en el más concienzudo análisis de los elementos fonéticos del lenguaje" (*España y América*, núm. 47, 20 de noviembre de 1892: 535).

86 En todas estas sociedades se instaura un sistema de captación de socios que funciona a la perfección desde las páginas de sus propias revistas, donde son constantes los anuncios para que todas las personas favorables a la reforma ortográfica se adhieran como miembros. Así, en *Lə mɛːtr fɔnetik* (vol. 6, núm. 6, junio de 1891: 84) puede verse la reproducción de uno de estos llamamientos por parte de la Sociéte de Réforme Orthographique: "La *Sociéte de Réforme Orthographique* fait appel a toutes les personnes qui désirent une réforme quelconque de l'orthographe française. Membres actifs, 5 fr. par an; adhérénts, 2 fr.; adjoints, 0 fr. 50. Les membres reçoivent le journal *La Nouvelle Orthographe*. S'adresser a M. Ch. Roussey, 23 rue Cujas, Paris, ou au bureau du M. F.".

carácter bastardo español; elevando á mayúscula cualquiera de sus letras con solo añadirle trazo magistral directo horizontal como por vía de adorno (*El Magisterio Balear*, núm. 4, 24 de enero de 1880: 1).

Más adelante, parece contradecir sus propias palabras, cuando afirma que admitiría algunas modificaciones relativas a algunos elementos, de entre las que destaca la supresión de las sílabas *ce, ci, ge* y *gi* (pues tienen su equivalencia en *ze, zi, je* y *ji*), la eliminación de la *u* líquida en las secuencias *que, qui*, además de *gue* y *gui* (cuando la *g* dejara de sonar como *jota*) o el uso exclusivo de *x* en aquellas palabras cuya sustitución exige *cs*, como *examen, máxima, sexagenario*. No se muestra partidario de eliminar las parejas *b* y *v* o *c* y *s* pues –según su opinión– estamos ante grafías que se corresponden con sonidos diferentes, a pesar de su confusión en la pronunciación (*El Magisterio Balear*, núm. 4, 24 de enero de 1880: 1-2).

Un poco más tarde, encontramos la propuesta que, bajo el título de "Reforma del alfabeto, como si dijésemos: mi Alfabeto-lojía; ó Pasatiempos" y firmada con las iniciales V. X. i Z, aparece en las páginas de la *Revista del Turia* (núm. 59, 15 de agosto de 1883: 310-311; núm. 60, 31 de agosto de 1883: 325-327; núm. 61, 15 de septiembre de 1883: 341-343) y *El Fomento* (núm. 138, 26 de julio de 1883: 1-4; núm. 140, 2 de agosto de 1883: 5-8; núm. 146, 29 de agosto de 1883: 9-12; núm. 150, 14 de septiembre de 1883: 13-14) que –como indica Calero Vaquera (2006: 333) en su análisis de este trabajo– también aparece publicada en ese mismo año como folleto independiente de 24 páginas en Valencia.

El texto comienza con una frase destinada a la Academia, a la que recomienda reformar el alfabeto según una propuesta cuyas bases se resumen en cinco puntos: 1) que todo sonido o modificación tenga su letra única; 2) que cada letra represente solo un sonido o modificación; 3) que ninguna letra represente dos modificaciones o consonantes; 4) que ninguna modificación haya de representarse con dos letras, y 5) que no haya ninguna letra que no represente sonido o modificación. Como resultado de aplicar estos principios, se propone un alfabeto 'rracional' de 24 letras que no coincide con ninguno de los propuestos previamente por otros neógrafos españoles. En este caso, está compuesto por los siguientes elementos: *a, b, c, d, e, f, g, h, i, j, l, ll, m, n, ñ, o, p, r, rr, s, t, u, y, z* (*Revista del Turia*, núm. 59, 15 de agosto de 1883: 310). El texto aporta, al mismo tiempo, un repaso por las distintas ventajas que para la lectura, la escritura y la impresión tiene esta reforma, además de un listado de sus posibles enemigos y aliados (*Revista del Turia*, núm. 60, 31 de agosto de 1883: 326-327). Por último, termina con un aviso de la aparición de unas futuras prácticas o ejercicios de este alfabeto (*Revista del Turia*, núm. 61, 15 de septiembre de 1883: 343), que acaban siendo publicadas en esta misma revista en sus números siguientes (*Revista del Turia*, núm. 62, 30 de septiembre de 1883: 354–357; núm. 64, 31 de octubre de 1883, 389–392).

En síntesis, la prensa escrita vuelve a funcionar como órgano de difusión y propaganda de la reforma y se erige nuevamente en el vehículo preferencial para la difusión de sus trabajos,[87] el medio más adecuado para la populariza-ción de sus ideas e intereses individuales, al tiempo que el vehículo idóneo para el intercambio ideológico entre estos intelectuales, que interactúan entre sí y entablan de este modo haces de relación social que van más allá del ámbito periodístico y los convierten en piezas clave en la discusión de estos asuntos en otros espacios sociales de opinión, como el de las distintas instituciones rela-cionadas con la vida cultural española, donde desde muy pronto se va conso-lidando paulatinamente un nuevo ambiente de discusiones sobre el asunto de la ortografía castellana.[88] Esta vuelve a tomar protagonismo, especialmente, en algunas sociedades como el Círculo Filológico, donde se celebran algunas sesiones en relación con la temática: en una de ellas, participan los Sres. Doce y Bentfeldt y, en contra, el Sr. Hilario Sánchez (*La Correspondencia de España*, núm. 9766, 17 de diciembre de 1884: 1; *El Pabellón Nacional*, núm. 6706, 17 de diciembre de 1884: 3, etc.); en otra ocasión, la discusión se produce a partir de una memoria que sobre simplificación y reforma de la ortografía castellana presenta Casto Vilar (*El Día*, núm. 1645, 8 de diciembre de 1884: 1; *El Imparcial*, núm. 6294, 9 de diciembre de 1884: 3, *El Liberal*, núm. 1975, 11 de diciembre de 1884: 3, entre otros).

No mucho más tarde, es Tomás Escriche y Mieg, profesor de Física y socio de este ateneo, el que participa en las discusiones ortográficas del Círculo Filoló-gico (*La Correspondencia de España*, núm. 9771, 22 de diciembre de 1884: 1; *El Ateneo Caracense*, núm. 249, 5 de enero de 1885: 290), con la exposición de las ideas que sobre reforma ortográfica ya había defendido poco antes en su artículo "La ortografía fonética" (*El Ateneo Caracense*, 5 de octubre de 1884: 259–264;

---

87   Una característica esencial del movimiento neógrafo de este periodo es que privile-gia, casi de manera sistemática, la participación en prensa a la publicación de obras independientes, que solo suelen salir a la luz de manera secundaria para perpetuar los textos en la opinión, esto es, con una clara finalidad propagandística posterior o, en menor medida en estos años, educativa.

88   Tal y como afirma A. Escartín en sus "Apuntes para la historia de la escritura" (*El Álbum*, núm. 5, 2 de febrero de 1877: 5), "la ortografía no es ya hoy patrimonio exclu-sivo de los hombres de letras [...] en nuestros tiempos todas las clases de la sociedad son llamadas á participar de sus beneficios".

5 de noviembre de 1884: 267-270).[89] En un intento por defender las reformas ortográficas como una manera de que la lengua avance y no permanezca estática, Escriche y Mieg lucha contra las conservadoras palabras de algunos autores como Pedro Felipe Monlau, Carlos Nodier o Gómez de la Cortina y sostiene que la ortografía debe estar gobernada por una ley de evolución.

Pasados unos años, se introduce en este debate público José Jimeno Agius con una conferencia en el Ateneo Caracense acerca de las anomalías de la ortografía y las reformas que se pueden realizar en el alfabeto.[90] El asunto debió de ser de interés para los socios, pues, poco más tarde, la *Revista Popular* (núm. 16, 15 de mayo de 1891: 5) anuncia la celebración de una serie de conferencias a cargo del propio Jimeno Agius en esa misma institución, en las que este autor da muestras de su dura crítica al principio etimológico de la escritura y propone una escritura basada en la pronunciación. Su modelo de reforma pretende la eliminación de cinco letras, conservando el siguiente alfabeto: *a, b, z, ch, d, e, f, g, i, j, l, ll, m, n, ñ, o, p, q, r, rr, s, t, u, y*.

7.5 Escriche Mieg y Jimeno Agius en *Revista Contemporánea*

En el ámbito concreto de la prensa, es sin duda la *Revista contemporánea* la que sirve en estos años como canal de difusión más importante de los planes de reforma ortográfica de estos autores. El primer abanderado del movimiento reformista en esta nueva etapa es Tomás Escriche y Mieg[91] por medio de la

---

89 Aunque no he podido localizar ejemplares, parece ser que esta contribución adopta posteriormente forma de folleto y es publicada de manera independiente bajo el mismo título de *La ortografía fonética*, según se anuncia en *El Volapük* (núm. 1, 1 de enero de 1886: 12; núm. 3, 1 de marzo de 1886: 11; núm. 3, 1 de marzo de 1887: 15).

90 El anuncio de la conferencia, que aparece en varios periódicos, es reproducido con la ortografía reformada: "Abiso. El viernes próqsimo dará una qonferenzia públiqa en el Ateneo Qarezense el Sr. Direqtor de la Esquela Normal, Don Julian (sic) Jimeno, azerqa de las anomalias de nuestra Ortografia í de las rreformas de qe es suszeptible nuestro abezedario. Esta qonferenzia dará marjen ó motivo á que barios sozios agan uso de la palabra i se enquentre qonqurrido el Ateneo, si no yuebe" (*La Iberia*, núm. 12395, 23 de abril de 1891: 2; *El Lábaro. Diario Católico*, núm. 73, 30 de abril de 1891: 2, entre otros).

91 El contacto de Tomás Escriche i Mieg con los movimientos internacionales de reforma está documentado. Aparece como miembro de Dhi Fonètik Tîtcer'z Asóciécon en los listados que la revista de la asociación publica entre finales de 1887 y principios de 1888 (*Dhi Fonètik Tîtcer*, núm. 20, diciembre de 1887: 49; núm. 1, enero de 1888: 26), figurando en ella durante todo el siglo XIX y los inicios del XX.

publicación de un artículo titulado "Reforma de la Ortografía castellana (dedicada á la Real Academia Española)" dividido en cinco entregas en la *Revista Contemporánea* (Tomo LXXV, vol. VI, 30 de septiembre de 1889: 561–580; Tomo LXXVI, vol. I, octubre, noviembre y diciembre de 1889: 24–38; Tomo LXXXVI, vol. II, 30 de octubre de 1889: 177–192; Tomo LXXVI, vol. III, 15 de noviembre de 1889: 308–318; Tomo LXXXVI, vol. 4, 30 de noviembre de 1889: 417–425),[92] en el que defiende lo que él denomina su proyecto de fonografía, que –en sus palabras– consiste en "escribir exactamente como se pronuncia" (*Revista Contemporánea*, Tomo LXXV, vol. VI, 30 de septiembre de 1889: 563). Su plan de reforma no es, en modo alguno, definitivo, como afirma el propio autor:

> En manera alguna pretendo dar mi proyecto como un tipo acabado al que hayan de someterse los partidarios de la reforma; es sólo *un proyecto más* que someto al examen y á la crítica de las personas competentes en la materia, á fin de que, con el concurso de todas, lleguemos á poseer un plan modelo que sirva de norma á la campaña reformista (*Revista contemporánea*, Tomo LXXV, vol. VI, 30 de septiembre de 1889: 561–580).

Su idea no le impide presentar las diez reglas de lo que considera un plan adecuado, consistente en lo siguiente: 1) el sonido *je* se escribirá siempre con *j*; 2) el sonido *ze* se representará siempre con *z*, y la *c* tendrá en todos los casos el mismo sonido que en *casa*; 3) el signo *r* se empleará solo para la *ere* (suave) y la *erre* (fuerte) se escribirá siempre *rr*; 4) el sonido vocal *i* se escribirá siempre con *i* latina; la articulación *ye*, con *y* griega; 5) toda letra que no se pronuncie en ciertos casos, se omitirá en la escritura (p. ej. *trasposizion oscura*); 6) descartar la *x* y reemplazarla por *cs* o *s*, según los casos; 7) se escribirá con *b* la labial suave, suprimiéndose del alfabeto el signo *v*; 8) desterrar la *h* por ser una consonante muda siempre; en las voces en que va seguida de *ue*, en las que la *u* se articula, esta llevará diéresis; 9) las consonantes *ch*, *ll* y *rr*, que se escriben actualmente con dos signos, se refundirán en uno solo para ofrecer a la vista la menor novedad posible, y 10) desterrar todas las letras mayúsculas, usando en su lugar minúsculas de un número mayor y solo después de punto final. Su aplicación da como resultado un alfabeto compuesto por 25 signos en minúsculas (*a, b, c, ch, d, e, f, g, i, j, l, ll, m, n, ñ, o, p, r, rr, s, t, u, y, ü, z*). Teniendo en cuenta

---

92 Su ensayo, que se divide en tres partes (defectos de los que adolece la ortografía castellana, proyecto de reforma propuesto y modo de realizarla), también ve la luz como obra independiente en 1889 en Madrid, si bien algunos estudios –como el de Esteve Serrano (1982: 86)– han popularizado su segunda edición del año 1890 en Bilbao, que es la que también recoge Carlos Cabezón (1896: 6) en su trabajo de tentativa bibliográfica sobre los neógrafos.

el fracaso de otras propuestas del pasado y el rechazo que supondría una petición de reforma total, Escriche y Mieg centra su interés en encontrar un plan
detallado que suponga una transición gradual al nuevo sistema que sirva para
implantación de la reforma en la sociedad:

> [...] si presento un plan de reforma perfectamente gradual, hasta llegar paulatina-
> mente y sin violencia alguna al sistema completo que he desarrollado [...], será mucho
> más fácil encontrar quienes se comprometan á ser sus apóstoles (*Revista Contemporá-
> nea*, Tomo LXXXVI, vol. II, 30 de octubre de 1889: 183).

En este sentido, propone un plan basado en tres periodos: un primer periodo en
el que se incluyan innovaciones menores, que desfiguren muy poco el aspecto
de la escritura (cambio de *ex* por *es*, *trans* por *tras*, pérdida del acento en *a*, *o*,
etc.); un segundo periodo con variaciones "un poco extrañas, no muy chocan-
tes" (entre las que señala la rectificación en el uso de *i* e *y*, la sustitución de *x*
por *cs*, etc.), y un tercer periodo con "las innovaciones de más bulto, más repul-
sivas" (entre las que incluye el abandono de la *h* y la *v*, la adopción de nuevos
signos, etc.).

Puesto que las esperanzas de que exista una cooperación temprana por parte
de la Academia son nulas, Escriche y Mieg pone sus ojos en la prensa para iniciar el proyecto de reforma. A su juicio, "no es dudosa la elección, y desde luego
salta á la vista que el más eficaz, el primero á que debemos volver los ojos es
la prensa" (*Revista Contemporánea*, Tomo LXXXVI, vol. IV, 30 de noviembre
de 1889: 419). De este modo, intenta ocupar las páginas de los periódicos para
hacer valer sus propuestas y difundirlas en la sociedad, si bien hay un objetivo
más ambicioso detrás de este: convertir los periódicos en baluartes de su causa,
intentando que estos adopten las simplificaciones ortográficas en sus ediciones
o, al menos, autoricen la publicación de sus artículos escritos con la ortografía
reformada. Un logro de difícil consecución, pues no parecía haber problemas
en que los periódicos pusieran a disposición de los neógrafos sus páginas para
la exposición de sus ideas, pero cosa distinta era el uso de una ortografía no
oficial en sus páginas que, aparte de dificultar la labor de sus editores, podía
hacer peligrar la fidelidad de sus lectores o perjudicar los intereses comerciales
del periódico.

Poco más tarde, es la figura de otro importante neógrafo, J. Jimeno Agius, la
que se muestra activa por medio de la defensa de nuevas propuestas también en
la *Revista Contemporánea* (Tomo LXXXI, vol. V, 15 de marzo de 1891: 465–483;
Tomo LXXXI, vol. VI, 30 de marzo de 1891: 582–596), donde publica en dos
entregas su artículo "Reforma de la ortografía castellana", aduciendo las ventajas de la reforma y el modelo propuesto de grafía reformada, bajo la base de que

"la escritura debe ser reflejo exacto y servidor fidelísimo del lenguaje hablado" (*Revista contemporánea*, Tomo LXXXI, vol. VI, 30 de marzo de 1891: 596). Para Jimeno Agius, la Academia no es un enemigo, sino que hay que posicionarla del lado de los reformistas. Para apoyar esta idea, recuerda las múltiples modificaciones, cambios o vacilaciones de la institución en relación con la grafía castellana:

> No hay razón, por lo tanto, para considerar á la Academia como un obstáculo contra la reforma de la ortografía en el sentido racional; preciso es reconocer, por el contrario, que ha hecho muchísimo para llegar á tan feliz resultado, tanto, que de haber seguido sus indicaciones é inspirándose en sus ejemplos, no nos encontraríamos tan lejos como estamos del ideal á que se aspira (*Revista Contemporánea*, Tomo LXXXI, vol. V, 15 de marzo de 1891: 474).

Esta misma idea ya había sido defendida por Escriche y Mieg, que, consciente de la autoridad de la Academia en la sociedad de la época, también abandera una tendencia más apaciguada en la que intenta rehuir de la pugna con la Academia y ganarse su confianza para una posterior adhesión al proyecto:

> Quiero, pues, en primer término, aunque sin prisa ni impaciencia, que nos ganemos la adhesión de la Academia [...] Y como la causa de la fonografía es la buena, y las personas de talento é ilustradas no pueden menos de rendirse á las razones, es lo probable que llegáramos á tener la adhesión de la Academia Española, que volviendo á sus antiguas tradiciones, podría entonces tomar la dirección del movimiento reformista (*Revista Contemporánea*, Tomo LXXXVI, vol. IV, 30 de noviembre de 1889: 418).

Esta postura no era novedosa en el ámbito de las reformas internacionales, donde ya Havet había afirmado lo siguiente para el francés: "Il faut une réforme aceptable pour tout le public; c'est-a-dire qu'il la faut d'abord aceptable pour l'Académie française" ("La réforme orthographique", en *La Nation*, núm. 1068, 22 de marzo de 1887: 2). Tampoco era la primera vez que se postulaba en España, pues ya hemos visto que autores como Francisco Ruiz Morote habían intentado abandonar la confrontación con la RAE cuando, tras la oficialización de su ortografía, los maestros se encontraban en una posición de subordinación ante una corporación erigida como el órgano regulador de la lengua española y su enseñanza y estos consideraban que cualquier contienda con la Real Academia Española estaría condenada nuevamente al fracaso (cf., a este respecto, Gaviño Rodríguez 2020b).[93]

---

93 Lo que sí es chocante en la época, por el contrario, es la postura de otros autores como José Villalba Pellicer que, a pesar de manifestarse partidario de la reforma, saca a la luz sus propias propuestas desde una perspectiva que aparentemente se aleja del

Unos años más tarde, Jimeno Agius modifica su texto y lo publica nuevamente en la misma *Revista Contemporánea* (Tomo CII, vol. I., abril, mayo y
junio de 1896: 9-26; Tomo CII, vol. II, abril, mayo y junio de 1896: 143-151;
Tomo CII, vol. III, abril, mayo y junio de 1896: 275-283; Tomo CII, vol. IV,
abril, mayo y junio de 1896: 371-385; Tomo CII, vol. V, abril, mayo y junio de
1896: 505-519; Tomo CII, vol. VI, abril, mayo y junio de 1896: 611-641), donde
también da difusión a algunas de sus "Naderías" (*Revista Contemporánea*, Tomo
CIII, vol. IV, 30 de agosto de 1896: 364-379; Tomo CIII, vol. V, 15 de septiembre
de 1896: 523-542; Tomo CIII, vol. VI, 30 de septiembre de 1896: 653-660; Tomo
CIV, vol. I, 15 de octubre de 1896: 38-48; Tomo CIV, vol. II, 30 de octubre de
1896: 195-203; Tomo CIV, vol. III, 15 de noviembre de 1896: 297-304; Tomo
CIV, vol. IV, 30 de noviembre de 1896: 425-435), que justo al año siguiente
ven la luz en forma de folleto bajo el título de *Naderías. Qoleqzión de artíqulos
sobre asuntos gramatiqales* (cf. Jimeno Agius, 1897). Se trata de un conjunto de
trabajos centrados mayoritariamente en asuntos ortográficos, en los que este
autor pone en marcha el sistema de escritura propuesto, incluso en su propio

---

resto de voces neógrafas de este periodo: su trabajo "Apuntes ortográficos" (*La Voz
del Pueblo*, núm. 34, 22 de octubre de 1893: 5; núm. 35, 29 de octubre de 1893: 3) es
un texto destinado a la mala praxis de la Academia en relación con la ortografía (en
específico, en lo referente a las reglas de acentuación), a la que acusa de presentar
disposiciones que "se apartan de la claridad, de la facilidad y de lo razonable". Unos
años más tarde, Villalba Pellicer saca una nueva tanda de artículos, publicados en esta
ocasión en *La Unión Republicana* (núm. 40, 18 de septiembre de 1896: 1-2; núm. 53,
3 de octubre de 1896: 2; núm. 65, 17 de octubre de 1896: 1; núm. 69, 22 de octubre de
1896: 2; núm. 83, 7 de noviembre de 1896: 1-2; núm. 101, 28 de noviembre de 1896: 2;
núm. 118, 19 de diciembre de 1896: 1), en los que hace repaso de los problemas del
sistema de escritura actual de la Academia, así como de las ventajas de su propuesta
de sistema reformado.

Su texto, que sigue teniendo como interlocutor a la Academia, parece más propio de la neografía de las décadas anteriores, pues en él subyace aún ese espíritu de
esperanza en que el puro razonamiento pueda conducir al triunfo de la reforma, una
idea que los nuevos neógrafos, por lo general, ya han eliminado en sus discursos en
favor de una búsqueda de complicidad necesaria por parte de la institución: "[...]
logre por fin el que saliendo algunas eminencias ortográficas de su pesado letargo,
se enerven i tomen la iniciativa para que nuestro lenguaje pueda ser el primero que
escriba lo que hable i que huyendo de la incalculable confusión de excepciones á las
reglas i de excepciones á otras excepciones, pueda repito, conseguirse el escribir tan
solamente lo que se hable por medio de reglas fijas, puestas al alcance de sabios i de
ignorantes i al de los adultos i de los párvulos" (*La Unión Republicana*, núm. 40, 18
de septiembre de 1896: 2).

apellido que pasa a ser Ajius. Al igual que sus anteriores escritos, recibe buenas
reseñas en la prensa escrita (por ejemplo, *El Liberal*, núm. 6603, 31 de octubre de
1897: 3; *Diario de Murcia*, núm. 7488, 6 de noviembre de 1897: 2), pero su creciente popularidad hace que también afloren, como no podía ser de otro modo,
algunas voces críticas, como la aparecida en una nota bibliográfica en *Gedeón*
(núm. 138, 30 de junio de 1898: 2), en la que se asegura "que no hay un cristiano
capaz de leerse tres páginas de *Naderías* sin caer enfermo de la médula". Destaca especialmente la que le dedica Clarín en su colaboración en *Madrid cómico*
en uno de sus conocidos "Paliques", donde, con tono burlesco, bromea con su
apellido (al que compara con un estornudo) y le dedica algunas críticas: "Pertenece al tremendo partido anarquista de la ortografía *mocosono, as, are*, de la
ortografía del *como suena*, (y para unos suena de un modo y para otros de otro,
y *velay* porque no sirve esa ortografia)". Más adelante, Clarín cataloga a Jimeno
Agius dentro de los que él denomina 'descamisados de la ortografía', para acabar anunciándole, ya de una manera más sensata, su postura conciliadora:

> [...] la lengua no se transforma por la aparente lógica *geométrica*, por puro intelectua-
> lismo subjetivo [...] Las reformas ortográficas no pueden ser revolucionarias, porque
> la biología lingüística se opone a ello. Cierto es, que tampoco se debe procurar reac-
> ciones que nos vuelvan á la ortografia complicada (y confusa) de otros tiempos, y en
> este punto tiene el Sr. Agius razón contra la Academia, á mi ver. Pero todos los extre-
> mos son viciosos (*Madrid Cómico*, núm. 785, 5 de marzo de 1898: 199).

En líneas generales, la reaparición de estas nuevas acciones reformistas no
conlleva muchos cambios en los planteamientos de las propuestas ortográficas
sobre el español, a excepción de la novedosa idea de creación de una sociedad
de reforma ortográfica con sede en el país a imitación del modelo ya conocido
de estas asociaciones internacionales, propuesta específicamente por Escriche
y Mieg en sus escritos. Esta tendencia ya había comenzado en España a manifestarse tímidamente antes del último cuarto de siglo, en concreto en 1872,
con la creación de una asociación para la reforma de la ortografía en Palma de
Mallorca, de la que se da noticia en las páginas de *El Progreso. Periódico Político*
(núm. 1095, 23 de octubre de 1872: 2), si bien el asunto empieza a tomar importancia en el momento en que algunos intelectuales promueven, tanto en el seno
de algunas instituciones como en sus escritos, su creación a nivel nacional:

> Agítase la idea de formar una Asociación española para la reforma de la Ortogra-
> fía, sobre la base de la escritura fonográfica, representando cada sonido por un solo
> signo y eliminando todos aquellos que no representan ninguno y solo tienen un valor
> etimológico. Algunos individuos del Ateneo Caracense se piensan adherirse al pro-
> yecto (*Revista del Ateneo Caracense y Centro Volapukista Español*, núm. 12, marzo de
> 1891: 124).

Escriche y Mieg, que ya en anteriores trabajos había dado sobrada cuenta del conocimiento y creencia en los movimientos de reforma en otros países ("La reforma ortográfica en todos los países", *Revista de España*, núm. 471, enero de 1888: 62) se lamenta del hecho de que en España no exista una sociedad para la reforma de la ortografía, "y sin embargo en ninguna parte acaso pudiera ésta llevarse á efecto con más probabilidades de éxito" (*Revista de España*, núm. 471, enero de 1888: 66). De este modo, se convierte en el primero en formular la importancia de la creación de esta sociedad en nuestro país, convencido del papel fundamental que en este proyecto de fonografía castellana podría jugar ante la falta de empatía que el proyecto de reforma encontraría en la Academia:

> Si, pues, la reforma no ha de venir de arriba, será preciso que proceda de abajo, donde hay también fuerza y autoridad que hasta pueden superar en mucho á las de la Corporación Soberana, á condición, no obstante, de que se aúnen los esfuerzos; porque es bien evidente que los conatos individuales nada pueden. Y de ahi la necesidad imperiosa de crear una *Sociedad de Reforma Ortográfica*, que acometiendo con fe y decisión la tarea de propagar la fonografía para plantearla, bien de una vez, ó mejor gradualmente, excogite y ponga en ejecución los medios apropósito para lograrlo (*Revista Contemporánea*, Tomo LXXVI, vol. III, 15 de noviembre de 1889: 317).

En una línea muy similar, Jimeno Agius se muestra escéptico ante las posibilidades de que el gobierno español adopte decisiones sobre la reforma y, ante la dificultad de la aplicación real de la reforma en nuestro país, siente también la necesidad de "recurrir al único medio de que disponen los pequeños para competir con los grandes, al de asociarse" (*Revista Contemporánea*, Tomo LXXXI, vol. V, 15 de marzo de 1891: 481). Según su opinión, lo idóneo sería la creación de una sociedad que publicara numerosos impresos ajustados a la nueva ortografía que sirvieran para "acostumbrar la vista de la generalidad de las gentes á la nueva ortografía", pero Jimeno Agius es consciente de la escasa voluntad de asociacionismo entre los españoles, de ahí que se resigne a aceptar al menos la constitución informal de lo que él denomina una liga para la reforma de la ortografía:

> Pero tampoco es un inconveniente que no llegue á darse forma más ó menos solemne á la Liga. Bastará suponerse establecida y que se considere miembro suyo todo el que quiera contribuir á la realización del fin á que aspira. El que diere algo á la imprenta, ajústese á la nueva ortografía y adicione á su nombre, al consignarlo en la portada del

libro, esta frase: De la Liga para la reforma de la ortografía (*Revista Contemporánea*, Tomo LXXXI, vol. V, 15 de marzo de 1891: 482).

7.6 Onofre Antonio de Naverán en *La Escuela Moderna*

En estos mismos años salen a la luz las ideas reformistas de Onofre Antonio de Naverán, un maestro de la escuela de Guernica perteneciente a la corriente radical de la fonografía, que publica en tres entregas "El fonetismo i la pedagojía" (*La Escuela Moderna*, mayo de 1892: 335–338; julio de 1892: 19–22; septiembre de 1892: 178–181), un texto en el que este autor aboga por una transformación inmediata y total de la escritura a partir de los principios fonéticos que sostienen que hay que escribir como se habla. Frente a los supuestos inconvenientes que pudiera tener el nuevo sistema, Naverán prima sobre todas las razones pedagógicas, mirando por el bien de los discípulos a los que como maestro se debe.

Como miembro de la Asociación fonética de profesores de lenguas vivas de Francia (a la cual también pertenecen –según sus palabras– los españoles Escriche y Araujo), Naverán es conocedor del fonetismo en Europa y América, que defiende como un movimiento sólido y serio: "la fonografía ó neografismo, komo dizen otros, ke antes era kalifikada de barbarie, puede dezirse ke á sido ya tomada en konsiderazión por los sabios, lo kual no es poko" (*La Escuela Moderna*, mayo de 1892: 337). Su propuesta consiste, en líneas generales, en a) prescindir de la *c* (sus usos son sustituidos por *k* y *z*), *q*, *v*, *y* como vocal (que se sustituye por *i*) y *ch* (cuyo uso es asumido por *h*, que deja de tener carácter mudo); b) reservar *g* para el sonido gutural; c) suprimir la *u* en *gue* y *gui*; d) no acentuar la preposición *a* ni las conjunciones *e*, *o* y *u*; e) acentuar los monosílabos *a* y *e* cuando son verbos, y f) eliminar la *rr* doble, usando una virgulilla sobre esta (*r̃*) para su sonido fuerte. Para demostrar que la fonografía no complica la escritura, sino que la simplifica porque es un sistema natural que no precisa estudio, Naverán escribe sus textos con grafía reformada, lo cual le sirve además como ejemplo de aplicación de su propaganda:

> En tanto llege ese día, trabajaremos, sobre todo kon el ejemplo, ke, komo azertadamente dize Mr. Bréal, es el mejor medio de propagación y enseñanza; rrazon que me á movido a eskribir, según lo é eho en otros kasos análogos, estas kuartillas, no kon la ortografía oficial ó akadémika, sino fonográfikamente, no sea ke de mí se diga ke bendo konsejos i no los tengo para mí (*La Escuela Moderna*, mayo de 1892: 337).[94]

---

94 Como venía siendo habitual en la época, el texto adopta forma de folleto y sale publicado al año siguiente en Guernica (Naverán, 1893), tal y como se anuncia en la prensa periódica, que lo acoge con buena crítica (cf., por ejemplo, *El Día*, núm. 4827, 29 de septiembre de 1893: 4).

Unos años más tarde, Naverán retoma el asunto ortográfico en "Kuestiones fonéticas", un artículo publicado en esta ocasión en cuatro entregas también en *La Escuela Moderna* (noviembre de 1896; diciembre de 1896; enero de 1897: 32–39; junio de 1897: 449–445; agosto de 1897: 142–147) que sirve para alimentar su tensa polémica con el académico Pedro Arnó de Villafranca, que, molesto con el contenido de los artículos sobre ortografía de Naverán, ataca la terquedad y el fervor de sus principios, que hace menospreciar las opiniones contrarias:

> La profunda y evidente convicción que abriga de que sus ideas fonéticas son la quinta esencia del progreso, de la racionalidad, de la civilización y del modernismo, hace que trate de rancias las ideas contrarias, que vea *ínfulas de erudición pedantesca* en los que las profesan, que considere loco su empeño, que los llame verdaderos perturbadores y hasta tercos [...] sin considerar siquiera que si terquedad hay en sostener una cosa, no la hay menos en sostener la contraria (*La Escuela Moderna*, abril de 1897: 282).[95]

En esencia, el ataque a Naverán supone una lucha contra el principio del fonetismo de que hay que escribir como se habla, que el propio Arnó cataloga como frase de relumbrón que nada significa:

---

95 Las muestras contrarias al fonetismo no abundan en estos años, pero este no es el único ejemplo contrario a esta tendencia. En medio de esta polémica, aunque sin cruzarse con ella, aparece en esta misma revista un artículo de F. Pérez Cervera en el que se aborda el asunto de la enseñanza de la ortografía, dejando entrever su acuerdo con el sistema actual de ortografía, al que considera una marca de nuestra historia: "Se declararía uno enemigo de todas estas dificultades ortográficas, si al lado de ellas no estuviera el origen de nuestra escritura y de nuestra gramática, elevado á ciencia, revelando arcanos de la historia, desenvolviendo enigmas del pensamiento. Esa *h* ó esa *v* son la etimología de una palabra, son su marca de origen; por estos indicios reconocemos que nació del latín, y que éste es hijo de otra lengua más antigua hablada al Sur de Tartaria en tiempos prehistóricos" (*La Escuela Moderna*, agosto de 1897: 148). Y unos años antes, ya había salido también en la *Revista de España* un trabajo de Cristóbal de Reyna sobre la ortografía fonética en el que, al igual que Arnó, se presenta una clara disconformidad con la tendencia y principios marcados por el fonetismo: "Porque los argumentos que en favor de esa doctrina alegan sus partidarios, parecen de tal solidez y tan sobrados de lógica; los resultados de su aplicación tan beneficiosos por la sencillez que traería á la escritura, que no se concibe á primera vista encuentre la inmediata adopción de la ortografía fonética, otro obstáculo, que un ciego y desmedido amor á la tradición y á la rutina. Así me tendré por muy dichoso si logro llevar al ánimo del lector la persuasión, que firmemente poseo, de los desastrosos efectos que ocasionaría en el idioma" (*Revista de España*, núm. 136, septiembre y octubre de 1891: 206).

Pedir, pues, como lo hacen los fonetistas, en nombre de la razón y de la lógica, que la palabra escrita sea copia fiel, imagen exacta de la palabra hablada, pedir que se refleje ó retrate en la escritura el lenguaje oral como aparecen retratados los objetos de un espejo, es tan absurdo, como lo sería pretender sacar fotografía de cosas invisibles, sin extensión ni forma (*La Escuela Moderna*, abril de 1897: 287).

Sus argumentos, sólidos y adecuadamente presentados, terminan con el menosprecio al movimiento reformista, en el que –como aduce Arnó– gobierna una anarquía sorprendente donde "cada uno entiende el fonetismo á su manera", con propuestas tan dispares y variadas entre sí que resulta difícil ver en él la racionalidad y lógica de la que tanto presumen.

En su defensa del fonetismo y contestación a Arnó, Naverán insiste en similares argumentos a los ya defendidos años antes, advirtiendo en esta ocasión sus escasas esperanzas de que la Academia sea partícipe de las reformas:

[…] no soi yo de los ke esperan ke la rreforma se aga de rreal orden… akadémica: por eso no é pedido nada a akella dokta korporazión. Komprendo, komo dize mi ilustrado kompañero Arnó, ke su misión (la de la Akademia) no es rreformar; pero sí aceptar las ke konsidere justas: por esto yo, en bez de entretenerme en dirijirla solicitudes, me esfuerzo en probar, kon argumentos ajenos i míos, la bondad i rrazón de la rreforma, praktikándola de paso, tanto para adelantar su rrekonozimiento oficial, kuando para mejor propagarla (*La Escuela Moderna*, enero de 1897: 38).

7.7 La figura de Fernando Araujo Gómez

Aunque la actividad de Fernando Araujo en la prensa escrita de nuestro país no es muy intensa si se le compara con la de otros neógrafos españoles como Jimeno Agius o Escriche y Mieg, estamos ante un ilustre filólogo, bien conocido por su empeño en introducir la escritura fonética (*La Lectura Dominical*, núm. 251, 23 de octubre de 1898: 683), cuyas opiniones son muy respetadas en la sociedad española, hasta el punto de que podríamos afirmar que, de todos los neógrafos españoles, Fernando Araujo Gómez es la figura de mayor importancia dentro del movimiento fonetista internacional, entre otros aspectos, por su participación directa en el proceso de reforma ortográfica llevado a cabo en Francia o su influencia en el debate ortográfico producido en Chile a finales de siglo.

Araujo produce y publica gran parte de sus escritos en el extranjero por su participación en el movimiento de reforma francés. Entre estos, conviene destacar la serie de artículos que, bajo el nombre de "Recherches sur la phonétique espagnole", saca a la luz en la revista alemana *Phonetische Studien* (de los que da cuenta Quilis 1974–1975: 20), que posteriormente sirve de base para la

elaboración de su obra de referencia, *Estudios de fonétika kastellana*, un trabajo confeccionado a petición de los neógrafos chilenos que acaba viendo la
luz en Santiago de Chile (cf. Araujo, 1894)[96] y que –como indica Muñiz Cachón
(2009: 495)– es "el punto de partida de la descripción fonética del castellano
y la primera obra en nuestra lengua que aborda la Fonética como disciplina
independiente". En las primeras páginas de este trabajo, Araujo afirma haber
elaborado su obra a petición de "sabios lingüistas extranjeros", entre los cuales menciona a Storm, Raoux, Passy, Nyrop y Vietor (Araujo, 1894: 11–12). En
efecto, Araujo pertenece a diferentes sociedades internacionales de reforma
ortográfica, entre ellas, la Sociedad de Reforma Ortográfica o la Asociación
Fonética Internacional[97] y eso le permite un contacto directo y constante con
otros neógrafos extranjeros.

Aunque identifica –como el resto de neógrafos– a la Academia como la
culpable de que el fonetismo no avance en nuestro país (*La España Moderna*,
febrero de 1900: 187), Araujo es consciente de que las posibilidades de aplicación de la reforma no están tanto en los razonamientos de sus ventajas, sino
en resaltar la importancia de los acontecimientos internacionales actuales, de
ahí que años antes se hubiera preocupado de dar sobrado conocimiento de la
importancia del movimiento fonográfico en Europa que –según sus propias
palabras– "cuenta cada vez con más convencidos y entusiastas partidarios", de
entre los que destaca a lingüistas, académicos y profesores como Max Müller y
Gladston, Gaston Paris y Darmesteter, Raoux y Passy, Storm y Tennyson, Vietor y Fricke, Bell y Lundell o Sweet y Ellis (*España y América*, núm. 47, 20 de
noviembre de 1892: 535). Al mismo tiempo, se mostraba esperanzado de que la
Academia acogiera en algún momento con agrado el proyecto de reforma, por
lo que en Araujo (1894: 65), insiste nuevamente en que "la Akademia rekojerá su
abandonada bandera, i volverá a ponerse al frente del mobimiento neográfiko
fonétiko".

---

96 La obra es convenientemente anunciada y reseñada en la prensa española, como puede
apreciarse en *La Correspondencia Española* (núm. 13200, 27 de mayo de 1894: 4), por
ejemplo.

97 *El Fomento* (núm. 1150, 13 de febrero de 1888: 3) da noticias de su nombramiento
como miembro de estas sociedades y es el mismo autor el que en alguna ocasión se
vanagloria de pertenecer a otras tantas (*España y América*, núm. 47, 20 de noviembre
de 1892: 535). Desde 1889, su nombre también figura en el listado de miembros activos
de Dhi Fonètik Tîtcer'z Asóciécon (*Lə mɛːtrfonetik. 4*, núm. 1, enero de 1889: 2), donde
permanece de manera ininterrumpida durante el resto de ese siglo y parte del XX.

Entre sus escritos ortográficos en la prensa española, destacan sus colaboraciones para el diario *El imparcial*, donde a partir de febrero de 1897 colabora
con una sección que además imprime en su ortografía 'rrazional', pues –como
afirma el propio autor– "el movimiento se prueba andando" (*El Imparcial*, núm.
10700, 14 de febrero de 1897: 2). El lema que inicia cada uno de estos trabajos
es el de "Eskribe komo ablas, puesto ke la eskritura debe ser la imagen fiel de la
palabra", que ya había usado en sus *Estudios de fonétika kastellana*:

> El principio a ke se ajusta la ortografía adoptada para la impresión de esta obra es el
> del fonetismo: «un signo para kada sonido i un sonido para kada signo», principio
> proklamado ya en tiempo del famoso Nebrija, aceptado oi por kuantos en Europa i
> Amérika se preokupan de estas kuestiones sin pagarse de pedantismos de semisabios,
> i úniko zimiento verdaderamente zientífiko i razionál de toda ortografía ke se estíme
> komo «fiel representación de la palabra por la eskritura» (Araujo, 1894: 5).

Araujo está convencido de la importancia de la reforma ortográfica en España y
de que con ella se presta un servicio muy positivo a la nación.[98] En este sentido,
en sus trabajos aborda periódicamente algunos asuntos relativos a su propio
modelo reforma, de entre los cuales destaca el análisis de la situación de algunos grupos o pares de letras, como *b* y *v* (*El Imparcial*, núm. 10706, 20 de febrero
de 1897: 1); *c*, *k*, *q* y *z* (*El Imparcial*, núm. 10715, 1 de marzo de 1897: 2); la pareja
g y *j*; las letras mudas y dobles, y los acentos (*El Imparcial*, núm. 10757, 12 de
abril de 1897).

7.8 Gómez de Baquero y Unamuno en *La España Moderna*

La España Moderna es punto de encuentro de dos posturas diferentes sobre
la reforma, la de Gómez de Baquero y la de Unamuno. Para el primero de
estos autores, que muestra también en sus escritos influencias del movimiento

---

98 A pesar de que todos estos reformistas suelen defender los múltiples beneficios de
sus propuestas (ayuda para la lectura y escritura, menor tiempo para la escritura,
ahorro en costes de imprenta…), no parece que todos estos argumentos pudieran ser
esgrimidos por alguien como Fernando Araujo (1894) en su modelo de reforma, en
la que, al margen de otras particularidades, se da entrada a un conjunto de nuevos
signos simples para eliminar los dígrafos *ch*, *ll* y *rr*, cuya instauración era dificultosa,
no solo en la escritura manuscrita, sino, fundamentalmente, en la impresa, dada la
complejidad que para los editores suponía el abandono de los viejos tipos y la compra
de otros nuevos para las labores de edición e impresión. Su modelo de reforma, más
concretamente, consiste en un alfabeto formado por las siguientes 24 letras: *a*, *b*, *z*,
~~*c*~~, *d*, *e*, *f*, *g*, *i*, *j*, ~~*k*~~, *l*, ~~*ll*~~, *m*, *n*, *ñ*, *o*, *p*, *q*, *r*, ~~*rr*~~ , *s*, *t*, *u*, *y*.

reformista en Francia, la naturaleza fonética de la ortografía se encuentra en el propio carácter de la escritura de las lenguas modernas, también fonético. Según Gómez de Baquero, incluso los elementos etimológicos tienen naturaleza fonética, en tanto que no son rastros de antecedentes fonéticos ya desaparecidos o modificados por la evolución del idioma. Dadas estas características, una reforma de la ortografía por medio del criterio fonético no debería plantear en principio problemas, aunque los plantea por tratarse de un cambio no natural, sino forzado en la propia evolución histórica del idioma:

> Modificar de un modo reflexivo y científico, por decirlo así, la ortografía, equivale á adelantar el resultado natural del proceso histórico de la escritura; á hacer en un momento y por la autoridad de unas cuantas personas entendidas, lo que poco á poco va haciendo el uso por consentimiento ó por instinto de todos (*La España Moderna*, núm. 88, 1 de abril de 1896: 123).

Tal y como defiende Gómez de Baquero, la reforma ortográfica tiene dos fines: uno científico, consistente en regularizar y sistematizar la escritura con arreglo a la pronunciación; otro, de utilidad práctica, pues simplifica las reglas ortográficas. Desde este punto de vista, la base de una reforma debería reducirse –según este autor– a lo siguiente:

> [...] supresión de todo signo que no responda á un sonido actual ó á una modificación en los sonidos; representación de cada sonido por una letra única é invariable, desapareciendo por consiguiente la dualidad de expresión gráfica de algunos sonidos que no se distinguen en la pronunciación (*j* y *g* fuerte, *c* suave y *z*, *c* fuerte y *q*, *i* é *y* como vocal en la conjunción copulativa, etc.) suprimiéndose también la diferencia por razón del lugar que ocupa en la palabra el sonido ó de las letras que le preceden (*r* sencilla para el sonido fuerte al principio de la palabra, *rr* doble en medio del vocablo y *r* sencilla cuando va precedida de *n*, etc.), y por último, unificación del signo representativo de sonidos casi distintos en el uso (*v* y *b*), parte esta la más aventurada de la reforma, que trasciende en este punto de la ortografía á la prosodia, aunque las mismas dudas de los indoctos sobre el uso de la v y de la *b* demuestran que en la pronunciación usual apenas se distinguen ambas letras (*La España Moderna*, núm. 88, 1 de abril de 1896: 125-126).

Aunque el propio Gómez de Baquero es consciente de las objeciones que puede suscitar una propuesta de reforma en España,[99] se muestra partidario de llevarla a cabo, imitando lo realizado en Chile:

---

99 Entre algunos de los argumentos que se pueden esgrimir en contra de esta reforma destaca, por ejemplo, el del aspecto bárbaro y rústico al que se somete al castellano con una escritura similar a lo de los niños o ignorantes, o bien el del hecho de que suprimir los elementos etimológicos hace que la escritura sea plebeya y baja, especialmente

Como todo lo que se simplifica y facilita podrá extenderse con rapidez, aunque no se librará seguramente de un período de confusión é incertidumbre entre las dos ortografías. Mas el establecimiento de la nueva sería asunto de una generación. Para los hijos de los reformadores, las antiguas reglas y las antiguas prácticas ortográficas no serían más que una curiosidad erudita. Y bien mirado, habría de ser más fácil para los cultos buscar las etimologías bajo la nueva escritura de las palabras, que lo es para los indoctos observar las actuales reglas (*La España Moderna*, núm. 88, 1 de abril de 1896: 129).

Por encima de la utilidad y ventaja de los razonamientos del fonetismo, Gómez de Baquero había dado con la clave de esta ejecución unos años antes, cuando se mostraba plenamente convencido de que lo más importante para llevar a cabo estos cambios en nuestro país era crear costumbre:

En la esfera del lenguaje la costumbre es siempre anterior á la ley, el uso precede á la regla, y las modificaciones, en vez de decretarse reflexivamente por los doctos en un momento dado, se van introduciendo lentamente por la masa común de los que hablan el idioma (y especialmente por el pueblo) de una manera espontanea. Sólo cuando la costumbre da carta de naturaleza á la reforma, es cuando se le consigna los cánones del lenguaje y adquiere fuerza de ley para lo sucesivo (*La Época*, núm. 13441, 23 de enero de 1890: 2).

En el caso de Miguel de Unamuno, estamos ante un autor para el cual la posibilidad real de reforma en estos años ya no es ni tan siquiera esa quimera con la que soñaron los reformistas de mediados de siglo, sino una utopía inalcanzable reducida ahora a artificio dialéctico en el que distintos autores despliegan sus conocimientos sobre la materia y aprovechan para cubrir las páginas de sus colaboraciones en diarios y revistas.

Tras el desgaste del enfrentamiento dialéctico entre fonetistas y etimologistas, Unamuno plantea el asunto desde una perspectiva más moderada y conciliadora, que se ubica en una posición intermedia de la polémica. Movido por la relevancia en la época del asunto (y tras la lectura de la propuesta de Gómez de Baquero), este autor se anima a ser partícipe de este debate social con un

---

para el erudito que sí entiende la ortografía etimológica. Aspecto distinto, aunque no desdeñable, es –así lo menciona también Gómez de Baquero– el carácter prematuro y precipitado de estos cambios que intentan acelerar lo que lentamente se lleva a cabo por el uso. En relación con estos, se encuentra también la cuestión de quién tiene la facultad para llevar a cabo estas reformas. Si, como parece ser, las academias no deben ser las encargadas de estas reformas, al no tener más autoridad que la de declarar y reconocer lo que ya está en el uso, este autor se pregunta quién debe poner en marcha el proceso.

artículo titulado "Acerca de la reforma de la ortografía castellana" (*La España Moderna*, núm. 96, 1 de diciembre de 1896: 109-127). Para él, la reforma ortográfica en nuestra lengua, que ha tomado tanto interés en América (especialmente en Chile), no es tan apremiante como en la lengua francesa, donde la hablada y la escrita son tan divergentes, de ahí que su postura se encuentre en un punto intermedio entre esas dos ideologías extremas en los que se mueve el debate actual:

> Hay en esto de la ortografía, como en todo, los revolucionarios y los evolucionarios ó posibilistas, y entre los primeros los hay fonetistas y etimologistas, ó sea progresistas y retrógrados. Quieren los unos entrar á tajo y mandoble en la ortografía tradicional, no dejando hache ni uvé con hueso sano, y revolviendo todas las ces, qus, ges y jotas habidas y por haber. Otros, retrógrafos absolutistas, quieren volvernos hacia atrás y resucitar signos de sonidos muertos, meras cáscaras sin almendra, para colgárselos, cual flamantes arreos, á nuestras actuales voces, y ya que sea imposible hacérnoslas pronunciar á la antigua, vístanse á ella por lo menos (*La España Moderna*, núm. 96, 1 de diciembre de 1896: 114-115).

A pesar del escepticismo que guarda con respecto a la legitimidad de una institución como la RAE, Unamuno sentencia tanto las posturas extremas de los etimologistas, como las de los fonetistas: a los etimologistas o retrógrados les cuestiona que la escritura conforme al criterio etimológico sirva para la claridad del significado en una sociedad en la que se desconoce el origen etimológico; a los radicales revolucionarios fonetistas, les niega su acción de reforma extrema, que –a su juicio– deja sin valor los conocimientos ortográficos de los hombres ya acostumbrados a la ortografía usual. El argumento más importante esgrimido por Unamuno a este respecto es aquel que apela a la necesidad de una ortografía tradicional que sirva de principio de continuidad en el espacio geográfico y evite la dispersión de la unidad de la lengua, por no mencionar la dificultad de atender a la fonética para la escritura, habida cuenta de las distintas pronunciaciones según las regiones. En este sentido, afirma que "la ortografía fonética misma, formulada de un modo ó de otro, es ya un principio autoritario y centralizador" (*La España Moderna*, núm. 96, 1 de diciembre de 1896: 118) y se muestra afín a los que él denomina posibilistas o evolucionarios, es decir, "los que, sin violentar la marcha natural de las cosas, procuran acelerarla, ó más bien quitarle estorbos del camino" (*La España Moderna*, núm. 96, 1 de diciembre de 1896: 119), al estilo de Bello, cuyas reformas –a su juicio– no rompen ninguna asociación previa y solo ponen orden a la anarquía desde un

punto de vista posibilista.[100] En cierto modo, la escritura sirve –defiende iróni-
camente Unamuno– para la diferenciación social y su reforma plena supondría
la degradación del caballero en simple hombre:

> Si se adoptase una ortografía fonética sencilla, que, aprendida por todos pronto,
> hiciera imposibles, ó poco menos, las faltas ortográficas, ¿no desaparecería uno de los
> modos de que nos distingamos las personas de *buena educación* de aquellas otras que
> no han podido recibirla tan *esmerada*? Si la instrucción no nos sirviera á los ricos para
> diferenciarnos de los pobres, ¿para qué nos iba á servir? (*La España Moderna*, núm.
> 96, 1 de diciembre de 1896: 124).

7.9 Bosch Cusí y su reforma en *El Eco de la Montaña*

La figura de Juan Bosch Cusí aparece cuando este autor presenta un artículo
dividido en tres partes con el título "Reforma de la ortografía castellana" (*El Eco
de la Montaña*, núm. 282, 28 de noviembre de 1897: 4; núm. 283, 5 de diciembre
de 1897: 2; núm. 284, 12 de diciembre de 1897: 1–2), un trabajo firmado solo con
sus iniciales en el que se hace eco de las reformas en el país vecino y defiende la
necesidad de su aplicación en España:

> Es, por tanto, necesario simplificar nuestra Ortografía; la reforma ortográfica se
> impone; pero reforma radical, basada en la pronunciación, con todos los signos indis-
> pensables, libre de los superfluos, sin letras de doble sonido, pocas reglas y ninguna
> excepción (*El Eco de la Montaña*, núm. 282, 28 de noviembre de 1897: 4).

A diferencia de las anteriores, esta disertación apenas aborda el asunto de la
implantación de la reforma, centrándose prácticamente al completo en el sistema propuesto, consistente en lo siguiente: a) supresión de la *h*; b) eliminación
de la *v*, quedando la *b* para sustituirla; c) supresión de la *k* y de *q*, dejando la *z*
para el sonido linguodental (que llamaríamos *ce*), y la *c* para la articulación
gutural (con el nombre de *que*); d) uso de *g* (*gue*) para el sonido gutural suave, y

---

100 Al hilo de estas palabras, Unamuno aprovecha para criticar duramente la posición de la Academia, que, sin criterio alguno, vacila entre las dos posturas extremas: "Tenemos otros, casticísimos en su carácter, á las veces progresistas y otras
retrógrados, que ni van al vado ni á la puente, ni se están en medio; que ni suben, ni
bajan, ni están quedos; arbitrarios casi siempre, que sin atreverse á romper la tradición erudito-pedantesca, sólo á medias nos vuelven á ella; conservadores, en fin, á
la española, que todo lo embrollan sin conservar nada, y que en vez de mantenerse
entre los extremos, oscilan de uno á otro. De esta laya es nuestra desdichadísima
Real Academia de la Lengua" (*La España Moderna*, núm. 96, 1 de diciembre de
1896: 120).

de *j* (*je*) para el fuerte; e) empleo de *y* solo en concepto de consonantes y de *i* en todos los demás casos; f) uso de *rr* para el sonido fuerte y de *r* para el suave; g) supresión de *x*; h) abolición de la articulación inversa en *t, p, g*, sustituyéndolas por *d, b*, y *c*, respectivamente e i) no conversión de *n* en *m*, ni tan siquiera detrás de *b* o *p*. Para Bosch, esta reforma facilitaría las numerosas excepciones existentes en la escritura actual y no se opondría tampoco a la claridad del lenguaje.

La segunda entrega de su artículo está destinada a la reforma del acento ortográfico y en ella propone que llevarán acento ortográfico los siguientes casos: a) voces agudas de más de una sílabas terminadas en vocal, *n* o *s*; b) regulares acabadas en consonantes que no sea *n* ni *s*; c) esdrújulas y sobresdrújulas; d) cuando la sílaba acentuada lleve diptongo o triptongo, el signo ortográfico irá sobre la vocal fuerte, y sobre la segunda si forman diptongo dos vocales débiles, y e) las voces extranjeras se acentuarán con sujeción a las normas de las dicciones castellanas (*El Eco de la Montaña*, núm. 283, 5 de diciembre de 1897: 2). Tras exponer algunos problemas de este sistema de acentos, el autor aboga por que se impriman las producciones del siglo de oro conforme a estas reglas y defiende la implantación inmediata de la reforma, convencido, como otros reformistas, de que su adopción acabaría teniendo buena acogida en la sociedad:

> Toda innovación es objeto de acres censuras al implantarse; pero bien pronto nos acostumbramos á ella; elogiándola y aplaudiéndola siempre que viene á satisfacer una verdadera necesidad, á dejar libre y expedita una senda sembrada de abrojos y malezas (*El Eco de la Montaña*, núm. 284, 12 de diciembre de 1897: 2).[101]

7.10 Alcance y éxito de la reforma ortográfica

El movimiento de los neógrafos españoles de estas últimas décadas no nace con una vocación de triunfo definida. Las esperanzas de éxito de sus propuestas en estos años son prácticamente nulas, de modo que sus propuestas quedan reducidas a un interesante debate intelectual favorecido por el empuje que los movimientos internacionales de reforma aportan para sus anhelos. Para colmo, las propuestas de estos autores siguen adoleciendo del mismo problema que en épocas anteriores: a los neógrafos apenas les une la causa común, pero aparecen muy distanciados en las propuestas concretas de cada autor, encaminadas en ocasiones a reflexiones muy genéricas o poco definidas en las que, o no se

---

101 Este trabajo, que había servido previamente a Juan Bosch como memoria de ingreso en la Sociedad Barcelonesa de Amigos de la Instrucción (*La Dinastía*, núm. 6097, 20 de febrero de 1897: 2), es reproducido posteriormente sin modificación en una única entrega en *La Escuela Moderna* (núm. 117, 1 de diciembre de 1900: 437–445).

postula un sistema ortográfico completo (sino reformas parciales o reflexiones en torno a la necesidad de cambios en algunas letras concretas) o bien se proponen modelos de reforma muy diferentes entre sí, hasta el punto de que puede afirmarse que hay tantas propuestas como neógrafos, por no hablar de los distintos planes de cada autor para su implantación.

La repercusión de las ideas de estos neógrafos españoles –especialmente, Escriche y Mieg o Jimeno Agius, aunque más tarde, también la de otros como Fernando Araujo y Onofre Antonio de Naverán– penetraron rápidamente en otros países como Chile, donde Carlos Cabezón y Carlos Newman (bajo el seudónimo de Franzisqo Enrriqez) hicieron las funciones de difusión sobre la reforma. No tenemos ocasión de evaluar aquí con profundidad las influencias de 'ida y vuelta' entre el movimiento neógrafo español y el continente americano, pero lo que sí parece es que la difusión de los textos de los autores españoles en tierras americanas (especialmente, Chile) es una muestra de la presencia de esta retroalimentación ideológica entre neógrafos canalizada por la prensa de la época que no ha pasado desapercibida por Contreras (1994: 66) o Villarroel (2019: 137–140). Si bien es cierto que las ediciones de estos trabajos en un país como Chile[102] se llevan a cabo por su coincidencia con los postulados de los reformistas americanos –como acertadamente han afirmado Contreras (1993: 225–230) y Martínez Alcalde (2010: 74)– esta circunstancia solo es una pieza más del engranaje que en estos momentos ya han consolidado internacionalmente algunas sociedades como la Asociación Fonética Internacional o la Sociedad de Reforma Ortográfica, por ejemplo, de las que forman parte muchos de estos autores y que, ayudadas por el poder difusor de la prensa, favorecen una intensa actividad e intercambios científicos. De hecho, en el caso concreto de Chile, los textos españoles sirven como impulso para la reactivación de su neografía, dada la falta de otras aportaciones en estos años en el país que alentaran el movimiento. En definitiva, estamos ante una instrumentalización de las obras e ideas españolas, puestas al servicio de la causa en Chile, con las que se fortalece la base ideológica contemporánea de la reforma en un país que en estos años adolece de textos de envergadura sobre la materia. Como ya hemos defendido en Gaviño Rodríguez (2021b: 70), "si bien en el caso de Carlos

---

102   La muestra de textos recogidos en Cabezón (1892; 1896) es buen ejemplo de estas influencias: a los nombres de autores americanos como Bello, Amunátegui, Lenz o E. de la Barra, se unen los activistas de estas sociedades internacionales de reforma (Havet o Müller), además de españoles como Naverán (1893), Escriche y Mieg (1889; 1890), Jimeno Agius (1892a; 1892b); Araujo (1894), etc., cuyas publicaciones circulan por el país o son directamente imprimidas en Chile.

Cabezón, estamos ante alguien con un criterio propio sobre la reforma, conocedor además de los movimientos de reforma internacionales –como demuestra en sus *Notas sobre la reforma ortográfica* (cf. Carlos Cabezón 1892)–, la figura de Carlos Newman entronca más bien con la de un apasionado de la cultura que, entusiasmado por los asuntos lingüísticos, destina gran parte de su fortuna a propagar la causa de la reforma ortográfica, con cuyos principios se aviene".[103]

En cualquier caso, el aumento exponencial en España de las propuestas en esta última etapa de siglo queda en un vano intento de los reformistas por hacer valer sus palabras ante la Academia y el gobierno en un clima social y político que para nada favorece ningún tipo de acuerdo. A las dificultades del enquistamiento del enfrentamiento ideológico de décadas, se les añaden otras. Una es la ausencia de diálogo con las instituciones que se hallan legitimadas para abanderar los cambios. Otra, la percepción de la propia sociedad sobre los hechos, que no alcanza a encontrar ventajas evidentes de la propuesta más allá del ámbito especializado de la escuela. En este estado de cosas, son los propios reformistas los que, a la par que defienden las ventajas de estos cambios, manifiestan sus dudas de que el proyecto de reforma pueda funcionar en España. Este es el caso, por ejemplo, de Escriche i Mieg:

---

103 Esta falta de ideas en la neografía chilena de la época es la que también justifica la escasa recepción en España de las ideas de los neógrafos chilenos, donde apenas contamos con testimonios más allá de las noticias que la prensa periódica da de la publicación de *Notas sobre la reforma ortográfiqa*, de Qarlos Qabezón (Cabezón, 1892), un folleto que recoge su discurso en el Ateneo de Valparaíso, publicado en Santiago de Chile y que aparece anunciado en *La Ilustración Artística* (núm. 557, 29 de agosto de 1892: 559; núm. 756, 22 de junio de 1896: 448, etc.) o la *Revista Contemporánea* (Tomo LXXXVII, vol. IV, 30 de agosto de 1892: 445); también *La Ilustración Artística* (núm. 539, 25 de abril de 1892: 272) da cuenta de la publicación independiente en Valparaíso de los textos de Jimeno Agius (1892a), "en los cuales con sólidos argumentos se defienden varias reformas importantes de la ortografía castellana referentes especialmente al uso de las letras *b, v, c, k, q, z, g, j, h, r* y *rr*". Su texto debió de tener buena aceptación, pues pronto aparece el anuncio de su segunda edición (Jimeno Agius, 1892b), que es alabada de nuevo en la prensa española (*La Ilustración Artística*, núm. 557, 16 de enero de 1893: 56). Y no es la única reseña favorable que recibe la obra: unos años más tarde, cuando la cuarta edición aparece publicada en Madrid (Jimeno Agius, 1896), es bien acogida en revistas como *La Ilustración Española y Americana* (núm. 30, 15 de agosto de 1896: 96), *El Magisterio Español* (núm. 2007, 25 de octubre de 1896: 5) o *La Dinastía* (núm. 6022, 9 de diciembre de 1896: 2), entre otras.

Muchos, antes que yo, han estudiado la cuestión, algunos muy á fondo; y sin embargo han fracasado como acaso fracasaré yo también: cuando se tiene en contra la opinión de las gentes ilustradas en general y la indiferencia absoluta de las masas, es muy difícil hacerse escuchar, y esta índole de trabajos están casi fatalmente condenados al olvido. Sin embargo, el que está persuadido de la bondad de la causa que defiende no debe arredrarse, y cumple con su conciencia al sostener esa causa (*Revista Contemporánea*, Tomo LXXV, vol. VI, 30 de septiembre de 1889: 563).

También por parte de Jimeno Agius se ven inconvenientes a la implantación de estas propuestas, cuando afirma que "con ser reforma tan sencilla, tan racional y de conveniencia universalmente reconocida, tiene que luchar casi con todo el mundo" (*Revista Contemporánea*, Tomo LXXXI, vol. V, 15 de marzo de 1891: 475).

Los partidarios de la reforma saben que están ante una quimera: dos no conversan si uno no quiere y la Academia, aún a pesar de la heterogeneidad existente entre sus miembros, no necesita diálogo alguno para perpetuar su posición privilegiada, así que huye del enfrentamiento dialéctico y practica un mutis constante, pues es sabedora de que no tiene nada que ganar en esta indeseada contienda. Cierto es que las decisiones de los hablantes al respecto de sus propias prácticas discursivas son un elemento fundamental para la configuración de la norma ortográfica de una lengua. Pero en un ámbito tan prescriptivo como este, la sola voz de unos reformistas, que no cuentan con el aval del gobierno ni con el de las instituciones educativas y, como se ha defendido arriba, presentan una escasa coherencia interna en el movimiento, apenas ejerce la fuerza necesaria para hacer llegar los cambios propuestos a la sociedad. Solo les quedan las publicaciones y alegatos aparecidos en la prensa que, al igual que sucedió en épocas pasadas, acaban siendo relegadas a testimonios textuales cuya condena más inmediata es el olvido.

8 Concluyendo

Este trabajo ha explorado nuevas pistas acerca de las acciones de reforma orto-gráfica en el siglo XIX, un periodo esencial para la fijación ortográfica de nuestra grafía gobernado por el espíritu colectivo de un puñado de intelectuales –en su mayoría maestros– que intentan huir de lo que ellos consideran la tiranía gubernamental o el injustificado dominio social de las doctrinas académicas, alumbrando en un espacio privilegiado como el de la prensa escrita algunos de los episodios más atrayentes de la historia de la fijación ortográfica dentro de la cadena de disputas que atraviesa nuestra lengua desde sus orígenes hasta hoy y cuyos resultados nos confirman que, más allá de su funcionalidad como código, la lengua es un organismo vivo en constante actividad, modificado y condicionado por las acciones de sus hablantes y las decisiones sociopolíticas que en torno a ella se toman.

Desde una óptica general, el examen de las distintas manifestaciones tex-tuales halladas sobre el tema ortográfico y su reforma en las páginas de estos periódicos, diarios y revistas, nos ha permitido revalorizar la importancia de una fuente marginal como la prensa española para el estudio historiográfico. Desde una perspectiva más específica, este trabajo ha servido para a) recopilar y poner en circulación una basta producción textual periodística en torno a la reforma ortográfica en la España del XIX, cuyo análisis ha facilitado un mejor trazado del hilo conductor de los acontecimientos y la comprensión de todos los acontecimientos, debates y argumentos que sobre este tema se producen en la opinión pública del momento, todo ello en relación con aquellos factores exter-nos que, desde el ámbito social, político o legislativo, influyen en las acciones reformistas, y b) evaluar la trascendencia de la reforma y sus reivindicaciones en cada uno de los distintos periodos históricos establecidos, midiendo su alcance particular en el terreno educativo, ámbito en el que se centra específicamente la lucha más determinada por la fijación ortográfica en contra de la doctrina académica imperante en las aulas de la época.

Incluso si es de manera aproximativa, confiamos en que esta investigación sirva para saldar la deuda que la historiografía lingüística tenía contraída con el anhelo colectivo de un nutrido grupo de intelectuales, gramáticos, maestros…, cuya producción había sido infravalorada y sus voces elididas en la historia de la ortografía de nuestra lengua, sencillamente por haber difundido sus ideas en un medio poco privilegiado y efímero, ignorándose con ello el papel histórico y social que desempeñan en el proceso de codificación de la lengua.

Como se ha podido comprobar, la historia de la reforma ortográfica de nuestra lengua en el XIX es indisociable de la historia de la prensa, no solo por el
alcance de toda la producción textual que en ella se encuentra sobre la temática, sino también porque estamos ante el medio principal del que se valen los
reformistas de la época para lanzar sus pretensiones y difundirlas en la escena
pública. En este sentido, la prensa decimonónica se convierte en el motor y alma
del debate ortográfico; los reformistas, conscientes de la importancia social de
este medio, la convierten en el foro dialéctico de sus acciones e intentan impli-
carla activamente en sus reivindicaciones y, aunque no siempre con idéntica
fortuna, la ortografía acaba por implicarse ideológicamente en el dominio
público. Desde las páginas de estas publicaciones periódicas son constantes las
peticiones de cambios gráficos, todas ellas reunidas en torno a la bandera de
una determinada ideología común en la que se reclama una transformación
necesaria de nuestra escuela en relación con los procesos de enseñanza y aprendizaje de la lectura y escritura en las aulas. Al margen de esta defensa grupal,
en algunos casos los reformistas hacen un uso interesado de la prensa para su
propia propaganda individual, el trampolín a otros espacios de participación
pública, como instituciones o sociedades del país, donde estos autores encuentran el espacio adecuado para su integración en la vida cultural, especialmente
a partir de mediados de siglo, momento en que la lucha librada por los reformistas no es comparable a la de épocas anteriores, donde existía una mayor
opresión legislativa y la tensión entre los grupos estaba muy marcada.

En no pocos casos, hemos asistido quizás con excesivo celo al desarrollo de
la secuencia de acciones, debates y ciclos polémicos que sobre la reforma que-
daron plasmados en la prensa de este siglo, pero consideramos que el relato
periodístico "es mucho más que una fuente: supone la base de la historia y es el
testimonio o es el relato que, en última instancia, nos remite al testigo o espectador" (Coseriu, 2006: 105). En esta línea, la exposición de las distintas etapas
y el resalte de sus clímax requería de un relato cronológico lo más fiel posible a
los acontecimientos y textos que aparecen en este caótico panorama reformista,
donde en cualquier momento y desde cualquier periódico o revista se producen
intervenciones y cruces de réplicas entre intelectuales, maestros y lectores en
general, cuyas imbricaciones son constantes, pero no siempre fácilmente reseñables. A pesar de que muchos de los textos explorados no alteren el resultado
del proceso relatado, no se niega con ello su valía dentro del proceso en relación con el resto de propuestas de esta u otras tipologías textuales. En su esencia, todos los textos tienen una importancia singular para la historia de cada
periodo, sirviendo de preciso termómetro (año a año, día a día) de la intensidad
con que se vive el asunto. Al mismo tiempo, cada producto textual destaca por

su valía como componente del conjunto, al que da sentido y complementa en la configuración del todo. En su conjunto, todas las muestras textuales sirven para una mejor reconstrucción de la ideología reformista de la época, a la par que dan muestra de la vitalidad de estos debates filológicos en la sociedad española del momento entre partidarios y detractores de la reforma.

Si alguno de los distintos gobiernos hubiera convertido este río relativamente revuelto en siniestra ganancia de pescadores o arbitrado un debate abierto entre los reformistas y la Real Academia Española por la defensa de sus doctrinas, las tensiones latentes podrían haber abierto oportunidades para ambos bandos. Pero en ningún momento del siglo parecen albergarse desde las esferas políticas dudas claras de la autoridad de la Academia, de ahí que el camino de los reformistas sea un vía crucis constante. La RAE, con su deliberada estrategia, sigue en permanente victoria frente a los reformistas; encargada de su trabajo constante y continuado por fijar la ortografía, la institución no entabla conversación alguna con los reformistas y huye de las continuas polémicas o invitaciones de confrontaciones que le llegan desde distintos flancos. Una actitud muy atinada y sensata, si se tiene en cuenta la posición de autoridad de la corporación, que tanto antes como después de la oficialización de su doctrina gobierna la codificación lingüística del español, y que muy poco o nulo beneficio podía sacar de estas polémicas. De este modo, la Academia hace válido el famoso dicho de que no hay mayor desprecio que el no hacer aprecio y reduce las reivindicaciones de los reformistas a una lucha inútil contra un muro infranqueable. En estas circunstancias, el diálogo monologal de estos intelectuales apenas constituye un ejercicio público de libertad de opinión con el que anestesiar la conciencia de una reforma imposible.

Bibliografía

Fuentes primarias

Anales de Primera Enseñanza (núm. 9, 15 de mayo de 1860; núm. 14, 30 de julio de 1860; núm. 15, 15 de agosto de 1860; núm. 16, 30 de agosto de 1860; núm. 18, 30 de septiembre de 1860; núm. 24, 30 de diciembre de 1860; núm. 2, 30 de enero de 1861; núm. 4, 28 de febrero de 1861; núm. 7, 15 de abril de 1861; núm. 8, 30 de abril de 1861; núm. 10, 30 de mayo de 1861; núm. 13, 15 de julio de 1861; núm. 17, 15 de septiembre de 1861; núm. 20, 30 de octubre de 1861; núm. 21, 15 de noviembre de 1861; núm. 22, 30 de noviembre de 1861; núm. 24, 30 de diciembre de 1861; núm. 8, 30 de abril de 1862: 231; núm. 12, 30 de junio de 1862; núm. 22, 30 de noviembre de 1862; núm. 3, 15 de febrero de 1863; 28 de febrero de 1863; núm. 10, 30 de mayo de 1866; núm. 12, 30 de junio de 1866; núm. 15, 15 de agosto de 1866; núm. 21, 15 de noviembre de 1866).

Aurora Patriótica Mallorquina (núm. 21, 10 de diciembre de 1812; núm. 96, 16 de septiembre de 1813).

Boletín de la Institución Libre de Enseñanza (núm. 318, 15 de mayo de 1890; núm. 323, 31 de julio de 1890; núm. 327, 30 de septiembre de 1890; núm. 328, 15 de octubre de 1890; núm. 438, 30 de septiembre de 1896).

Boletín de Primera Enseñanza de la Provincia de Gerona (núm. 29, 17 de julio de 1883).

Boletín de Primera Enseñanza de la Provincia de Salamanca (núm. 12, 25 de marzo de 1861; núm. 28, 25 de noviembre de 1861; núm. 35, 25 de febrero de 1862; núm. 41, 25 de mayo de 1862; núm. 46, 10 de agosto de 1862; núm. 49, 25 de septiembre de 1862; núm. 2, 30 de octubre de 1862; núm. 7, 20 de diciembre de 1862; núm. 8, 30 de diciembre de 1862).

Boletín Oficial de Cáceres (20 de abril de 1842).

Boletín Oficial de Cáceres (núm. 37, 26 de marzo de 1849).

Boletín Oficial de Instrucción Pública (núm. 24, 15 de febrero de 1842).

Boletín Oficial de la Provincia de Guadalajara (núm. 54, 3 de mayo de 1844).

Boletín Oficial de la Provincia de Logroño (núm. 118, 1 de octubre de 1869; núm. 120, 6 de octubre de 1869; núm. 121, 8 de octubre de 1869; núm. 140, 22 de noviembre de 1869; núm. 141, 24 de noviembre de 1869; núm. 142, 26 de noviembre de 1869; núm. 147, 8 de diciembre de 1869).

Boletín Oficial de la Provincia de Orense (núm. 41, martes 23 de mayo de 1837; núm. 56, 11 de mayo de 1844; núm. 35, 22 de marzo de 1845).

Boletín Oficial de Santander (núm. 50, 28 de junio de 1844).

Boletín Oficial de Segovia (núm. 59, 11 de mayo de 1844).

Boletín Oficial de Zamora (núm. 39, 14 de mayo de 1844).

Correo de Sevilla (núm. 75, 16 de junio de 1804).

Crónica Científica y Literaria (núm. 41, 19 de agosto de 1817; núm. 46, 5 de septiembre de 1817; núm. 54, 3 de octubre de 1817; núm. 294, 21 de enero de 1820).

Dhi Fonètik Tîtcer (núm. 20, diciembre de 1887; núm. 1, enero de 1888).

Diario Balear (25 de marzo de 1815).

Diario Constitucional de Barcelona (núm. 107, 27 de junio de 1820).

Diario Constitucional, Político y Mercantil de Palma (núm. 13, 13 de abril de 1821; núm. 13, 13 de julio de 1821).

Diario de Avisos de Madrid (núm. 57, 27 de mayo de 1835).

Diario de Badajoz (10–13 de septiembre de 1832).

Diario de las Actas y Discusiones de las Cortes (núm. 5, 1822).

Diario de Madrid (núm. 150, 30 de mayo de 1805; núm. 308, 3 de noviembre de 180; núm. 293, 20 de octubre de 1814; núm. 423, 2 de abril de 1818; núm. 196, 15 de julio de 1819; núm. 201, 26 de julio de 1822; núm. 215, 3 de agosto de 1822; núm. 97, 9 de abril de 1823; núm. 850, 28 de julio de 1837; núm. 1872, 11 de mayo de 1840; núm. 1938, 16 de julio de 1840; núm. 1873, 12 de mayo de 1840; núm. 2122, 16 de enero de 1841; núm. 74, 13 de enero de 1844; núm. 400, 5 de diciembre de 1844; núm. 442, 16 de enero de 1845).

Diario de Mallorca (núm. 39, 12 de octubre de 1808; núm. 300, 5 de diciembre de 1812; núm. 310, 15 de diciembre de 1812; núm. 310, 16 de diciembre de 1812).

Diario de Murcia (núm. 87, 10 de agosto de 1847; núm. 92, 17 de agosto de 1847; núm. 96, 21 de agosto de 1847; núm. 100, 26 de agosto de 1847; núm. 197, 3 de septiembre de 1847; núm. 7488, 6 de noviembre de 1897).

Diario de Palma (núm. 126, 5 de mayo de 1812; núm. 242, 4 de mayo de 1813).

Diario Mercantil de Cádiz (núm. 243, 1 de septiembre de 1807; núm. 3344, 26 de septiembre de 1825).

Diario Noticioso, Curioso, Erudito y Comercial Público y Económico (núm. 19, sábado 22 de julio de 1758).

Eco del Comercio (núm. 845, 22 de agosto de 1836; núm. 1525, 4 de julio de 1838; núm. 1546, 25 de julio de 1838; núm. 129, 7 de enero de 1843; núm. 242, 1 de mayo de 1843; núm. 2493, 26 de febrero de 1841; núm. 2512, 17 de marzo de 1841; núm. 2526, 31 de marzo de 1841; núm. 2666, 19 de agosto de 1841; núm. 2753, 14 de noviembre de 1841; núm. 2756, 17 de noviembre de 1841;

núm. 2982, 29 de junio de 1842; núm. 43, 13 de octubre de 1842; núm. 69, 8 de noviembre de 1842; núm. 542, 9 de junio de 1844; núm. 644, 6 de octubre de 1844; núm. 714, 26 de diciembre de 1844).

El Adalid (núm. 17, 30 de julio de 1883).

El Álbum (núm. 46, 19 de octubre de 1873; núm. 5, 2 de febrero de 1877).

El Alquimista (núm. 16, 24 de agosto de 1842).

El Amigo (núm. 160, 13 de marzo de 1881).

El Ateneo Caracense (5 de octubre de 1884; 5 de noviembre de 1884; núm. 249, 5 de enero de 1885).

El Atlante (núm. 10, 12 de enero de 1837; núm. 29, 5 de febrero de 1837).

El Bien Público (núm. 2399, 18 de marzo de 1881).

El Cantábrico (núm. 1829, 8 de mayo de 1900; *El Guadalete*, núm. 13721, 10 de mayo de 1900).

El Castellano (núm. 1852, 30 de junio de 1842).

El Conciso (núm. 12, 12 de septiembre de 1811).

El Correo de Gerona (núm. 151, 1 de agosto de 1893).

El Correo Nacional (núm. 939, 15 de agosto de 1840).

El Correo. Periódico Literario y Mercantil (Madrid) (núm. 173, 19 de agosto de 1829).

El Día (núm. 1645, 8 de diciembre de 1884; núm. 4827, 29 de septiembre de 1893).

El Eco de Cartagena (núm. 4898, 17 de enero de 1878).

El Eco de la Montaña (núm. 282, 28 de noviembre de 1897; núm. 283, 5 de diciembre de 1897; núm. 284, 12 de diciembre de 1897).

El Eco de la Provincia (núm. 449, 9 de marzo de 1881).

El Educador (núm. 5, 20 de abril de 1842; núm. 6, 30 de abril de 1842; núm. 7, 10 de mayo de 1842; núm. 11, 14 de junio de 1842; núm. 12, 21 de junio de 1842; núm. 13, 30 de junio de 1842; núm. 14, 8 de julio de 1842; núm. 15, 18 de julio de 1842; núm. 16, 25 de julio de 1842; núm. 17, 31 de julio de 1842; núm. 18, 9 de agosto; núm. 20, 31 de agosto de 1842; núm. 21, 8 de septiembre de 1842; núm. 24, 10 de octubre de 1842).

El Espectador (núm. 473; 30 de julio de 1822).

El Fomento (núm. 138, 26 de julio de 1883; núm. 140, 2 de agosto de 1883; núm. 146, 29 de agosto de 1883; núm. 150, 14 de septiembre de 1883; núm. 1150, 13 de febrero de 1888).

El Globo (núm. 278, 5 de enero de 1876).

El Granadino (núm. 5, 6 de mayo de 1848).

El Guadalete (núm. 3751, 22 de diciembre de 1864; núm. 3752, 23 de diciembre de 1864; núm. 3753, 24 de diciembre de 1864; núm. 10318, 30 de octubre de 1889).

El Heraldo (núm. 178, 11 de febrero de 1843; núm. 609, 8 de junio de 1844).

El Heraldo de Castilla (núm. 163, 19 de octubre de 1881).

El Heraldo de Madrid (núm. 903, 25 de abril de 1893).

El Historiador Palmesano (núm. 4, 28 de enero de 1849; núm. 5, 7 de febrero de 1849).

El Íbero (núm. 61, 1 de noviembre de 1900; núm. 62, 16 de noviembre de 1900; núm. 63, 1 de diciembre de 1900; núm. 64, 16 de diciembre de 1900).

El Imparcial (núm. 6294, 9 de diciembre de 1884; núm. 10700, 14 de febrero de 1897; núm. 10706, 20 de febrero de 1897; núm. 10715, 1 de marzo de 1897; núm. 10757, 12 de abril de 1897).

El Isleño (núm. 11940, 1 de agosto de 1893; núm. 11943, 4 de agosto de 1893).

El Lábaro. Diario Católico (núm. 73, 30 de abril de 1891).

El Liberal (núm. 315, 11 de abril de 1880; núm. 1975, 11 de diciembre de 1884; núm. 6603, 31 de octubre de 1897).

El Magisterio. Periódico de Educación y Enseñanza (núm. 7, 1860; núm. 10, 1860; núm. 13, 1860; núm. 19, 1860; núm. 21, 1860; núm. 3, 1861; núm. 24, 1866).

El Magisterio Balear (núm. 6, 6 de febrero de 1875; núm. 38, 23 de septiembre de 1877; núm. 4, 24 de enero de 1880; núm. 29, 16 de julio de 1881).

El Magisterio Español. Periódico de Instrucción Pública (núm. 184, 30 de junio de 1871; núm. 185, 5 de julio de 1871; núm. 213, 25 de octubre de 1871; núm. 214, 30 de noviembre de 1871; núm. 215, 5 de diciembre de 1871; núm. 216, 10 de diciembre de 1871; núm. 233, 5 de marzo de 1872; núm. 234, 10 de marzo de 1872; núm. 265, 15 de agosto de 1872; núm. 265, 15 de agosto de 1872: 4; 5 de diciembre de 1875; núm. 505, 15 de diciembre de 1875; núm. 608, 20 de mayo de 1877: 4; núm. 1493, 5 de septiembre de 1889; núm. 1505, 5 de noviembre de 1889; núm. 503, núm. 2007, 25 de octubre de 1896).

El Nacional (núm. 1891, 5 de marzo de 1841).

El Nuevo avisador (núm. 688, 3 de octubre de 1844; núm. 691, 6 de octubre de 1844).

El Pabellón Nacional (núm. 6706, 17 de diciembre de 1884).

El País (núm. 874, 17 de noviembre de 1889).

El Preceptor de Instrucción Primaria (núm. 31, 15 de diciembre de 1854; núm. 39, 15 de abril de 1855).

El Profesorado de Primera Enseñanza del Distrito Universitario de Granada. Periódico de las Escuelas y de los Maestros (núm. 41, 25 de abril de 1866; núm. 43, 25 de mayo de 1866; núm. 44, 10 de junio de 1866; núm. 49, 10 de agosto de 1866; núm. 23, 10 de diciembre de 1867).

El Progreso. Periódico Político (núm. 1095, 23 de octubre de 1872).

El Volapük (núm. 1, 1 de enero de 1886; núm. 3, 1 de marzo de 1886: 11; núm. 3, 1 de marzo de 1887).

España y América (núm. 47, 20 de noviembre de 1892).

Gaceta de Bayona (núm. 195, 13 de agosto de 1830).

Gaceta de Madrid (30 de septiembre de 1861; núm. 285, 12 de octubre de 1862).

Guía del Magisterio (núm. 7, 5 de marzo de 1880).

Heraldo de Murcia (núm. 703, 11 de julio de 1900).

La Alborada (núm. 54, 27 de enero de 1860).

La Conciliación. Revista de primera enseñanza (núm. 8, 30 de abril de 1866; núm. 10, 30 de mayo de 1866; núm. 12, 30 de junio de 1866; núm. 13, 15 de julio de 1866; núm. 14, 30 de julio de 1866; núm. 23, 15 de diciembre de 1866; núm. 1, 15 de enero de 1867; núm. 2, 30 de enero de 1867; núm. 3, 15 de febrero de 1867).

La Concordia. Periódico semanal de Primera Enseñanza (núm. 4, 12 de febrero de 1863).

La Convicción (núm. 542, 30 de noviembre de 1871: 7412).

La Correspondencia de España (núm. 9766, 17 de diciembre de 1884; núm. 9771, 22 de diciembre de 1884; núm. 13200, 27 de mayo de 1894).

La Crónica Meridional (núm. 6316, 9 de marzo de 1881).

La Dinastía (núm. 6022, 9 de diciembre de 1896; núm. 6097, 20 de febrero de 1897).

La Discusión (núm. 566, 5 de marzo de 1881).

La Época (núm. 13357, 28 de octubre de 1889; núm. 13441, 23 de enero de 1890; núm. 14691, 8 de agosto de 1893).

La Escuela Moderna (mayo de 1892; julio-diciembre de 1892; noviembre de 1896; diciembre de 1896; enero de 1897; abril de 1897; junio de 1897; agosto de 1897; núm. 117, 1 de diciembre de 1900).

La España Moderna (núm. 88, 1 de abril de 1896; núm. 96, 1 de diciembre de 1896; núm. 116, 1 de agosto de 1898; febrero de 1900; núm. 142, octubre de 1900).

La Esperanza (núm. 1673, 12 de marzo de 1850).

La Iberia (núm. 12395, 23 de abril de 1891).

La Ilustración Artística (núm. 539, 25 de abril de 1892; núm. 557, 29 de agosto de 1892; núm. 557, 16 de enero de 1893; núm. 756, 22 de junio de 1896).

La Ilustración de Madrid (núm. 25, 15 de enero de 1871; núm. 33, 15 de mayo de 1871; núm. 46, 30 de noviembre de 1871).

La Lectura Dominical (núm. 251, 23 de octubre de 1898).

La Mariposa (núm. 9, 2 de septiembre de 1866).

La Nation (núm. 1068, 22 de marzo de 1887).

La Palma de Cádiz (núm. 27889, 19 de noviembre de 1889).

La Paz del Magisterio (núm. 23, 15 de agosto de 1883; núm. 24, 25 de agosto de 1883).

La Revista Española (núm. 460, 26 de enero de 1835).

La Revue Pédagogique (t. 29, julio-diciembre de 1896).

La Tradition (núm. 8, noviembre de 1887).

La Unión (núm. 13, 3 de mayo de 1881; núm. 30, 28 de julio de 1883)

La Unión Republicana (núm. 40, 18 de septiembre de 1896; núm. 53, 3 de octubre de 1896; núm. 65, 17 de octubre de 1896; núm. 69, 22 de octubre de 1896; núm. 83, 7 de noviembre de 1896; núm. 101, 28 de noviembre de 1896; núm. 118, 19 de diciembre de 1896).

La Voz del Pueblo (núm. 34, 22 de octubre de 1893; núm. 35, 29 de octubre de 1893).

Lǝ mɛːtr fɔnetik (núm. 1, enero de 1889; núm. 6, junio de 1891).

Le Temps (núm. 9378, 7 de enero de 1887).

Madrid Cómico (núm. 785, 5 de marzo de 1898).

Minerva ó El Revisor General (núm. 7, 22 de octubre de 1805).

Revista Contemporánea (Tomo LXXV, vol. VI, 30 de septiembre de 1889; Tomo LXXVI, vol. I, octubre, noviembre y diciembre de 1889; Tomo LXXXVI, vol. II, 30 de octubre de 1889; Tomo LXXVI, vol. III, 15 de noviembre de 1889; Tomo LXXXVI, vol. 4, 30 de noviembre de 1889; Tomo LXXXI, vol. V, 15 de marzo de 1891; Tomo LXXXI, vol. VI, 30 de marzo de 1891; vol. IV, 30 de agosto de 1892; Tomo CII, vol. I., abril, mayo y junio de 1896; Tomo CII, vol. II, abril, mayo y junio de 1896; Tomo CII, vol. III, abril, mayo y junio de 1896; Tomo CII, vol. IV, abril, mayo y junio de 1896; Tomo CII, vol. V, abril, mayo y junio de 1896; Tomo CII, vol. VI, abril, mayo y junio de 1896; Tomo CIII, vol. IV, 30 de agosto de 1896; Tomo CIII, vol. V, 15 de septiembre de 1896; Tomo CIII, vol. VI, 30 de septiembre de 1896; Tomo CIV, vol. I, 15 de octubre de 1896; Tomo CIV, vol. II, 30 de octubre de 1896; Tomo CIV, vol. III, 15 de noviembre de 1896; Tomo CIV, vol. IV, 30 de noviembre de 1896).

Revista de España (núm. 471, enero de 1888; núm. 136, septiembre y octubre de 1891).

Revista de Extremadura (núm. 3, 1 de mayo de 1899).

Revista de Instrucción Primaria (núm. 7, 1 de agosto de 1850; núm. 7, 1 de abril de 1851; núm. 4, 15 de septiembre de 1854; núm. 6, 15 de marzo de 1854; 15 de agosto de 1854; núm. 31, 24 de noviembre de 1854; núm. 39, 15 de abril de 1855).

Revista del Ateneo Caracense y Centro Volapukista español (núm. 12, marzo de 1891).

Revista del Turia (núm. 59, 15 de agosto de 1883; núm. 60, 31 de agosto de 1883: 326–327; núm. 61, 15 de septiembre de 1883; núm. 62, 30 de septiembre de 1883; núm. 64, 31 de octubre de 1883).

Revue de l'enseignement secondaire et de l'enseignement supérieur (núm. 1, 1 de julio de 1889).

Revue de Philologie française et provençale (Tomo III, 1889).

Revue des revues (vol. XVII, 1896).

Revue Universitaire (15 de marzo de 1896).

Semanario Cristiano (núm. 62, 23 de septiembre de 1813).

Semanario de Agricultura y Artes (núm. 598, 16 de junio de 1808).

Semanario de Instruczión Pública (núm. 3, 20 de noviembre de 1842; núm. 4, 28 de noviembre de 1842; núm. 7, 15 de diciembre de 1842).

The Maître Phonétique (núm. 1, enero de 1900).

Fuentes secundarias

Academia de Profesores de Primera Educación (1844), *Sesión celebrada el día 3 de octubre de 1844, en el Salón del Instituto Español, por la Academia de profesores de primera educación, para demostrar las ventajas que ofrece la reforma de ortografía adoptada y publicada por la misma Academia*, Madrid, Imprenta de D.ª Francisca Estevan.

Academia Literaria i Zientífica de Instrucción Primaria (1843), *Reglamento de la Academia Literaria i Zientífica de Instruczión Primaria elemental i superior de Madrid*, Madrid, Imprenta de V. Hernando.

Alcoba Rueda, Santiago (2007), "El debate de la reforma ortográfica y Andrés Bello", *Español Actual*, 88, 127–172.

Araujo, Fernando (1894), *Estudios de fonétika kastellana*, Santiago de Chile.

Arnal Purroy, Marisa (2000), "Cambios grafemáticos en textos notariales aragoneses del siglo XVIII, a la luz de las reformas ortográficas de la RAE", *Archivo de filología aragonesa*, 56, 117–136.

Arrivé, Michel (1994), "Un débat sans mémoire: la querelle de l'orthographe (1893–1991)", *Langages*, 114, 69–83.

Azorín, Dolores (1987), "Don Gregorio Mayans y la polémica ortográfica en el siglo XVIII", *Anales de Filología Hispánica*, 3, 107–120.

Blommaert, Jan (1999), "The debate is open", Jan Blommaert (ed.), *Language ideological Debates*, Berlín/Nueva York, Mouton de Gruyter, 1–13.

Blommaert, Jan (2005), *Discourse. A Critical Introduction*, Cambridge, Cambridge University Press.

Blommaert, Jan (2010), *The Sociolinguistics of Globalization*, Cambridge, Cambridge University Press.

Bourdieu, Pierre (1977), "The economic of linguistic exchanges", *Social Science Information*, 16, 645–668.

Bourdieu, Pierre (1985), *¿Qué significa hablar? Economía de los intercambios lingüísticos*, Madrid, Ediciones Akal.

Breva-Claramonte, Manuel (2007), "El valor de las fuentes marginales en la metodología gramaticográfica", Josefa Dorta, Cristóbal Corrales y Dolores Corbella (eds.), *Historiografía de la lingüística en el ámbito hispánico. Fundamentos epistemológicos y metodológicos*, Madrid, Arco/libros, 501–525.

Cabezón, Carlos (1892), *Notas sobre la reforma ortográfiqa*, Santiago de Chile, Imprenta Barzelona.

Cabezón, Carlos (1896), *Neógrafos kontemporáneos. Tentatiba bibliográfika*, Santiago de Chile, Imprenta Zerbántes.

Calero Vaquera, María Luisa (2006), "Una reforma ortográfica de autor desconocido (Valencia 1883)", Antonio Roldán et al. (eds.), *Caminos actuales de la historiografía lingüística*, Murcia, Universidad de Murcia, 333–343.

Calleja, Juan Manuel (1818), *Elementos de gramática castellana*, Bilbao, Pedro Antonio de Apraiz.

Casares, Julio (1941), "La reforma ortográfica", *Nuevo concepto del diccionario de la lengua y otros problemas de lexicografía y gramática*, Madrid, Espasa Calpe, 259–279.

Castaño Fernández, Antonio M. (2009), "Una reforma ortográfica extremeña en 1832 (*Proyecto para formar la ortografía castellana*)", *Revista de Estudios Extremeños*, LXV, II, 1041–1054.

Checa Godoy, Antonio (1986), "Aportaciones para un censo de la prensa pedagógica en España", *Historia de la Educación. Revista Interuniversitaria*, 5, 502– 519.

Checa Godoy, Antonio (1987), "Aportaciones para un censo de la prensa pedagógica en España", *Historia de la Educación. Revista Interuniversitaria*, 6, 417–438.

Checa Godoy, Antonio (1988), "Aportaciones para un censo de la prensa pedagógica en España", *Historia de la Educación. Revista Interuniversitaria*, 7, 253–281.

Checa Godoy, Antonio (1989), "Aportaciones para un censo de la prensa pedagógica en España", *Historia de la Educación. Revista Interuniversitaria*, 8, 343–375.

Checa Godoy, Antonio (1990), "Aportaciones para un censo de la prensa pedagógica en España", *Historia de la Educación. Revista Interuniversitaria*, 9, 325–346.

Checa Godoy, Antonio (2002), *Historia de la prensa pedagógica en España*, Sevilla, Universidad de Sevilla.

Clavería Nadal, Gloria (2020), "El debate sobre la ortografía en el *Diario de Barcelona* (1817)", Araceli López Serena, Santiago del Rey Quesada y Elena Carmona Yanes (eds.), *Tradiciones discursivas y tradiciones idiomáticas en la historia del español moderno*, Berlín, Peter Lang, 369–383.

Colección de las leyes, decretos y declaraciones de las Cortes, y de los reales decretos, ordenes, resoluciones y reglamentos generales expedidos por los respectivos ministerios desde el 1.º de enero hasta fin de junio de 1844 (1844), Tomo XXXII, Madrid, Imprenta Nacional.

Colección de las leyes, decretos y declaraciones de las Cortes, y de los reales decretos, ordenes, resoluciones y reglamentos generales expedidos por los respectivos ministerios desde el 1.º de julio hasta fin de diciembre de 1844 (1845), Tomo XXXIII, Madrid, Imprenta Nacional.

Colección legislativa de España (1849), Tomo XLIV, Madrid, Imprenta Nacional.

Colección legislativa de España (1874), Tomo LXXIII, Madrid, Imprenta del Ministerio de Gracia y Justicia.

Colección legislativa de Instrucción Primaria (1856), Madrid, Imprenta Nacional.

Compilación Legislativa de Instrucción pública (1878), Tomo II. Primera enseñanza, Madrid, Imprenta de T. Fortanet.

Comisión de Profesores de Primeras Letras (1838), *Discurso compuesto por la Comision de profesores de Primeras Letras encargada de sostener el ejercicio literario que celebró la Academia la tarde del 21 de junio de 1838, aprobado por unanimidad, y dirijido a manifestar "qué reformas deben hacerse en la nomenclatura, uso y pronunciacion de las letras, y si convendrá suprimir algunas de las que hoy componen nuestro alfabeto"*, Madrid, Imprenta de D. V. Hernando.

Constitución política de la Monarquía Española, Promulgada en Cádiz á 19 de Marzo de 1812 (1812).

Contreras, Lidia (1993), *Historia de las ideas ortográficas en Chile*, Santiago, Centro de Investigaciones Diego Barros Arana.

Contreras, Lidia (1994), *Ortografía y grafemática*, Madrid, Visor.

Coseriu, Eugenio (1981), *Lecciones de lingüística general*, Madrid, Gredos.

Coseriu, Eugenio (2006), "Periodismo e historia", Óscar Loureda Lamas (ed.), *Lenguaje y discurso*, Pamplona, Eunsa, 17–34.

Cotarelo y Mori, Emilio (1913), *Diccionario biográfico y bibliográfico de calígrafos españoles*, Tomo I, Madrid, Tip. de la «Revista de Arch., bibl. y museos».

Cubí i Soler, Mariano (³1846), *Sistema completo de frenolojía*, Tomo II, Barcelona, Juan Oliveres, impresor de S. M.

Dascal, Marcelo (1998), "Types of Polemics and types of Polemical Moves", Svetla Cmejrková, Jana Hoffmannová & Olga Müllerová (eds.), *Dialogue Analysis*, VI, Tübingen, Max Niemeyer Verlag, 15–33.

Domínguez, Ramón Joaquín (1846–1847), *Diccionario nacional o gran diccionario clásico de la lengua española, el más completo de los publicados hasta el día*, Madrid, Mellado.

Durán López, Fernando (2016), "Andrés Bello contra José Joaquín de Mora en veintisiete palabras: una polémica chilena en 1830", Fernando Durán López y Victoriano Gaviño Rodríguez (eds.), *Estudios sobre filología española y exilio en la primera mitad del siglo XIX*, Madrid, Visor Libros, 503–536.

Durán López, Fernando (2018), "Estructuras de la prensa en el Cádiz de las Cortes: propuestas metodológicas", *Cuadernos de Ilustración y Romanticismo*, 24, 419–436.

Escriche y Mieg, Tomás (1889), *Reforma de la ortografía castellana*, Madrid, Tipografía de Manuel Ginés Hernández.

Escriche y Mieg, Tomás (1890), *Reforma de la ortografía castellana*, 2ª edición, Bilbao, Tipografía C. Lucena y Cía.

Esparza, Miguel Ángel y Hans-Josef Niederehe (2015), *Bibliografía cronológica de la lingüística, la gramática y la lexicografía del español (BICRES V). Desde el año 1861 hasta el año 1899*, Amsterdam & Philadelphia, John Benjamins.

Esteve Serrano, Abraham (1977), *Contribución al estudio de las ideas ortográficas en España*, Murcia, Universidad de Murcia.

Esteve Serrano, Abraham (1982), *Estudios de teoría ortográfica del español*, Murcia, Universidad de Murcia.

Ezpeleta Aguilar, Fermín (2015–2016), "La prensa pedagógica del XIX como fuente para historiar la didáctica de la lengua", *Ianua. Revista Philologica Romanica*, 15–16, 159–171.

Fairclough, Norman (2001), *Language and Power*, Harlow, Longman.

Firmin Didot, Ambroise (1867), *Observations sur l'orthographe ou ortographie française*, Paris, Typographie de Ambroise Firmin Didot.

Flores, Joaquín Juan (1806a), *Dictamen de Joaquín Juan de Flores en el que expone su plan para la reforma de la Ortografía*. Código de referencia: ES 28079 ARAE F1-2-11-1-15-2. Identificador: http://archivo.rae.es/index.php/ehufi.

Flores, Joaquín Juan (1806b), *Copia del dictamen de Joaquín Juan de Flores en el que expone su plan para la reforma de la Ortografía*. Código de referencia: ES 28079 ARAE F1-2-11-1-15-3. Identificador: http://archivo.rae.es/index.php/10q4e.

Foucault, Michel (2003 [1969]), *La arqueología del saber*, Traducción de Aurelio Garzón del Camino, 21ª edición, México, Siglo veintiuno editores,

Fries, Dagmar (1989), *«Limpia, fija y da esplendor». La Real Academia Española ante el uso de la lengua (1713–1973)*, Madrid, SGEL.

Galazzi, Enrica (2000), "L'Association Phonétique Internationale". En S. Auroux (ed.), *Historie des idées linguistiques*, Tome 3, Sprimont, Mardaga, 499–516.

García de la Concha, Víctor (2014), *La Real Academia Española. Vida e historia*, Barcelona, Espasa Libros.

García del Pozo, Gregorio (1817), *Paralelo entre la ortología y la ortografía castellanas, y propuestas para su reforma*, Madrid, Imprenta de D. M. de Burgos.

García del Pozo, Gregorio (1825), *La doble ortología castellana ó correspondencia entre la pronunciacion i la escritura de este idioma*, Madrid, Imprenta de E. Aguado.

García Folgado, María José (2005), *La gramática española y su enseñanza en la segunda mitad del siglo XVIII y principios del XIX (1768–1815)*, Valencia, Universitat de València.

García Folgado, María José (2013), *Los inicios de la gramática escolar en España (1768–1813)*, München, Peniope.

García Folgado, María José (2021), "Lengua y gramática en *El Magisterio español* (1871–1880)", *Boletín de Filología*, LVI, 1, 17–49.

García Santos, Juan Felipe (2011), "Las ortografías académicas del siglo XVIII (con una extensión hasta 1844)", J. J. Gómez Asencio (dir.), *El castellano y su codificicación gramatical. De 1700 a 1835*, volumen III, Tomo 3, Burgos, Instituto castellano y leonés de la lengua, 445–492.

Gaviño Rodríguez, Victoriano (2018), "Términos y conceptos para el estudio de la hipertextualidad en historiografía lingüística. Algunas aplicaciones en el análisis de gramáticas castellanas del siglo XIX", *Revista Argentina de Historiografía Lingüística*, X, 1, 27–39.

Gaviño Rodríguez, Victoriano (2019), "Tradiciones discursivas y series textuales en historiografía lingüística", *Beiträge zur Geschichte der Sprachwissenschaft*, 29.2, 293–312.

Gaviño Rodríguez, Victoriano (2020a), "La gramaticografía desde el paradigma de las tradiciones discursivas", *Tonos digital*, 38, 1–18.

Gaviño Rodríguez, Victoriano (2020b), "Ideologías lingüísticas en la prensa española del siglo XIX: neógrafos frente a academicistas por la ortografía del español", Borja Alonso Pascua, Francisco Escudero Paniagua, Carlos Villanueva García, Carmen Quijada Van den Berghe y José J. Gómez Asencio (eds.), *Lazos entre lingüística e ideología desde un enfoque historiográfico (ss. XVI-XX)*, Salamanca, Ediciones Universidad de Salamanca, 85–104.

Gaviño Rodríguez, Victoriano (2020c), "Epígonos del reformismo ortográfico en España tras la oficialización de la doctrina académica (1844–1868)", *RLA. Revista de Lingüística Teórica y Aplicada*, 58 (1), 135–158.

Gaviño Rodríguez, Victoriano (2021a), "La polémica lingüística como tipología discursiva en la prensa española del siglo XIX. Los discursos polémicos de Fernando Gómez de Salazar", *Pragmalingüística*, 29, 173–189.

Gaviño Rodríguez, Victoriano (2021b), "El resurgimiento de la neografía española y chilena de finales del siglo XIX en el marco de los movimientos internacionales de reforma ortográfica", *Boletín de Filología*, LVI, 1, 51–77.

Gaviño Rodríguez, Victoriano (2021c), "Una polémica ortográfica en la prensa española del sexenio democrático (1868–1876). Gómez de Salazar contra Bosch y Condomines", *Boletín de Filología*, LVI, 2, 419–444.

Gil Ayuso, Faustino (1927), "Nuevos documentos sobre la fundación de la Real Academia Española", *Boletín de la Real Academia Española*, LXX, 593–599.

Gómez Assencio, José Jesús (2011), *Los principios de las gramáticas académicas (1771–1962)*, Bern, Peter Lang.

Gómez Asencio, José Jesús, Esteban Tomás Montoro del Arco y Pierre Swiggers (2014), "Principios, tareas, métodos e instrumentos en historiografía lingüística", María Luisa Calero *et al.* (eds.), *Métodos y resultados actuales en Historiografía de la Lingüística*, Münster, Nodus Publikationen, 266–301.

Gómez de Salazar, Fernando, Francisco de Asís Condomines y Matías Bosch (1872), *La neografía. Polémica sobre reformas ortográficas entre los señores*

Gómez de Salazar, Condomines y Bosch, Palma, Imprenta de Pedro José Gelabert.

Gómez de Salazar, Fernando (1871), *Juicio crítico del Diccionario y de la Gramática últimamente publicados por la Academia Española exponiendo los muchos y gravísimos errores que ambas obras contienen*, Gregorio Fuste, Madrid.

Gómez Hermosilla, José (1835), *Principios de Gramática general*. Madrid, Imprenta Real.

Gómez Rodríguez de Castro, Federico (1983), "La resistencia a las innovaciones. Informe de la Academia de Profesores de Primera Educación (1838)", *Historia de la Educación. Revista interuniversitaria*, 2, 49–53.

González Ollé, Fernando (2014), *La Real Academia Española en su primer siglo*, Madrid, Arco/Libros.

Gutiérrez Ordóñez, Salvador y Victoriano Gaviño Rodríguez (2014), "Trescientos años de la fundación de la Real Academia Española: de sus orígenes al siglo XXI", M.ª Luisa Calero *et al.* (eds.), *Métodos y resultados actuales en Historiografía de la Lingüística*, Münster, Nodus Publikationen, 325–348.

Hassler, Gerda (2002), "Textos de referencia y conceptos en las teorías lingüísticas de los siglos XVII y XVIII", Miguel Ángel Esparza Torres, Benigno Fernández Salgado y Hans-Josef Niederehe (eds.), *Actas del III Congreso Internacional de la Sociedad Española de Historiografía Lingüística*, Hamburg, Helmut Buske Verlag. 559–585.

Havet, Louis (1890), *La simplification de l'orthographe*, Paris, Librairie Hachette et Cie.

Hernando, Victoriano (1834), *Compendio de gramática castellana, puesto en verso y diálogo para que con mayor facilidad le aprendan de memoria los niños que concurren á las Escuelas*, Madrid, Imprenta de D. V. Hernando.

Hernando, Victoriano (1845), *Impugnación razonada en contra del Prontuario de ortografía castellana*, Madrid, Imprenta de D. Victoriano Hernando.

Herrera Dávila, José y A. Alvear (1829), *Lecciones de gramática castellana*, Sevilla, Imprenta de los Sres. Dávila, llera y Compañía.

Hymes, Dell Hathaway (1974) (ed.), *Studies in the History of Linguistics. Traditions and Paradigms*, Bloomington, Indiana University Press.

Institute de France (1877–1878), *Dictionnaire de l'Académie française*, Septieme edition, Paris, Librairie de Firmin Didot et Cie.

Iturzaeta, José Francisco (1827), *Arte de escribir la letra bastarda española*, Madrid, Imprenta de D. Pedro Sanz.

Jimeno Agius, José (1892a), *Reforma de la ortografía castellana*, Valparaíso, Imprenta de la Patria.

Jimeno Agius, José (1892b), *Reforma de la ortografía castellana*, Segunda edición, París, Franzisqo Enrríqez.

Jimeno Agius, José (1896), *Reforma de la ortografía castellana*, Cuarta edición, Madrid, Imprenta de los Hijos de M. G. Hernández.

Jimeno Agius, José (1897), *Naderías. Qoleqzión de artíqulos sobre asuntos gramatiqales*, Madrid, Imprenta de los Hijos de M. G. Hernández.

Kabatek, Johannes (2007), "Las tradiciones discursivas entre conservación e innovación", *Rivista di filologia e letterature ispaniche*, 10, 331–348.

Koch, Peter y Wulf Oesterreicher (2007), *Lengua hablada en la Romani: español, francés, italiano*, Madrid, Gredos.

Koerner, Ernst Frideryk Konrad (1978), *Toward a Historiography of Linguistics: Selected essays*, Amsterdam, John Benjamins.

Kroskrity, Paul V. (2000) (ed.), *Regimes of language. Ideologies, polities and identities*, Santa Fé, School of American Research Press.

Littré, Émile (1873–1874), *Dictionnaire de la langue française*. 4 volumes. Paris: Librairie Hachette et Cie

López y Anguta, Simón (1875), *Anomalías de la actual ortografía española*, Vitoria.

Luzuriaga, Lorenzo (1916), *Documentos para la historia escolar de España*, Volumen 1, Madrid, Junta para ampliación de estudios e investigaciones científicas, Centro de Estudios Históricos.

Macías, Felipe Antonio (1846), *¡No mas trabas ni obstáculos ä la instrucción del pueblo! ¡Abajo! (entre las clases sin pretensión de eruditas) la ortografía irracional. Debate lógico, sobre las diferentes anomalias de la ortografía castellana, y sobre la conveniencia ë inconveniencia de su proyectada reforma*, Bilbao, Imprenta y litografía de Delmas é hijo.

MacMahon, Michael K. C. (1986), "The International Phonetic Association: The first 100 years", *Journal of the International Phonetic Association*, 16, 30–38.

Maquieira, Marina (2011), "Las ortografías no académicas del siglo XVIII (1700–1835)", J. J. Gómez Asencio (dir.), *El castellano y su codificación gramatical. De 1700 a 1835*, Volumen III, Burgos, Instituto castellano y leonés de la lengua, 493–546.

Martínez Alcalde, María José (2001), "Gramáticas y ortografías académicas españolas académicas en el siglo XVIII", E. F. K. Koerner y Hans-Josef Niederehe (eds.), *History of Linguistics in Spain / Historia de la Lingüística en España*, Volume II, Amsterdam/Philadelphia, John Benjamins, 195–213.

Martínez Alcalde, María José (2007), "Codificación y norma del español en el siglo XVIII: su enseñanza desde una perspectiva historiográfica", *Dieciocho*, 30.1, 119–130.

Martínez Alcalde, María José (2010), *La fijación ortográfica del español: norma y argumento historiográfico*, Bern, Peter Lang.

Martínez Alcalde, María José (2012), "Ortografía", Alfonso Zamorano Aguilar (coord. y ed.), *Reflexión lingüística y lengua en la España del siglo XIX: marcos, panorama y nuevas aportaciones*, München, Lincom, 95–115.

Martínez de Sousa, José (1991), *Reforma de la ortografía española*, Visor, Madrid.

Martínez de Sousa, José (2011), "La obra académica a lo largo de tres siglos", Silvia Senz y Montserrat Alberte (eds.), *El dardo en la Academia. Esencia y vigencia de las academias de la lengua española*, Volumen I, Barcelona, Melusina, 621–689.

Mejías Alonso, Almudena y Alicia Arias Coello (1998), "La prensa del siglo XIX como medio de difusión de la literatura hispanoamericana", *Revista General de Información y Documentación*, 8, 2, 241–257.

Melcón Beltrán, Julia (1992), *La formación del profesorado en España (1837–1914)*, Madrid, Ministerio de Educación y Ciencia.

Molins, Marqués de (1870), "Sobre el estado y trabajos literarios de la Academia Española", *Memorias de la Academia Española*. Año I, Tomo I, Madrid, Imprenta y estereotipia de M. Rivadeneyra, 218–249.

Muñiz Cachón, Carmen (2009), "Fernando de Araujo en los orígenes de la fonética hispánica", García Martín, José María (dir.) y Victoriano Gaviño Rodríguez (ed.), *Las ideas y realidades lingüísticas en los siglos XVIII y XIX*, Cádiz, Servicio de Publicaciones de la Universidad de Cádiz, 483–497.

Naverán, Onofre Antonio de (1893), *El fonetismo i la pedagojía*, Gernika i Luno, Imprenta de Antonio Egurola.

Noboa, Antonio Martínez de (1839), *Nueva gramática de la lengua castellana según los principios de la filosofía gramatical, con un apéndice sobre el arreglo de la ortografía*, Madrid, Imprenta de Don Eusebio Aguado.

Novísima recopilación de las leyes de España (1805), Tomo IV, Libros VIII y IX.

Ortega López, Margarita (1988), "La educación de la mujer en la Ilustración española", *Revista de Educación*, Número extraordinario, 303–325.

Paffey, Darren (2010), "Globalizing estándar Spanish: the promotion of 'panhispanism' by Spain's language guardins", Johnson, Sally & Tommaso M. Milani (eds.), *Language Ideologies and Media Discourse. Texts, Practices, Politics*, London – New York, Continuum, 41–60.

Palacios, Antonio (1845), *Manual del cajista*, Madrid, Imprenta de Ducazcal y Compañía.

Pradel y Alarcón, Francisco (1845), *Juicio crítico acerca del prontuario de ortografía de la lengua castellana dispuesto de real órden para el uso de las escuelas públicas por la Real Academia Española y sobre su impugnacion por los que pretenden la reforma del alfabeto*, Madrid, Imprenta del colegio de sordo-mudos.

Puche Lorenzo, Miguel Ángel (2019a), "El *DRAE* (1817–1852) a través de la prensa española", Azorín, Dolores; Clavería, Gloria y Jiménez Ríos, Enrique (eds.), *ELUA: El diccionario de la Academia y su tiempo: lexicografía, lengua y sociedad en la primera mitad del siglo XIX*, Anexo V, 65–88.

Puche Lorenzo, Miguel Ángel (2019b), "El periodismo del siglo XIX ante la lengua español", Carmen Marimón Llorca y M. Isabel Santamaría Pérez (eds.), *Ideologías sobre la lengua y medios de comunicación escritos. El caso del español*, Berlín, Peter Lang, 115–130.

Puche Lorenzo, Miguel Ángel (2019c), "La utilidad de lo efímero en el estudio de la lengua del s. XIX: cuestiones gramaticales a través de la prensa", *Anuari de Filología, Estudis de Lingüística*, 9, 179–202.

Quilis, Antonio (1974–1975), "Fernando Araujo en la lingüística española de finales del XIX y principios del XX", *Boletín de Filología Española*, 50–58, 15–25.

Quilis Merín, Mercedes (2008), "La presencia de los neógrafos en la lexicografía del siglo XIX", Marina Maqueira y María Dolores Martínez Gavilán (eds.), *Gramma-Temas 3. España y Portugal en la tradición gramatical española*, León. Universidad de León, 267–293.

Quilis Merín, Mercedes (2014), "La Academia Literaria i Zientífica de Instruczion Primaria: defensa razonada (y apasionada) de su ortografía filosófica en 1844". María Luisa Calero *et al.* (eds.), *Métodos y resultados actuales en Historiografía de la Lingüística*, Münster, Nodus Publikationen, 607–616.

Quilis Merín, Mercedes (2020), "La *Impugnación razonada contra el prontuario de ortografía castellana* (1845) de Victoriano Hernando, adalid de la *ortografía rrazional*", M.ª J. Martínez Alcalde et al. (eds.), *El español y las lenguas peninsulares en su diacronía: miradas sobre una historia compartida. Estudios destinados a M.ª Teresa Echenique Elizondo*, Valencia, Tirant Humanidades/Université de Neuchâtel, 483–507.

Quintana, Manuel José (1861 [1813]), "Informe de la Junta creada por la Rejencia para proponer los medios de proceder al arreglo de los diversos ramos de Instrucción Pública", *Obras completas*, Madrid, M. Rivadeneyra, 175–191.

Ramos Vallina, Juan (1805), *Recreaciones ortográficas ó diálogo sobre la ortografía castellana, entre dos bilbaínos, a que acompaña un tratadito de prosodia en verso*, Madrid, En la Oficina de D. Benito García y Compañía

Real Cédula de S. M. y señores del Consejo, por la cual se manda observar en todo el reino el nuevo Plan y Reglamento general de Escuelas de primera educacion inserto en ella (1825), Madrid, Imprenta Real.

Real Academia Española (1726a), "Discurso proemial de la Orthographia de la Lengua Castellana", *Diccionario de la lengua castellana, en que se explica el verdadero sentido de las voces, su naturaleza y calidad, con las phrases o modos de hablar, los proverbios o refranes, y otras cosas convenientes al uso de la lengua*, Tomo primero, Madrid, Imprenta de Francisco del Hierro, LXI-LXXXIV.

Real Academia Española (1726b), "Prólogo", *Diccionario de la lengua castellana, en que se explica el verdadero sentido de las voces, su naturaleza y calidad, con las phrases o modos de hablar, los proverbios o refranes, y otras cosas convenientes al uso de la lengua*, Tomo primero, Madrid, Imprenta de Francisco del Hierro, I-VIII.

Real Academia Española (1741), *Orthographia española*, Madrid, Imprenta de la Real Academia Española.

Real Academia Española (1741), *Orthographia española*, Madrid, Imprenta de la Real Academia Española.

Real Academia Española (1754), *Ortografía de la lengua castellana*, Nueva Edicion corregida, y aumentada, Madrid, Imprenta de D. Gabriel Ramírez.

Real Academia Española (1763), *Ortografía de la lengua castellana*, Tercera impresion, corregida y aumentada, Madrid, Imprenta de Antonio Pérez de Soto.

Real Academia Española (1770), *Ortografía de la lengua castellana*, Quarta impresion, corregida y aumentada, Madrid, D. Joachin de Ibarra, Impresor de Cámara de S. M.

Real Academia Española (1771), *Gramática de la lengua castellana*, Madrid, D. Joachin de Ibarra, Impresor de Cámara de S. M., Edición facsímil y apéndice documental de R. Sarmiento, Editora Nacional, Madrid, 1984.

Real Academia Española (1772), *Gramática de la lengua castellana*, Segunda impresion, D. Joachin de Ibarra, Madrid.

Real Academia Española (1775), *Ortografía de la lengua castellana*, Quinta impresion, corregida y aumentada, Madrid, D. Joachin de Ibarra, Impresor de Cámara de S. M.

Real Academia Española (1779), *Ortografía de la lengua castellana*, Sexta impresion, corregida y aumentada, Madrid, D. Joachin de Ibarra, Impresor de Cámara de S. M. y de dicha Real Academia.

Real Academia Española (1792), *Ortografía de la lengua castellana*, Séptima impresion, corregida y aumentada, Madrid, Imprenta de la viuda de Ibarra.

Real Academia Española (1800–1808), *Libro 18 de Actas del pleno de la Real Academia Española*. Código de referencia: ES 28079 ARAE F1-2-10-L18. Identificador: http://archivo.rae.es/index.php/libro-18-de-actas-del-pleno.

Real Academia Española (1808–1818): *Libro 19 de Actas de del pleno de la Real Academia Española*. Código de referencia: ES 28079 ARAE F1-2-10-L19. Identificador: http://archivo.rae.es/index.php/libro-19-de-actas-del-pleno.

Real Academia Española (1815), *Ortografía de la lengua castellana*, Octava edicion notablemente reformada y corregida, Madrid, Imprenta Real.

Real Academia Española (1843), *Minuta del oficio [del secretario] a Manuel María Tobía, secretario general de la Academia Literaria y Científica de Profesores de Instrucción Primaria de Madrid*. Archivo de la RAE. Signatura FRAE_2898_10_3.

Real Academia Española (1844), *Prontuario de Ortografía de la lengua castellana*, Madrid, Imprenta Nacional.

Real Academia Española (1859), *Estatutos de la Real Academia Española aprobados por S. M.*, Madrid, Imprenta Nacional.

Real Academia Española (1870), *Gramática de la lengua castellana*, Nueva edicion, corregida y aumenta, Madrid, Imprenta y estereotipia de M. Rivadeneyra.

Real Academia Española (1911), *Gramática de la lengua castellana*, Nueva edición, Madrid, Perlado, Páez y Compañía (Sucesores de Hernando).

Real Academia Española (1999), *Ortografía de la lengua española*, Madrid, Espasa Calpe.

Real Cédula de su Magestad, a consulta de los señores del Consejo, reduciendo el arancel de los derechos procesales á reales de vellon en toda la Corona de Aragon, y para que en todo el Reyno se actúe y enseñe en lengua Castellana, con otras cosas que expresa (1768), Madrid, Oficina de Don Antonio Sanz, Impresor del Rey nuestro Señor, y de su Consejo.

Real Cédula de S. M. y señores del Consejo, por la cual se manda observar en todo el Reino el nuevo Plan y Reglamento general de Escuelas de primera educacion inserto en ella (1825), Madrid, Imprenta Real.

Rivas Zancarrón, Manuel (2010), "El impacto de las reformas ortográficas en la tradición escrita entre 1750 y 1850", V. Gaviño Rodríguez y F. Durán López (eds.), *Gramática, canon e historia literaria*, Madrid, Visor, 327–348.

Rivas Zancarrón, Manuel (2018), "Panorama general para el estudio de las acti-tudes lingüísticas ante la ortografía en los espacios de opinión pública de América y España en los siglos XVIII y XIX", *Zeitschrift für Romanische Phi-lologie*, Vol. 134, 3, 761–793.

Romo, Judas José (1814), *Observaciones sobre la dificultad de la ortografía caste-llana y método de simplificarla*, Madrid, Imprenta de Repullés.

Rosenblat, Ángel (1951), "Las ideas ortográficas de Bello", *Obras completas de Andrés Bello. V. Estudios gramaticales*, Caracas, Ministerio de Educación. IX-CXXXVIII.

Ruiz Berrio, Julio (2004), "Maestros y escuelas de Madrid en el Antiguo Régi-men", *Cuadernos de Historia Moderna*, Anejos, III, 113–135.

Ruiz Morote, Francisco (1875), *Ortografía castellana teórico-práctica*, Quinta edición adicionada con un apéndice de la ortografía racional, Ciudad Real, Establecimiento tipográfico de Cayetano C. Rubisco.

Salvá, Vicente (1988 [¹1830–⁸1847]), *Gramática de la lengua castellana según ahora se habla*, Edición y estudio de M. Lliteras, Madrid, Arco Libros.

Sánchez Espinosa, Gabriel (2020), "El librero Ángel Corradi y la distribución y venta de las obras de la Real Academia Española a mediados del siglo XVIII", *Cuadernos de Estudios del Siglo XVIII*, 30, 743–772.

Sarmiento, Ramón (2006), "La Real Academia Española, Musso Valiente y la Gramática fallida antes de 1854", S. Campoy García, M. Martínez Arnal-dos y J. L. Molina Martínez (coords.), *José Musso Valiente y su época, (1785–1838): la transición del Neoclasicismo al Romanticismo*, Actas del Congreso Internacional celebrado en Lorca los días 17, 18 y 19 de noviembre de 2004, Vol. 2. Lorca, Ayuntamiento / Murcia, Universidad de Murcia, 607–628.

Schmitter, Peter (1990), "Historiographie und Metahistoriographie", W. Hüllen (ed.), *Understanding the Historiography of Linguistics. Problems and Projects*, Münster, Nodus Publikationen, 35–48.

Serra y Oliveres, Antonio (1849), *Manual completo de la tipografía española*, Madrid, Librería de D. Eduardo Oliveres.

Swiggers, Pierre (2004), "Modelos, métodos y problemas en la historiografía de la lingüística", C. Corrales et alii (eds.), *Nuevas aportaciones a la historiogra-fía lingüística*, Madrid, Arco/Libros, vol. I, 113–146.

Thompson, John B. (1984), *Studies in the theory of ideology*, Berkeley/Los Ange-les, University of California Press.

Tobía, Manuel María (1843), *Oficio de Manuel María Tobía, secretario general de la Academia Literaria y Científica de Profesores de Instrucción Primaria de Madrid*. Archivo de la RAE. Signatura: FRAE_2898_10_1.

Vilar, Mar (1999), "La reforma de la ortografía española propuesta por el gramático y lexicógrafo anglista Mariano Cubí y Soler en 1852", *Revista de Investigación Lingüística*, 2, vol. II, 331–351.

Villa, Laura (2012), "Los antecedentes de *Á la nación española sobre reformas ortográficas* (1852) de Mariano Cubí", Elena Battaner Moro, Vicente Calvo Fernández y Palma Peña Jiménez (eds.), *Historiografía lingüística: líneas actuales de investigación*, Volumen II, Münster, Nodus Publikationen, 919–928.

Villa, Laura (2015), "La oficialización del español en el siglo XIX. La autoridad de la Academia", José del Valle (ed.), *Historia política del español. La creación de una lengua*, Madrid, Editorial Aluvión, 107–121.

Villalaín Benito, José Luis (1997), *Manuales escolares en España. Tomo I. Legislación (1812-1939)*, Madrid, UNED.

Villalaín Benito, José Luis (1999), *Manuales escolares en España. Tomo II. Libros de texto autorizados y censurados (1833-1874)*, Madrid, UNED.

Villarroel, Natalia (2019), "Los neógrafos chilenos y la *ortografía rrazional*: un proyecto lingüístico anarquista", *CUHSO*, vol. 29, núm. 2, 125–153.

Viñao Frago, Antonio (1988), "Alfabetización e Ilustración. Difusión y usos de la cultura escrita", *Revista de Educación*, Número extraordinario, 275–298.

Woolard, Kathryn A. (1998), "Introduction: language ideology as a field of inquiry", Bambi B. Schieffelin, Kathryn A. Woolard y Paul V. Kroskrity (eds.), *Language ideologies. Practice and theory*, New York / Oxford, Oxford University Press, 3–47.

Woolard, Kathryn A. & Bambi B. Schieffelin (1994), "Language ideology", *Annual Review of Anthropology*, 23, 55–82.

Zamorano Aguilar, Alfonso (2013), "La investigación con series textuales en historiografía de la gramática. A propósito de la obra de F. Gámez Marín (1868-1932)", *Revista Internacional de Lingüística Iberoamericana*, 11, 2 (22), 149–167.

Zamorano Aguilar, Alfonso (2017), "Series textuales, edición de textos y gramaticografía. Teoría, aplicación, constantes y variables", *Beiträgre zur Geschichte der Sprachwissenschaft*, 27.1, 115–135.

Printed in Great Britain
by Amazon

56767089R00101

CW00739357

30127105803212

The
NEGOTIATOR

The
NEGOTIATOR
FRANCIS WALDER
The Masterclass at Saint-Germain

Translation, with introduction and notes,
by Gerald Lees

First published by Editions Gallimard, 1958

This edition first published in the UK by Unicorn
an imprint of the Unicorn Publishing Group LLP, 2021
5 Newburgh Street
London W1F 7RG

www.unicornpublishing.org

All rights reserved. No part of this publication may be reproduced, stored in or
introduced into a retrieval system, or transmitted, in any form or by any means
(electronic, mechanical, photocopying, recording or otherwise), without the
prior written permission of the copyright holder and the above publisher of this
book. The text copyright in the Work of this edition shall remain the property of
Gerald Lees. Every effort has been made to trace copyright holders and to obtain
their permission for the use of copyrighted material. The publisher apologises for
any errors or omissions and would be grateful to be notified of any corrections
that should be incorporated in future reprints or editions of this book.

© Gerald Lees, 2021

ISBN: 978-1-913491-28-4

Design by Vivian@Bookscribe

Printed by Gomer Press, Wales

Suffolk Libraries	
Don	
			08/22

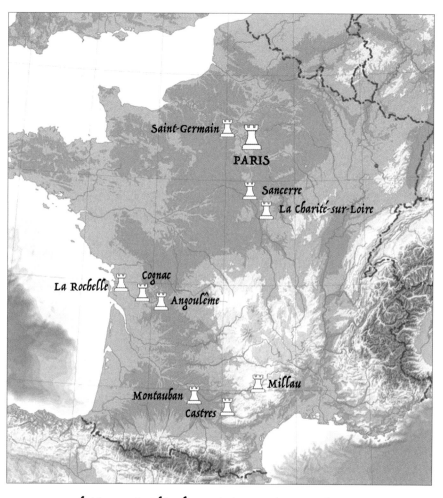

Towns and cities mentioned in the negotiation at Saint-Germain-en-Laye, 1570

Introduction

THE FORMER soldier and diplomat Francis Walder won the Prix Goncourt with this historical novel in 1958. His aim was to illustrate the art of negotiation, and he chose as his context an actual peace treaty: the Peace of Saint-Germain was signed in 1570 during the French Wars of Religion, and two of the novel's main characters – Henri de Malassise and the Baron de Biron – did indeed represent the Catholic side in this negotiation with the Calvinist Protestants (or Huguenots).

Saint-Germain-en-Laye is some 20 kilometres west of Paris. The château there was embellished earlier in the sixteenth century by King Francois I, and this royal residence often hosted the French court, as was the case at the time of this treaty.

The bloody and destructive wars between Catholics and Huguenots had raged intermittently in France for nearly a decade, and would continue into the 1590s. While the Catholic army had won major victories at Jarnac and Moncontour the year before, by 1570 the Huguenot army – led by the Admiral de Coligny – had moved north and defeated the royal forces at Arnay-le-Duc. The talks at Saint-Germain were an attempt to bring peace to a divided kingdom.

It was not the first effort. The Edict of Janvier eight years earlier had granted some limited opportunities for Protestant worship, and in the following year the Edict of Amboise saw an end to what has been called the First War of Religion. Hostilities resumed in 1567, and although the amnesties of the Peace of Longjumeau in 1568 made for a short-lived interruption, by September of that year fighting had started again. In that month, the more restrictive Edict of Saint-Maur, while permitting freedom of conscience, banned Protestant worship throughout the kingdom.

The questions of Protestant freedom to worship, and of which towns could be Protestant strongholds, are the issues under negotiation in this novel. After earlier meetings elsewhere with the Huguenot leader (Admiral de Coligny), the narrator – Henri de Malassise – goes to Saint-Germain for discussions with Huguenot delegates in the hope of reaching a workable agreement. He is representing the young Catholic King Charles IX and the latter's influential mother Catherine de Médicis. Accompanying him is a senior military officer, the Baron de Biron.

Two years and two weeks after the signature of the Peace of Saint-Germain, the fragile peace was broken by the events of St Bartholomew's Day, in Paris. When the Protestant leader Coligny was shot and wounded, the Catholics feared a violent Huguenot reaction and authority was given for the pre-emptive execution of Protestant leaders, including Coligny. A Catholic militia then went on to kill thousands of Protestants in a massacre which spread to the provinces.

Thereafter, except for short intervals, armed conflict continued into the last decade of the century. In 1598, in the reign of Henri IV (formerly Protestant, now converted to Catholicism), the Edict of Nantes finally brought an end to the Wars.

Author's note

I DO ADMIT that, in writing this book, I have drawn on certain national and international meetings in which I took part. The meetings took place in London, in Paris, in various languages, and over a number of years which now seem far in the past. The teams of delegates would sit at green tables, and their discussions could not have succeeded had they not all come with their own plans and tactics. The tricks and subtleties involved in such tactics have often made me think that one should attempt a portrait of the negotiator. But in what context? A contemporary setting would be difficult. A historical one, then. And better to avoid any international situation, which could seem anachronistic or shocking today. I settled on the somewhat obscure Treaty of Saint-Germain, signed in 1570, to show French people negotiating with the French.

No, the characters in the present work are not based on anyone I have met in commissions and conferences. There are no allusions. The narrator and his colleague are real historical figures, who did negotiate the clauses of the Treaty of Saint-Germain in the order in which they are presented. Only the manner in which they do so cannot be evidenced by documents surviving from the period. Their two adversaries are based on people remembered from periods of my life well before the years in London and Paris, and who never moved in diplomatic circles. The female character who appears with them is wholly fictional.

Yes, I have made a novel from what seems the driest, most impersonal thing in the world: negotiating a treaty. But, behind the scenes, living forces were at work, and what is alive is worth writing about. Not surprisingly, the book is about people. If I have darkened the character of the narrator, and generally stressed the duplicity of the individuals, it is because the novel calls for this type of exaggeration. Having chosen the cast and made them slightly larger than life, it only remained to pitch them into the procedures followed since negotiation began, in order to see its workings more starkly than in reality. I have enjoyed it. I hope you will too.

F.W.

The Negotiator

I

TRUTH IS not the opposite of lying; betraying is not the opposite of serving; hating is not the opposite of loving; trust is not the opposite of mistrust; nor rectitude that of falsehood.

Yesterday evening – in front of the hearth, where the branches of a dead tree were blazing – I mused upon my past. I thought of the uncertain nature of this existence devoted, in large measure, to diplomacy, and wondered whether such lack of definition was due to my chosen profession, or to some natural inclination of mine, or whether perhaps every human life is, of necessity, something vague, contorted and, at its extremes, contradictory.

I have always thought that I have led a strange existence. Nothing in these missions, in the many operations which have occupied me more than my official responsibilities, has ever placed me in a prominent position. And yet I have been struck by the contrast between the power I could experience, the resources I could draw upon, and how little of this showed on the surface of the visible world. I concluded that all truly human activity is unseen, that man's struggles take place in the shadows, and that what is finally seen in the light, and which we call victory or defeat, is merely an artificial construct for the eyes of the multitude, and with no bearing on the underlying truth.

From which it follows that he who would build something must do so in obscurity. Such a one was I. I let others take credit for my work. This was necessary, as darkness and light are not compatible and we must choose one or the other. But it seemed to me that, had I been able to play both roles, and, after crafting my negotiations also receive the acclaim for them, I would have found it inelegant and vulgar to do so. To be aware that one is the underlying initiator, the mind behind something for which another will claim ownership, is a strong, masculine sensation. To keep one's thoughts to oneself, to hear the error in men's chatter and to recognise it but not pursue it, is the greatest satisfaction. This has always been my way. My immense pride was thus satisfied, and, in the absence of a cause – which pride always lacks – at least it found its object.

As I pondered so, before the flames, I felt the desire to tell the story of my life. The many twists and turns I could bring to memory made, out of little-known episodes, tales more ingenious than many a fable. Subtle ambiguities of feeling, which I expressed as aphorisms at the start of these pages, to me offered more clarity than many a philosophy. Only the difficulty of choosing was holding me back.

I reflected at length on those years in Italy where meticulously, passionately, discreetly I learned the art of diplomacy from the very people who had invented it. I could think of countless episodes which, if their secret story were told, would astound the world. Then my thoughts led me back to France, and I settled upon the peace treaty we agreed at Saint-Germain, the negotiations being peculiarly memorable for me. Is it because of two exceptional personages I encountered there, or the mysterious female image which those talks conjure up? Perhaps it was there that I found most opportunity to engage the resources of my mind and the convolutions of my character.

II

A ND HERE I am, this February morning of 1591, in the uppermost room of my home in Languedoc, dictating and recalling the splendours of the age. Through the window I can see the dry landscape, frozen by this harsh weather. Winter and memories go well together, both being dead.

The first image which comes to mind transports me to exactly such a season, twenty-one years ago. King Charles IX summoned me one March day in 1570. You remember this monarch: not lacking stature or courage, but prey to a choleric disposition and consequently unstable. On his bad days he would be seen wandering through his apartments, his face swollen with some inner resentment, looking from side to side as if searching where and on what to vent his temper. Or he would walk straight ahead, with a fixed stare and projecting lip, gloomily resigned to a hostile fate which only he could know. His utterances would be few, and violent. He would simply repeat the same words, however one answered, like a vexed child deaf to reason.

It was always too easy for him to turn to the Queen Mother, who was watching over his every step. He lacked that solitude, that abandon and freedom of action which are the making of young leaders. Yet he was maturing, and there were signs that he would have made a king of some note, if illness had spared him and taken the Queen Mother instead.

His nostrils and lips, more prominent than usual, alerted me to his mood. As was my practice, I withdrew into myself, into a state void of feeling, a zone of indifference and insensibility on which his attacks could make no impression, and from the safety of which I would be able to observe, reflect and respond.

The King told me that he – in fact, it was the Queen Mother – had decided to come to terms with the Huguenots. Convinced of the futility of the civil wars which were weakening France, he agreed to negotiate and would make a concession. Freedom of conscience for those of the Reform was already recognised. Henceforth, they would be able to declare their convictions openly, but no ritual or public demonstration of their faith would be permitted.

"Such must be your position, Monsieur de Malassise," he concluded.

"Sire," I asked, "from this position, how far may I step back?"

The King's fist struck the table.

"Not one single step!"

I rose at once.

"Sire, find a soldier. I am a diplomat."

And I went to the door, though pausing there a moment to give him time to call me back. But he did not – at least, not immediately.

"Not one single step!" he repeated, shaking his heavy forehead as if threatening me with invisible horns, and not moving until I left.

The next day I was called back. I found the King with Monsieur de Biron.

"Here," he said, "is the soldier."

I could see from his relaxed features that he was savouring my surprise and, with it, what he took for his own cunning. He explained that the idea had seemed to him a good one and that, if such a negotiation required the services of a diplomat, some aspects of it nevertheless called for the presence of a soldier.

"So," he said, "you will negotiate together. And while I count on Monsieur de Biron not to yield in the slightest, I rely on your skills to resolve any difficulties caused by his intransigence."

The hand of the Queen Mother was apparent here, and it was not without some pleasure that I perceived the astute and subtle play of the Italian in this manoeuvre to reverse my refusal of the day before. I had known Monsieur de Biron a long time. He was an excellent military officer. Diplomatically he would not trouble me, although some of his views might prove an impediment.

He was short and solid, broad and heavy, and had a limp, for which infirmity he compensated with an incredible taste for ostentation. His bulging eyes had only one expression: self-assurance. His voice was rich, deep, strong and could easily boom like thunder. In many ways his physique – always richly dressed – lent itself to show as much as mine did to discretion.

With such pomp of character, he was not suited to grappling with the subtlety of problems and their nuances, or unravelling their intricacies.

During the night I had been thinking about this ambassadorial mission with the Huguenots and, as usually happened – though I had at first treated it lightheartedly – I now felt it was mine, as if I had begun to bite on it. I was smarting from the frustration of finding myself harnessed alongside someone who knew nothing. Then I reflected that Monsieur de Biron, with his impetuous character, would take on the outward duties of the affair and leave me the opportunity to work usefully behind the scenes. He would be seen busying himself, rushing around Paris, his voice droning and ringing in the ears of one and all, while I could handle the essential activity in the wings. Besides, our mandate tied our hands to such a point that we would most likely fail, and it was useful to cover myself with an associate who would absorb the public blame. Reassured by these thoughts, I gave my approval; or more precisely, I used them to justify to myself an acceptance to which my innermost preferences already inclined me.

By a strange turn of fortune, our mission almost succeeded at the very outset. We met the Huguenots at Saint-Etienne – an area which they were pillaging – and found that the Admiral de Coligny was ill. Although he was able to see us, his colleagues could not hide their concern for his condition.

"Not inauspicious," said Monsieur de Biron.

I agreed unreservedly.

"We are meeting a weakened enemy," he went on. "The strength of his spirit is probably diminished by the failure of his body. This is the time to attack, as hard as we can."

But that was not how I understood our advantage. I have always observed in negotiations that the unexpected is valuable if one knows how to make use of it. Each delegation comes with a prepared set of ideas and arguments. There is nothing in its brief which has not been examined and thought through twenty times already. So any new element, even a favourable one, upsets this preconceived order and makes for a moment of uncertainty which the quickest mind can exploit before the others.

The Admiral's illness would not affect his mind. Men of his stamp scarcely depend on the health of their organs. They are all nerves and passion. But if it was useless to attack him in terms of his strength, it was possible to make him fear his companions' weakness, which must have been obvious to him, given his domineering spirit.

"It is for you," I whispered to Monsieur de Biron, "to present the King's offers to the Huguenot leader."

This he did. Monsieur de Coligny rejected them with a violence that left no doubt as to his clarity of mind. He said that no religion could be conceived of without worship, and that permitting people to declare it without the right to practise it amounted to not permitting it at all.

I then spoke, and began – as I have often found useful – by expressing my approval of everything that the adversary had just said.

"Your reply, Admiral, is wise, and your reasons seem to me most sound. In your position I would say the same, and, even from mine, I have no argument against what you have said. Likewise, those who have sent me" – now I was inventing – "do not question the rightness of your views, but wish to discuss how quickly they will be granted. His Majesty is now aware" – here I was taking a chance – "that Huguenots and Catholics must live together in France. He wishes that this be done peacefully. He knows" – now I was lying and going beyond my mandate – "that to achieve this it will be necessary to make further concessions, and in particular in the direction in which you would like us to move today. But he wishes to take his time. It is a question of stages, Admiral, and of knowing whether you agree to stop and pause after the first one, while France catches her breath."

The Admiral was looking at me. He had a beard, a high forehead, a strong nose, a thin, straight neck, a scornful mouth. Beneath his tufted beard his skin was dark, against which one noticed all the more his habit of rolling his eyes, revealing their whites, while he was thinking.

"Who can guarantee," he replied, "that the first stage having been accepted, the second will not later be denied me?"

"Certainly not I," I replied with a smile.

I thought of Monsieur de Biron, who must have been turning pale at my inventions, and of whom I needed to be careful.

"I cannot state, Admiral, that later you will be granted what we wish to deny you today. Indeed, if I still have strength to serve the King and some influence over his mind, I shall use them to frustrate the demands which you will make. Such is my duty. It is a question of knowing whether it is in your interests to accept at once what you are being offered, or to wait in the hope of more, while running the risks which any delay involves. You are unwell, Admiral. If you were to die, who could successfully take over from you, who would have the tenacity, the inventiveness, the prestige needed to see through to its end such a tough campaign as yours?"

The Admiral showed the whites of his eyes.

"No-one," he said simply.

I had hit my mark.

"Would it then not be wise to agree on a first position which ensures the existence of your party, and gives a clear and solid base to what is at present floating and in question? On this firm ground your companions could wait until your health returns, or your successors could wait until a new leader emerges. But suppose you were to die, Admiral, with nothing agreed or signed; imagine the disarray in your ranks, and the triumph, the renewed inflexibility on the King's side, indeed the swift collapse of everything you have built up and the irretrievable scattering of those who have supported you. To hesitate does not seem possible in your situation. On the one side certainty, if sanctioned by yourself; on the other, the vague possibility of a tomorrow which may not be favourable to you and therefore never come. I urge you, Admiral, to grasp what is within your reach, to understand that this is where your true interests lie, and not elsewhere."

The Admiral stared at me, curiously.

"You are pleading my cause, sir."

"Quite," I replied. "At this moment I am thinking, speaking and judging like one of your own. I would not advise you any other way if I were a member of your party."

And indeed, influenced by my own words, I felt like a Huguenot. I put myself in the Admiral's place to calculate the advantages for him, and these appeared to me so clearly that I even wished that he would accept them not for the King's pleasure but for the reformers' benefit, which seemed self-evident. I have always worked in this way. I find it easy to shift my feelings from one side to the other. I turn towards the other party, mould myself to their condition, align myself with their ambitions and then, living in their situation, I begin to feel what is good and bad for them. Thereafter, rather than trying to impose my way of seeing things, I try to convince them to adopt what I believe to be best for them – which always coincides with the interests of my own side.

No doubt this would have resulted in another success for me at Saint-Etienne, if Monsieur de Coligny had not recovered the day after we arrived. His recovery was so sudden that one might believe it to be in some way the will of destiny. There would now have to be further disputes, more bargaining, in August a treaty at Saint-Germain, and, two years later, the events of Saint-Bartholomew. Monsieur de Biron and I came back to Paris with no better result than I had expected when we started out.

III

I T HAD become clear to me that without freedom of worship there could be no possible agreement with the Huguenots. I at once undertook to convince our masters of this. One may ask why. Was I pursuing the greater good for France, and the best means to ensure it? Had I, alas, been influenced by what I had heard from the reformers? Or was I merely fulfilling the role of messenger which went with that of ambassador given me by the King?

None of these three hypotheses explained the passion with which I set about achieving my objective. In reality, I was already in the supreme position of the arbiter who stands between the two sides, no longer belonging to either of them, and who plays his own game at the very behest of those who have appointed him. I could no more give up this mission than a geometrician can tear himself away from a problem to which he can see the glimmer of a solution. My shoulders now bore the combined weight of the two parties dividing France, and my mind was consumed with the immense and lonely responsibility which is both glory and peril for the negotiator.

I told Monsieur de Biron that he should announce the failure of our initiative to the King. And so, splendidly attired for court, he did. Meanwhile, I asked for, and was given, an audience with the Queen Mother.

Catherine de Médicis was imposing by virtue of her corpulence and the majesty of her face, yet she was most lively of temperament. Her loose clothing and harmonious proportions compensated for her somewhat robust build. Her outstanding mental characteristic was her great power of persuasion, which made her well suited to the management of human interests and, notably, of affairs of state. She had a forceful way of separating out the syllables of particular words she wanted to impress on the minds of others, and would thereby manage to convince without using arguments, simply by this verbal hammering powered by the force of her energy.

Her guiding principle was never to submit, but always to impose – or to appear to impose – her will. This meant that to extract a decision from her it was better not to demonstrate its urgency but rather lead her to perceive it herself, so that she would command action as though it came from her alone.

She knew of our failure before I entered her apartments. I began by saying that she was wise to permit freedom of conscience and refuse freedom of worship, and that this was the only reasonable position to take. And I did indeed think so, for the Reform of the Church was much less a matter of rituals than of conviction. One was granting the freedom essential to reformists without offending others by any new practices. Finally, it would be ill-advised to grant all concessions at the outset. We should therefore not waver from our initial position.

"Of that, there is no-ques-tion," spelled out the Queen Mother.

"The Huguenots' right is of a moral order," I stated, then adding, untruthfully: "Monsieur de Coligny agrees on this."

"There you are!" said Her Majesty, pleased with herself.

"His only concern relates to practical difficulties. But these always exist: no-one has ever declared any principles which could be applied without some flexibility being required in practice."

"No doubt."

"We can see no more easily than he how freedom to believe might sit with the denial of worship. But we need only find a compromise. Imagination is the key."

Catherine de Médicis was imaginative, and appealing to this faculty made it easy to steer her.

"Where does worship begin?" I ventured. "When one first kneels? At the slightest show of reverence?"

"No-one can stop a Huguenot from praying in his own room," the Queen hastened to declare.

"Quite. This is a clear starting point. And if a friend, or several, happen to be visiting and join him in prayer, are they worshipping?"

"They are creating a church," she said rather subtly. "But worship only starts when there are rituals."

"Again, we must be clear," I went on. "Whether they pray aloud or read from books, does it really matter?"

"No."

"What if they sing instead of talk, or one of them expresses his thoughts aloud instead of keeping them to himself? And if in this room there are not ten of them but twenty, or thirty instead of twenty, is it no longer private? At what number is it public? Fifty, a hundred, two hundred?"

"It would be a huge room to accommodate two hundred people," the sovereign objected.

"These people have large mansions, Madame, or if they have no premises they will have them built, and these will belong to them, and they will therefore be at home in them. Can one forbid a Huguenot to add a wing to his house?"

The Queen's face was expressionless. She remained calm, superior. Finally she said, disdainfully:

"You will not succeed in drawing a dividing line between private and public worship."

"That is what Your Majesty believes?" I asked, hopefully.

"It is self-evident. How many worshippers would be your limit? How would you recognise a ritual? And given the absence of ceremony which the Huguenots prefer, how would you convince them that they had or had not practised public worship?

"Indeed," I said, in sheepish retreat.

She was on the attack.

"How, sir, will you recognise their buildings as being public or not? With what right will you intervene in a ceremony given by an individual in his own home, on his own premises? Answer, sir, give me an idea. Do you think that it is really possible to control worship, to prevent endless infringement?"

I was now the accused, ill at ease. I continued this pretence, with the contrite look of someone retreating and abandoning his positions.

"I thought so when I came here," I said. "But my view has changed."

"The King never intended proclaiming prohibitions which could not be enforced. Prohibition in principle, yes. But with necessary modifications in practice."

"For example," I suggested, "limiting toleration by only allowing worship in certain places and at the homes of certain people?"

"Forbidding it everywhere," the Queen corrected me, "except in those places and at those people's homes."

"In certain towns, certain homes…"

"Ne-ver in Pa-ris," she enunciated.

It was at this moment, as I was congratulating myself on how easily the discussion had gone and the extraordinary facility with which I had navigated around the Queen Mother, that I suddenly realised that from the beginning she had been determined to reach the point she was reaching. I do not know how this insight came to me, but I felt sure of it. It would have been implausible that so imperious a woman as Catherine de Médicis should allow me to steer her as I had just done. She had learned of our failure and immediately made a decision. Without speaking to the Huguenots, without meeting them, she had come to the same conclusions as I, and resigned herself to freedom of worship. But it was important that her character and her majesty should not suffer from this retreat, from this change of direction which she saw she could not avoid. She had played the royal game as she would have done before a roomful of ambassadors. Nothing was taken from her: everything was granted by her, as the fruit of her disdain and her dominating mind.

Now much more assured, and as always when I find myself faced with someone whom I believe of superior mind, I advanced my suggestions boldly.

"This generous position which you are adopting, Madame – since, though not a concession, it nevertheless appears to be one – will enable you to claim something in return. And therefore you will gain an advantage in exchange for something which you have not given."

"I certainly intend," she replied, "to make the Huguenots give way on some point or other before signing the treaty."

"The towns…" I murmured.

"Precisely, the towns. They must lose some of them. The question is how many, and is therefore to be negotiated."

"Eight would be a great number," I said quietly.

"You will grant four."

Rising to her feet, she concluded:

"It is fruitless to base policy on intransigence about practicalities. Inflexibility is for principles, not for action. Under the sign of an article of faith, citizens must be able to perform deeds which infringe it, providing that in their minds the article remain intact. Flexibility and imprecision are everything in the business of leading men. Clear ideas do not make a people happy. The King will not abandon any position which he has taken. Reformed worship will be tolerated in some regions of France. Likewise, the Huguenots will have to abandon several places to which they lay claim. But reformed worship is not free, and on this point we shall not yield."

Having thus taken credit, by this summary, for what I had led her to understand in detail, she dismissed me. I withdrew, filled – as always when in the presence of Catherine de Médicis – with amazed admiration for this woman who would have made an excellent diplomat, had she not instead been a great head of state.

IV

MEANWHILE, MONSIEUR de Biron was leaving the King's apartments. Charles IX had struck the table with his fist, glaring all around, his face swollen with resentment towards the Admiral, and finally declared negotiations at an end. As he left, Monsieur de Biron announced to all who would listen that further talks were now out of the question. They were resumed two days later.

It was not easy, however, as the King did not wish to reverse his decision so quickly. A formula was needed which could allow the parties to negotiate while appearing not to do so. I suggested that Monsieur de Biron, whom everyone saw as the leader of the delegation, should be seen to remain in Paris while I met the Admiral in secret. It was now Monsieur de Biron who was reluctant, but then I explained how useful it would be if, during my absence, he could make great show, be seen, and parade back and forth with greater pomp and increased entourage, so that an interruption of talks would be apparent to everyone. That idea suited him so well that my leaving now seemed far more opportune, and he prepared to play his allotted role.

I disappeared from court, and fading into the background comes so naturally to me that no-one noticed that I had left. Monsieur de Coligny, with his black beard and clothes, seemed even more severe now that he was in better health. My mission was to have him understand that the practice of reformed worship remained irrevocably forbidden, but that it was accepted that many things could go on as if it were not.

"Admiral," I said outright, "I believe there is one position on which you will not give way, and that is that reformed worship must be free."

The Admiral rolled his eyes, twice.

"This principle is fundamental," he said. "We can discuss *beyond* that point, but I shall not step back from it."

"It is a principle," I replied, "an emotional, passionate position to which you attach symbolic importance."

"Precisely, sir. And you well know that a leader cannot compromise on such points without losing the esteem of everyone."

"I take it," I went on, "that providing you have reassurance on that principle, you will agree to discuss some accommodation on a practical level? Beneath this flag which you will hold aloft, you would yield a few paces?"

Again, the whites of his eyes warned me that the Admiral was withdrawing, was on his guard, and perhaps about to formulate some condition to which he might commit himself irreversibly. I hastened to speak:

"Your colleagues," I murmured, "claim to be strictly intransigent, I admit, but…"

I had struck the right chord. The Admiral could be steered easily if one played on his pride and the contempt in which he held his followers.

"Only the leader," he said, straightening, "may strike bargains. Once the principles are established, there can of course be no agreement without reciprocal concessions."

"The King, who has sent me here, thinks the same," I said, relieved.

"I am very pleased to hear it. I am His Majesty's most faithful servant."

I do not know why he always took pleasure in proffering expressions of loyalty towards a king whose provinces he was pillaging and whose subjects he was holding to ransom. He made no show of humility or false virtue. Rather the contrary: with his sloping eyebrows and pointed beard he seemed more arrogant than humble, as if he delighted in bowing before the prince while at once judging and defying him. I have often observed in men of breeding a certain art of emphasising the expression of their thoughts through contrast: courteously voicing the greatest impertinence, giving the most high-handed commands in a friendly manner, or implying respect while asserting their complete independence and their strength of will.

"His Majesty," I went on, "wishes that worship be forbidden in certain regions..."

"It will be free everywhere," thundered the Admiral, "except in those places which the King suggests and to which we agree."

"Precisely, the proper form of words," I said. "It all comes down to a sharing of territory."

"No. To territorial restrictions which I will accept."

"It only remains for the King to specify in which places he does not wish worship to be established."

"For me to state those places where I could not tolerate its absence."

"Paris, of course..." I murmured.

"La Rochelle, Montauban..." began the Admiral.

When Monsieur de Coligny said this I felt that I had achieved my objective, and was anxious to leave. I stood up. He repeated his declarations of loyalty.

"Assure His Majesty of my greatest respect. I wish him health, and success in war. My forces are at his disposal, should I have the chance to demonstrate my devotion to him. Certain regions, if he so wishes, shall have no reformed worship. But reformed worship must remain free: on that, we shall not yield."

We spoke further of the towns and then I withdrew, declaring that the King would be satisfied, and leaving the Admiral well content.

Thus is was that I brought together, in the early months of 1570, these two powers with exactly opposing principles but which called for identical measures in terms of their application. It was a matter of sovereignty. Each party's claims remained intact, and yet we were going to negotiate. This was possible as long as the ideas themselves were left alone and only their practical implementation discussed. And thus, until the end, I led both the Queen Mother and Monsieur de Coligny to believe that their own views had been accepted and recognised by their adversary. With this face-saving conviction they could comfortably agree on what was, at a practical level, the subject of their dispute. One side wanted a Catholic France which was half-Huguenot, the other a Huguenot France which was half-Catholic. How could they fail to agree in substance, providing the form of words was left alone?

It was, and remained so, with each party too keen to hold on to its moral victory to bring it into question. For months, the towns and regions were the subject of endless discussions, of breathless coming and going. When at last they were set out on the map, each in the appropriate colour according to its religion, the sharing of territory had become a given, and so much weariness had seeped into the joints of the will and pride of the two parties, that the final text was no longer of interest. Their only wish was to be finished with it, since a situation of balance was now established. How the situation was to be described no longer mattered.

When I left the Admiral de Coligny, the treaty was therefore virtually established. It was my doing, the result of my efforts alone. I had planned it and wished it, and on the evening I have described had essentially brought it about as it suited me. Doubtless, history will not give me credit for this subtle accomplishment. I needed to remain in the shadows, my negotiations unknown, so that the outcome need not be proclaimed. I have said enough about my character for one to see that little matters to me: it is enough for me to have held, just for those few days, the strings which controlled the fate of a people and – like dancing puppets – the most powerful figures in the world. It is a godlike pleasure.

V

WHEN TALKS resumed on the ambiguous basis I have described, I found myself feeling quite indifferent to the whole affair. I would accompany Monsieur de Biron in his travels, my only aim in the discussions being to avoid any return to positions of principle: I took care to stifle any possible reference to them, and to keep the talks on the fertile ground of territorial concessions.

Discussions of this kind always go through an early phase of great confusion. As all is far from settled, each party ambitiously makes unreasonable demands in anticipation of future concessions. Various claims come to light, with the sole purpose of probing the adversary's weak points. It is only after some time, when the priorities of those present are known, that a clearer and far more delicate phase can begin, in which the fortunes of the country are determined. With each party having yielded what from the outset it was resigned to losing, and having refused what was its aim not to accept at any price, there arises the uncertain, residual problem of how to divide what remains unallocated. The real player's moment has come. It was the moment I was waiting for.

Monsieur de Biron gave this period his all. Never did a small man occupy so much space, never did one with a damaged leg cover so much distance. Châlons, Pont-Saint-Esprit, Autun resounded to the sound of his sword. Paris could follow his progress by the noise of his entourage. The Huguenots were asking for eight fortified towns, they demanded twice as many, we granted six, we wanted to give only four: the most varied accounts were given each time the delegation returned. They were discussed in court circles and the King's Council, which was wrong, as it was obvious that such arrangements were temporary and would collapse, to give way to others.

Towards midsummer, the situation evolved. It became clear that four fortified locations would be left to the Huguenots, and, despite reservations in some quarters, we were resigned to it. It remained to be decided which places. The critical phase in this discussion revolved around five or six named towns. As if both parties now sensed the decisive turn which the talks were taking and wanted to mark its significance, the venue was changed and a delegation of Huguenots came to the château of Saint-Germain to conclude the negotiations.

My sharpest memories of 1570 are related to this royal residence, so handsome and radiant in its grey stone and pink brick, of a fashion brought from Italy by King Francis I. In my mind's eye I can see, from within the park, the graceful balustrades of its façade and its unique, very ingenious angles which lengthen its perspective so distinctively. There, the steep valley sides look down to the Seine, and the dark forest of Laye edges toward the château. Summer of 1570, your light and sky were so beautiful while I was negotiating behind those balustrades, and walking and talking with the personages whom I shall now describe. The missions I have since undertaken have not left the same mark on me, with the result that in my memory the château's façade is always bathed in sunlight, and the lofty, leafy branches of the yoke-elms in the forest stand out against a warm blue sky. I have not known, shall never know, Saint-Germain in autumn or winter. This sumptuous setting, however, is meaningless to me without the figures within it. My memory conjures up a picture, with the strong outline and brushwork reminiscent of Flemish portraiture, of two imposing men, each dressed in black. Yet I am always bound and drawn, again and again, along all the pathways of my memory to the garden and the château, by that female vision who glided into view, her dress lending colour to a few of our days, and who then, in a rustle of leaves, disappeared never to return.

Looking at the Huguenot delegation, I quickly saw that they who did the work would not be the ones to receive honour for it. The diplomatic profession provides many examples of such a division, as it entails on the one hand some external show and eloquence, and on the other a mind which is agile, wily and subtle. Not everyone has all these qualities, hence the two types of person who often make up delegations. Those who present, and those who act. Some parade and make speeches, while the others, in the background, argue over the crux of the issue and work out compromises. Monsieur de Coligny's limited esteem for his colleagues must have led him to organise his delegation in such a way. And so, while its leaders met the King, the Queen Mother or the Cardinal of Lorraine, we regularly met two gentlemen, the leaders' senior aides, who held the reins and the future of the negotiation in their hands. Monsieur de Biron would sit with us, but could not bear to be absent from the meetings of the great. He went from our circle to the King's, and then back, bearing news, moving up and down between the lowly and the lofty as if on winged feet. This extraordinary man had at once something about him of Mars, Vulcan and Mercury.

Monsieur d'Ublé had a red, baby's face, an upturned nose, and dull, bulging eyes. A few white hairs still crowned his head but he was almost bald. At first sight you would think him severe: his absence of expression and small round mouth implied someone reserved, distant, even haughty. His behaviour suggested infinite knowledge: one could easily believe that he had read extensively, thought a great deal and seen human problems from new angles. Yet one soon found that his most frequent expression was one of mockery. His naturally motionless face would come alive and be constantly coloured by his mood. He never spoke a word without miming its meaning. He would puff his cheeks, thrust out his lips, and make his already bulging eyes project further to indicate anger, disapproval or simply the conviction of his thoughts. He would raise his eyebrows, lift his head, turn down his mouth at the corners, and you would discover, as he listened to you, the very image of incredulous attention. At certain words the countless wrinkles of his face would suddenly deepen, and he would be shaken by fitful laughter like that of an old woman. At such moments a trace of truculence would appear on his face, and indeed his language would be somewhat earthy. Then at once his face would fall still, his finger would signal "No", and you knew that the limit had been reached beyond which you would no longer enjoy his tolerance. Beneath the globes of his eyes, his mouth made a third point, and this magnetic triangle seemed to beam his force of will towards a pole indicated by his stern, pointing finger. Then at last his features would relax and he resumed his usual style: half-smile, full gestures and something engaging about his friendly manner which neither committed him to an opinion nor allowed him ever to lose face.

I thought, when I met him, that if such outward gestures left his inner soul free to function independently, or if the latter consciously manipulated the gestures to its own ends while not feeling the emotions they suggested, he must be a remarkable negotiator.

Monsieur de Mélynes's hair was still dark, curly even. Though younger than Monsieur d'Ublé, he was the leader of the delegation. He was a man of sombre appearance. His small, sunken eyes sparkled with intelligence, though one did not notice this immediately. His lips were full and curved. His face was dominated – and its balance determined – by an ambitiously long, high-bridged nose. It tended to point downwards, and thinking with his head down was Monsieur de Mélynes's characteristic position. If he spoke, he would raise his face a little more than necessary, as if to thrust backward the weight of this overhang – perhaps also to counter some difficulty in raising his eyelids. He would then point his nose into space, smelling, sniffing, seemingly seeking the scent of support while at once asserting, by occupying so much room, the value of his opinions. Then suddenly, prompted not by what you might say but by what he was about to say himself, and which might by chance amuse him, he would smile. You would then discover that this cheerless face was capable of surprising charm: his teeth were white, like a string of pearls; his eyes became mischievous; all his features were transformed, softened by the disappearance of the bitter vertical creases of his mouth when closed. You would think, as I did, that he was at least two different people, and the contrast between two so different characters suggested that it might be hiding a range of other, intermediate ones, all to be reckoned with.

VI

A ROOM WAS reserved for us at the far end of the first floor, near the old keep. It was there, in those July days, that we sat and talked. Across the table I could see the two Huguenot gentlemen, dressed all in black but for the white of their ruffs. They appeared so impenetrable, and so complementary in their difference, that they seemed to form a block, a rampart which I wondered how I could possibly breach. Beside me Monsieur de Biron was atremble, characteristically impatient for action, like a pot barely able to contain its steam.

My only hope, at this early stage, was to reduce the number of towns to be given up. We were talking of some four towns, but they had yet to be named. Perhaps, when the time came to be specific, I would be able to play on the Huguenots' preferences and induce them to yield on quantity in exchange for quality. I needed to find out which place meant most to them, refuse it stubbornly, and only give it up at the last moment in exchange for their sacrificing a fourth town.

Though it may not be common practice to appoint a chairman for so small a group, it is nevertheless helpful if one member leads the discussion. I proposed Monsieur de Biron for this role. Monsieur d'Ublé stared glassily from beneath raised eyebrows, and Monsieur de Mélynes glared at us searchingly through narrowed eyes. The outcome of their deliberation was silent consent. I knew my colleague and friend well enough to be able to manage him without difficulty, and I preferred to influence the talks indirectly rather than chair them. Besides, it was not certain that I would have been accepted as chairman. The reasons why Monsieur de Biron was welcomed arose from our guests' first impression of him. He was delighted, and so everyone was happy.

No sooner had the question of chairman been settled than I felt I needed to set the direction of the discussion myself.

"Concerning these 'three or four' towns…" I murmured nonchalantly, my fingers tapping on the table.

"Yes, concerning these 'four' towns," rejoined Monsieur d'Ublé, his voice smooth as satin, his eyes round and alert, like an owl's.

"About these 'four or three' towns," cut in clumsily Monsieur de Biron.

Monsieur de Mélynes reacted at once.

"Are you questioning the number of towns?" he asked, raising his nose to such a height that I knew I must be careful.

I soon came to know the importance that he attached to issues by the angle to which he raised this weapon-like organ. I found this helpful, just as swordsmen anticipate their enemy's thrust from the position of his feet.

I did not want the question of number to be raised outright. Previous conversations had taken us to the point where one would have had to recognise that the number was four. It would have been to agree it formally, with no turning back. I hastened to prevent Monsieur de Biron from replying.

"No, no," I said, "Monsieur de Biron is not questioning the number of towns. Monsieur de Biron was not speaking of the number, but of the towns themselves. The number scarcely interests him. He expressed himself in such a way as to indicate that the number did not matter to him, and so changed it around for that very reason. He could just as well have said 'these four or six or twenty or hundred towns', using unrealistic figures to show that they were no longer the issue. His aim as chairman is that we should concentrate on a specific objective: the list of fortified towns, their respective importance, their strategic value, the faith held there and the reasons which we, both parties, have for wanting them. Any consideration of numbers would tie our hands in this endeavour: as hunters say, one quarry at a time."

This re-definition was accepted, along with the method proposed. The art of diplomacy lends itself well to putting off a thorny issue until later. Messieurs de Mélynes and d'Ublé were too experienced not to subscribe to this rule of the game. Monsieur de Biron was silent, astonished to learn how much a chairman can imply with so few words.

Two towns had been won in advance by the Huguenots. Montauban and La Rochelle, both bastions of their cause and symbols of its might, could not be taken from them. To argue over them would have been hopelessly optimistic and a waste of time. They claimed these from the outset, as if to clear the decks for the real fighting.

"You will of course understand," Monsieur de Mélynes began, his nose very low, "that Montauban and La Rochelle…"

"Montauban and La Rochelle…!" I said, assuming a doubtful expression. "Those are two very important towns."

"Two towns to which we attach the greatest importance," came from the rounded mouth of Monsieur d'Ublé.

"I must warn you," Monsieur de Mélynes went on, "that any claim on these two towns would come up against absolute intransigence on our part."

"I can admit," I replied with a friendly smile, "that the King's instructions are that we should be quite generous regarding these towns. His Majesty expects that you cannot give up La Rochelle and Montauban, and that it is in terms of other towns that you will make concessions…"

Monsieur d'Ublé looked at the ceiling. I soon noticed that this happened each time his colleague lost a point in the course of our verbal fencing match. Monsieur de Mélynes, by contrast, glanced at his partner out of the corner of his eye whenever he judged that an error had been made. The immobile eyes of Monsieur d'Ublé seemed incapable of this.

Meanwhile, on my left, I could sense Monsieur de Biron stiffen at this declaration of Charles IX's instructions, which was pure invention on my part. To forestall any outburst from the fiery warrior, I hastened to invite him to speak.

"Monsieur de Biron," I said, "who enjoys the King's confidence, will tell you himself that His Majesty is all indulgence and generosity."

Very red in the face and torn between the pleasure of such praise, respect for the truth, and the demands of loyalty, my companion emitted a few grunts and snorts.

"The King," he said, "does indeed govern with benevolence and generosity."

"The King of France," I urged, "does not take positions so inflexible that they would cease to be human."

"His Majesty," the Baron acknowledged, "has a great desire to see justice done."

"He would not want anyone to be deprived of that which is justly his. He only uses the apparatus of his power to regain that which by chance has been wrongfully taken."

Monsieur de Biron again had to recognise that the King could not transgress so imperative a moral law. Without letting him continue, I concluded for the benefit of our adversaries:

"His Majesty is constant in this doctrine; it is implicit, applicable even if not stated, to the extent that even if the King had said nothing about Montauban and La Rochelle, we would have had to admit that he wishes to leave them to you."

The logic of this conclusion seemed to take Monsieur de Biron by surprise. He felt that he had been manipulated, and remained silent.

Having thus led him to believe that the King thought as I did, having given the reformers two towns which belonged to them and having obtained their tacit agreement that they would compromise over the others – which gave an exchange value to something which had not been exchanged – I brought our conversation around to the question of the other towns. There were now only two – at the most – to be chosen, and the competition was becoming tighter.

I began cautiously:

"We ought to go through the list of towns which you have held or still hold."

Our adversaries agreed. They were very restrained at this early stage of discussion. They were letting us make the first move, a tactic familiar to all who live by negotiation. It is often useful when addressing difficult issues. As an example of this, the Huguenot approach was quite adroit: they were learning about us by letting us attack, concealing their hand by remaining on the defensive. I knew this reticence would not last forever.

I proceeded, in a neutral tone:

"You have had Millau, Castres…"

I was beginning with the most modest towns.

"Good towns, very good towns," my military colleague urged, with such enthusiasm that one wondered why he should be so keen to give such excellent strongholds away.

"Millau, Castres…" repeated Monsieur d'Ublé, pulling a face and wrinkling his brow into a thousand furrows.

Then he suddenly changed expression, frowned, shook his head and said, as in confidence:

"They are not really very good towns."

One might have thought that we were the ones asking for them, and that like a wise and loyal friend, though quite disinterested, he was advising us: "Believe me, do not take them: it will not do you any good".

"Do you not value them?" I asked straight away. "Do you now deny them? Having once held them, do you now think that they have no desire to be returned to you? Or are you casting them from the bosom of the reformed Church? If they were offered to you for nothing in return, would you refuse them?"

That was when I noticed Monsieur de Mélynes's sideways glance. His head was down and he was giving his colleague a look which, while not pointed or malicious or irritated – which would have drawn attention to his partner's clumsiness – was instead suddenly heavy, dull, filled with deep scorn and frustration. "How can anyone be so clumsy!" Monsieur de Mélynes, clearly, was not an easy person.

But this flash was short-lived: his scarcely-perceived temper returned to the depths from which it had surfaced, and Monsieur de Mélynes began his attack.

"Monsieur d'Ublé did not mean that," he stated in turn. "I think he had in mind the geographical positions of the two towns. I do not think I am far wrong in saying that they are, to his mind, rather close together, and to Montauban. You will appreciate that the reformed religion cannot have all its bases in the same region. That would amount to only having one. Monsieur d'Ublé feels that a spread is called for, a territorial distribution required: an extending of the area is needed, in his view, to ensure a good balance."

With this last phrase, the fine pearly smile had returned to Monsieur de Mélynes's lips. No doubt he realised that such detail in the interpretation of his colleague's thoughts would leave us sceptical. His contribution was an exercise in pure form, intended to mask a recovery operation of which we were of course aware. I even suspected that he derived some impertinent pleasure from revealing the tricks of his trade.

As for Monsieur d'Ublé, he played the game for his team, smiled his old woman's smile with the corners of his mouth turned downwards, made flowing movements with his hands, and rejoined:

"Of course, of course. That is what I meant. Some express themselves in one way, others in another… Spread, distribution, balance… My noble friend knows my mind perfectly."

With this exaggerated charade, he escaped the embarrassment of his mistake and could still speak with confidence. It now fell to Monsieur de Mélynes to put forward those other – better distributed – towns which he had in mind. But he did not appear eager to do so. No more did I. We were reaching the critical point in the negotiation, and each party preferred to let the other address it first. Monsieur de Mélynes wanted us to state the important places still at issue, so that we would seem to be offering them and he would only need to accept them. For my part, I wanted to let him name them, so that I could find his claims excessive and gain leverage in the discussion. This is the drawback of the "Let them make the first move" method: if both use it, one gets nowhere.

I recognised the Huguenots' shrewdness in leaving the running of the meeting to Monsieur de Biron. His position obliged him to take the initiative which both parties were avoiding. Moreover, the argument about balance and widening the area appealed to him by virtue of its strategic aspect. He could not resist. By nature, he was not given to expressing himself indirectly.

"In the South, Montauban," he said briskly. "In the West, La Rochelle, on the coast. In the middle of the country, I can only see Sancerre and Angoulême."

His tone of voice changed as he gave this short military presentation, something I have often noticed when circumstances call upon people to speak of things relating to their profession.

Personally, I felt far from comfortable to hear the two names which we had all had in mind from the beginning now break the silence, and to witness the very object of our talks being displayed so crudely; for it is a fact that, among diplomats, the natural element for our changing thoughts is that which is vague and unformulated, and it hurts us, when the time comes to draw up the treaty, to be trapped in the eternal prison of words. We are poets.

Angoulême and Sancerre were major prizes, one by virtue of its size, the other as a natural stronghold. The Huguenots attached as much value to them as we did, and we knew that we would surely have to give them up. But it was ever my great delight to invite opponents to take up the most extreme positions, and then to try to induce them to make a concession so that I would obtain at least some shadow of advantage. Where formal agreements have been made and definitive conclusions reached, still, behind these agreements and conclusions, you have human nature, which has no convictions so deeply entrenched that they cannot be got around. By any objective prediction, we would lose Sancerre and Angoulême. There remained, however, the characters of Messieurs d'Ublé and Mélynes, which from that day I would discreetly study. I would have to play not on their sense of loyalty, but on their understanding of what would advance or hinder their cause.

Our opponents reacted as expected.

"There is Sancerre…" said Monsieur de Mélynes.

"Angoulême," said Monsieur d'Ublé.

"They are not the only towns in the region…" I began.

"I suggest that we stay with your 'offer'," interrupted Monsieur de Mélynes, pressing home the advantage.

"Let us see it rather as a 'basis for discussion'," I conceded, limiting our defeat as best I could.

I now needed only to find out whether the Huguenots preferred one town to the other and then, as I had planned, obstinately refuse to yield it except at the eleventh hour in exchange for something in return.

I suggested we look at them in turn, which was accepted. Then I set about voicing objections first about one, then the other, to see which they would fight over most.

"Asking for Angoulême," I said, "is like claiming an entire province. We all know the influence of the city in its surrounding area. If we give it to you, we give you a territory, in effect several towns instead of just one. Would we then add Sancerre to a list which would already be too long?"

"There can be no question of sacrificing Sancerre," Monsieur de Mélynes declared, his eyes dark and hostile.

"But let us stay," I said, "within the spirit of the terms we had agreed. If you must keep Sancerre, let us choose some other town in the Angoulême area, one which is more of a single town than a whole province."

Monsieur d'Ublé pulled a face, frowned and assumed an expression of great anger.

"No terms have been agreed," he protested, "which exclude provincial capitals. Nothing has been said, and rightly so, about limiting the advantages offered by having the towns in question. A town is a town. There can be no question of our giving up Angoulême."

"But you must admit," I said with a gracious smile, "that nothing has been said concerning the choice of towns either. We are here to discuss them, to list and weigh the privileges attached to each. So no one town can be insisted upon at the outset, let alone two."

"We are only accepting your offer," said Monsieur de Mélynes sulkily.

"It was a starting point for discussion," I pointed out. "It cannot be considered irrevocable, or the word 'discussion' would be meaningless."

I was disturbed by my opponents' tactic, and was beginning to appreciate how subtle, if unusual, it was. Each of them was defending a different citadel, sharing them out instead of combining forces to defend just one. My plan had been frustrated, for I could not discover the marked preference which I was hoping to turn to advantage.

I therefore suggested that we agree on one of the two towns, and afterwards address the choice of the other to go with it.

"Certainly," said Monsieur de Mélynes, "let us choose Sancerre."

"Certainly," said Monsieur d'Ublé, "let us choose Angoulême."

They had spoken almost together, and now realised that they could not leave things as they stood. Monsieur de Mélynes made a sweeping gesture.

"Or Angoulême," he said. "But personally I believe that the strategic town of Sancerre is better, in the circumstances."

Monsieur d'Ublé puffed out his cheeks and assumed a look of concern.

"Or Sancerre," he said in turn. "But I thought that Angoulême, being larger and better situated, would make a better base."

This was how I learned what should perhaps have struck me from the start. Far from having planned, as I thought, to present a defence on a wide front, Messieurs de Mélynes and d'Ublé disagreed over what they should claim and obtain. Within the field left open to them by the Admiral de Coligny, each one had pushed for his own way and they had come to Saint-Germain without settling their differences. Monsieur d'Ublé received black looks from Monsieur de Mélynes when the latter was defending Sancerre, and when Monsieur d'Ublé strove for Angoulême it was to thwart his colleague.

In my experience, such dissent arising within a delegation is not unusual. It scarcely matters when the team has a leader, who alone addresses the meetings; but the situation is quite different in small groups like ours, where anyone can speak whenever he likes, without any clear protocol.

What I had learned seemed so important that I felt I must adjourn the discussion. I suggested this, referring to the impasse which we seemed to have reached. My plan was now useless; I needed to prepare another. I could have improvised there and then: several times before, on other occasions, I had changed my position completely without actually stopping the negotiations. But in the light of these changed circumstances it seemed to me a matter of urgency to get to know my adversaries better. As our staying at the château of Saint-Germain lent itself to this, I wished to suspend the talks for a day or two, so as to converse with them and become better acquainted.

I should add that everything I record on these pages is summarised and simplified, as well as my memory allows. In reality the talks were much more diffuse, drifting either side of the central thread which I am now retracing. Since the morning, we had spent virtually the entire day in discussion. Not counting a meal, a few breaks and Monsieur de Biron's interjections, we had worked solidly for five or six hours by the time we parted.

VII

A T THIS château there was no question of living in separate camps, only to meet when entering the lists. The frequent comings and goings, the unavoidable places such as the King's antechamber, and the presence of many members of court meant that Huguenots and Catholics had to mix, or at least could not avoid meeting. I found these conditions very helpful. Just as a small group like ours seemed to me more effective than an official assembly, I considered conversations in a corridor or on a garden path preferable to more formal sessions. I was sure that in the coming days I would be able to approach Messieurs d'Ublé and Mélynes. It would not be to talk about citadels and fortified towns. In this intermediate stage of talks which was now beginning, I needed to seek human contact, the meeting of souls through words and company. I said to myself, repeatedly: "When all said and done they are men, men, men, and therefore sensitive to what is human, and the fate of the Huguenot negotiations depends on their sensibilities, just as that of the royal negotiations depends on mine. Try to know them, make them speak about themselves, encourage them to open up."

The pretext given for the interruption was to be able to consult the higher authorities employing us. I do not know what the Huguenots said to their masters. I imagine them making great play of Montauban and La Rochelle. I can see Monsieur de Mélynes, with that impertinent expression of his which always left one guessing whether he was serious or ironic, saying:

"On La Rochelle and Montauban I was inflexible. I did not give an inch. They had to yield."

And the Huguenot delegates would send the Admiral messages saying that the negotiations were off to a good start, and that they already had two towns, the most important ones.

As for me, I could think of nothing to say to the Queen Mother. Monsieur de Biron went to the King's Council. On return he reported, anxiously, that the Cardinal of Lorraine was opposed to the four towns being conceded.

"We shall see," the latter had exclaimed, "one day we shall see Elizabeth and the English landing here!"

That was exactly the kind of comment which could be made by a grandee with none of the responsibility for arguing over the critical clauses of a treaty. I enquired whether the Queen Mother shared the Cardinal's views. Learning that she did not, I was content to follow this woman's lead: she was the only political genius of her time.

I found Monsieur d'Ublé all alone, on the afternoon of the first day. He was sitting on a bench in the garden, motionless, somewhat hunched, his eyes staring into space, so absorbed in his thoughts that he did not hear me coming.

"Red and black," I thought.

Indeed, his white collar was just a transitional band between his dark clothing and his crimson face. Clearly, this gentleman came from the countryside. At the negotiation table I had observed his thick hands, and then the heaviness of his body weighing upon him as he walked, which contrasted with a certain unexpected fineness about his facial features.

"A strange mixture."

I noted that his face lost its truculent expression when at rest – which led one to suppose that it was only a mask. If I had had to describe what I saw in his features when undisturbed, I would have spoken of seriousness, sadness, wisdom and even learning. Monsieur d'Ublé never revealed himself enough for me to penetrate the secret depths of his knowledge. As there is nothing to suggest that he held scholarly diplomas, I have always taken his learning to be of the purely human kind.

When he noticed that I was there, his reaction was of the type I had already seen. He stood up with the same alacrity as for royalty, hastened to invite me to sit beside him, gestured repeatedly, brushed a non-existent speck of dust from the bench where I was to sit. At the same time his face regained its wrinkles, his mouth its roundness, his eyebrows their arches, his forehead its furrows: all this movement gave him cover, disguise, while he was becoming accustomed to my presence and, no doubt, wondering what to do with me.

As neither of us was of an open disposition, our conversation took the form of a series of allusions requiring interpretation, and all this of a rather pleasingly diplomatic nature.

"What a pleasure," I said, "to be able to sit in a park and talk of the beauty of nature, on a day such as this."

Which meant: "I have not come to speak with you about peace treaties and strongholds. Do not worry. I am not attacking any of the official positions which you have to defend."

"Yes indeed," he replied. "I am happy that you should choose me to share with you this contemplation of natural charms, which I too appreciate."

I interpreted this: "So be it. You have not come to speak of our work. Yet I doubt whether pure chance has guided you to my side. What is it?"

"I have always thought it necessary," I went on, "to have some interest outside my work, providing a change and a rest from it. Do you not find it impossible to keep your mind endlessly fixed on the dry, practical realities which we have to discuss? Sometimes it is essential to immerse oneself in a more imprecise, subtle, higher kind of thinking."

Which meant: "Although by chance our masters, our mandates and religions place us on opposing sides, why should we not be friends? Let us share our thoughts on that part of the world which does not divide us."

The baron nodded and replied:

"What you say is true. It is essential to step outside one's work, but it is

44

extremely difficult to step outside oneself. Confiding in others is not easy for some, and how one does it depends on very subtle nuances."

I interpreted this to mean: "Well and good. I am willing. But I warn you that I do not open up to just anyone."

"Is it not striking," I replied, "that what divides men is generally very small, while the common ground on which they could come together is immense? We all have many more reasons to agree than to quarrel."

Which meant: "Worship and rituals are only one aspect of thought. There are many others. Give me some signal."

"Ha! Yes," fired back the round-eyed gentleman, "but it is easy to find a pretext for dissent and difficult to find a point of agreement, for on a given question there are few people who think the same way."

I took this to mean: "I can agree, but let us search, search: I am not of such a common turn of mind as to think like everyone else on many matters."

We continued thus for some time, without – I admit – making progress. Monsieur d'Ublé would not give much away. I would not say that he refused to do so, but his seemed to be a curious nature, all twists and turns, not able to give free rein to its feelings. My efforts were beginning to seem hopeless, when by chance I mentioned the name of Mélynes. I expressed my surprise at not seeing him with his colleague.

"So where is Monsieur de Mélynes? What have you done with him? Have you lost him?"

It was naïve of me to expect the two gentlemen to have some connection in their private lives just because I saw them together at the meeting table. It would be like expecting actors to extend their stage relationships into the wings.

Hearing his colleague's name, Monsieur d'Ublé again assumed his ironic expression.

"Mélynes?" he said. "He is here, there, everywhere that there are people, in the garden, at the château. He talks, discourses, argues, predicts, reminds…"

His hands made those flowing gestures of which he was so fond, accompanied by his dumbshow, with movements of his head and even his body, almost bent double. Then he stopped, put on his serious look, his mouth rounded, eyebrows frowning, and said:

"He is a very busy man."

I felt something awakening between us. And I realised that I had been a fool. I thought – I still do – that human beings are eager to speak about themselves and that, though it may be difficult to get them started, once under way they are unstoppable. I was forgetting that we are even more eager to speak about others, because then modesty does not hold us back. Having come to make the acquaintance of Monsieur d'Ublé, it was about Monsieur de Mélynes that I was to learn. I changed tack, and decided to devote our conversation to the latter – and perhaps try to learn something later, from him, about Monsieur d'Ublé.

"I imagine," I replied, "that Monsieur de Mélynes is not a man much given to sitting on a bench and contemplating nature."

Monsieur d'Ublé tilted his head to one side.

"He is an ambitious man," he said, in the same factual tone as he might have said "He is a physician" or "a philosopher".

"My noble friend the Count is ambitious," he proceeded. "Such is his character. You will always find him surrounded by young people over whom he exercises influence, and who admire him. You will see him everywhere; he is a man who is always moving. You will hear him too, for he talks incessantly, and does not like to listen to others: he finds it tiring. He is, you will observe, a most brilliant gentleman."

I was surprised, somewhat obtusely, that a Huguenot could engage in such frivolous pursuits. This was naïve of me, for religion does not change a man, but only guides him. In the Huguenot ideal, there was room for ambition just as for many other human urges, providing that it was applied in a way useful to the Huguenot cause. I thought that Monsieur d'Ublé was surprised because of my slowness, but it was for a different reason.

"He has only recently become Protestant!" he murmured, raising his eyebrows with an expression which seemed to exclaim: "What, you did not know? Everybody knows that!"

Was his surprise sincere? In any case it allowed him to reveal this shortcoming of Monsieur de Mélynes's, without appearing to betray him. It soon became clear that he deemed it significant.

"Mélynes is from a Catholic family," he went on, lowering his voice. "He came over to the reformed religion only a few years ago. Yes… It was a great scandal for his people. Mélynes is the villain, the black sheep among those of his former circle. What do you expect? He was bound to become a prized member in his new party. A matter of balance."

He began again those two-handed gestures which accompanied his most mischievous remarks, and which he should have known would give him away.

"Ha! Yes, the court, society, responsibilities, benefices, all very crowded… Where could he find a way to advance, through so many people? It would have been a shame for the reformed cause, which has plenty of space and much to be done, to be deprived of so active, so enterprising a character as Monsieur de Mélynes. He understood this, could feel it… He came to this religion sensing that here was his place in the France of today…"

He was giving me to understand that his colleague was a schemer, in no way attached to the ideology of the new worship but drawn solely by self-interest towards a faction which looked set to become powerful.

"You will observe," he continued, "that Mélynes is a man of wide-ranging skills: the spirit of a leader, a highly political mind. Not a diplomat; no, not at all. Diplomacy is not his strength. There is no question of his progressing in this career. His place is not in negotiations like ours: he has lost his way, he is wasting his time. Other activities offer him a wider field in which to shine more brightly by making better use of his talents."

His veiled criticism was followed immediately by praise, reinstating the rule of decorum and party loyalty. Nevertheless, Monsieur de Mélynes had been judged, and it had been made clear that, if he was brilliant, it was not in the field of our current endeavours, in which, while he was being flattered, his prestige was being undermined.

Instead of getting closer to Monsieur d'Ublé as intended, it was Monsieur de Mélynes that I was coming to know better. I was expecting a flattering portrait of him and witnessed instead a merciless attack. All this was food for thought, and, the conversation over, my only wish was now to meet Monsieur de Mélynes.

VIII

THE OPPORTUNITY arose the next afternoon. This was also in the garden, but did not happen in such a discreet and solitary manner.

I noticed the Count striding along a pathway, followed by young Huguenots just as Monsieur d'Ublé had predicted. He was holding forth, making ample gestures with his arms. I realised as I watched that one could not conceive of Monsieur de Mélynes ever being at rest. Even when not walking – as at our meeting table – he still seemed to be in motion, whereas Monsieur d'Ublé, even when walking, had something static about his appearance.

"White and black," I thought this time, noting the pale face crowning his long silhouette.

His attitude upon seeing me was that of a man remembering, with slight annoyance, something that he has to do. At a word his companions dispersed, and he came straight towards me, placing a hand on my shoulder. I soon understood that between us there would be no question of veiled comments or diplomatic hinting. The tricks would be at a deeper level.

"What has that old creature d'Ublé been telling you?" he asked with a delightful smile and so loudly that we could be heard from all the nearby pathways.

He had learned of our conversation. I imagined that the young people around him were not only an escort but also so many eyes and ears at his service, and that I, at this château, was less free in my comings and goings than I had thought.

Monsieur de Mélynes was walking beside me, pulling me along at a

49

rate faster than my natural speed. In his striding, as in the swinging of his arms, there was something excessive and disjointed, corresponding in some way to his pointing his nose heavenwards. I felt as if I were walking in the shadow of the nose.

"D'Ublé is my best friend," the Count continued directly. "My best friend," he repeated emphatically as he presumably did when asserting what he knew not to be true. "And one of the cleverest diplomats of our time."

The same game was being played again: words of praise to cover indirect criticism, slander which they intended and wanted me to understand. And it occurred to me that the two Huguenot delegates had an underlying reason for disparaging one another in my mind. In their disagreement over the towns, I was to be the one to decide, and they were testing my emotional susceptibility. Having set out to encourage their friendship, I now found my own under siege. They had thought it through before I had: clearly we were in good company, and I was not dealing with novices.

"Stubborn as a mule," Monsieur de Mélynes was saying. "As fixed in his ideas as he is flexible and versatile in defending them. The very diplomat, made for negotiating – not for thinking. Leave him alone in terms of ideas, don't ask his opinion but give him yours" – here the Count's hand made a small gesture of irritation – "give him yours: you will see how, without agreeing with it, or even understanding it, he will win the day for it. A diplomat, I tell you."

He was frowning, shaking his head impatiently, as if no longer addressing me but rather some imaginary gainsayers.

"Don't ask d'Ublé for concepts, or preferences. His is not a political mind; I say again, he is a diplomat, the leading one of his time."

"But," I thought, "if your brain, my dear Count, is the better of the two, your ideas are therefore the most useful to the Huguenot cause, and so I must refuse them and adopt those of your colleague. You are pleading against yourself."

To be certain, and knowing that Monsieur de Mélynes would need little prompting, I touched on the question of religion.

"That is the salient point," he replied. "The Barons d'Ublé were among the earliest Protestants. My excellent friend has practised the reformed religion for perhaps twenty, thirty years. Even if he had been raised in the faith, he could not have been more steeped in it. His mother was English – which explains his ironic stiffness – and across the water he has several connections, which reinforce his intransigence in terms of doctrine. It is unfortunate in a diplomat, do you not think, to have such an underlying rigidity of character...?"

He was touching on my weak point.

"We must be," said I, "all flexibility and accommodation, pointing in a certain direction given to us but, around this axis, prepared for countless detours on every side."

Monsieur de Mélynes stopped and again put his hand on my shoulder. His continual movement lent a certain solemnity to when he stopped. In this way he was able, at will, to impose the weight of his thoughts on the other person. This was one of his most accomplished tricks.

"Admit it, my dear friend," he said in his rich voice, "between us a number of things could be settled. Everything evolves, the Reformed Church included. These days there is no longer room for intransigence. In the early days it was indispensable, but now we are in a period when everything is settled by compromise. As for beings like d'Ublé, let us share our thoughts with them but consign them to the past. What can you achieve with someone constrained by precepts? Nothing can be achieved in these times but by exchange and concession. You and I understand that."

"So that is where he was heading," I thought. "Some compensation if I give him Sancerre."

I would not have been true to my cause if I had been deaf to this discreet offer. I replied that exchange was the basis for all dealings, the driving principle of all diplomacy.

We then parted, feeling that the conversation had reached a point at which, to proceed, it would have been necessary to move from veiled allusion to crude explicitness, which is displeasing to the diplomatic temperament.

"To sum up," I thought as I walked away, "here I am grappling with two men, one of whom is all smiles and affability yet fundamentally inflexible, and another who, beneath his grave and austere appearance, is open to all manner of compromise. He is offering me, in exchange for the town he wants, a compensation detrimental to the Huguenot cause. Yes... He is a man capable of anything, when he wants something. A valuable encounter. And well timed. Mélynes is in the ascendant, he gets what he wants, he is growing accustomed to that, he cannot go back, he knows that his star is rising; an ambitious demand from me will not frighten him. Here is the opportunity not to yield a fourth town. I would be a fool not to seize it. We shall try. Poor d'Ublé!"

IX

A T THE following meeting, I took care not to appear to abandon Sancerre to the Huguenots. On the contrary, I expressed an early preference that Angoulême be handed over. My words to the meeting were along these lines:

"You have clearly put forward Angoulême (addressing Monsieur d'Ublé) as the third stronghold. You (this to Monsieur de Mélynes), after some hesitation, have expressed your agreement to this choice. The King does not refuse to consider your offer; he may even come to accept it if no insurmountable obstacle arises from our discussion."

Monsieur de Mélynes stared at me through small, black eyes, first in disappointment, then puzzlement when he heard that I was qualifying my proposal with a restriction which denied it any definitive value. One could see that he was asking himself:

"Is he betraying me? Have I misjudged him? Was there a misunderstanding? Or what exactly is the game he is playing?"

Monsieur d'Ublé remained impassive, inwardly enjoying his success which he must have ascribed to his friendliness towards me. Or else he was thinking:

"So easy! So quickly done! Right from the start. Who is this poor soul that I am dealing with?"

But I imagine that he attributed the triumph of Angoulême above all to his own skill. That is only human, and in his place I would have done the same.

"An excellent solution, Angoulême," Monsieur de Mélynes was saying slowly, carefully, his nose pointing downwards as this was neither the moment to assert himself nor to claim victory. "An excellent solution... An entire province in fact, an entire province..."

I said:

"We will, of course, have to come to terms over limitations on its administrative and commercial influence..."

"Ah!" Monsieur de Mélynes interrupted, "I see!" as if to say:

"This is what I was expecting, this is where the difficulties start and we will see that your solution is impossible."

"A thorny question," he went on, "a very thorny question."

"We are giving you a great deal," I argued, "so give us something in return. Our dealings are all about bargaining and compromise."

On hearing these significant words Monsieur de Mélynes's face brightened and took on its usual mischievous self-assurance. He could see where I was going, was beginning to understand.

"Then let us bargain," he said with his pleasing smile. "Let us bargain."

He emphasised the verb with evident pleasure, anticipating the reversal to come, the path to which he was trying to perceive through my intentions.

Monsieur d'Ublé, with puffed cheeks, wore a good-natured expression.

"It is not," he said, "that we are against compromise in principle. One cannot come to terms on such an offer without attaching some qualifications."

"Yet neither can one make concessions," Monsieur de Mélynes interjected sharply, "to the point of rendering it void of substance."

"There we are," I thought in turn. "The real dialogue is beginning. The opponents in this meeting are not who one might think."

Indeed, something paradoxical now happened: Monsieur de Mélynes began defending the slightest advantages of Angoulême (which he did not want), while Monsieur d'Ublé showed that he was prepared to give away most of the advantages of a transaction which by then should have been of little interest to him. The former was clearly hoping to wear me down by his intransigence, the latter to maintain my goodwill towards him at any price.

But in reality it was a battle of pride. Our opponents had gone beyond the stage of defending a collective position, serving the greater good: now they were just two men entrenched in their own convictions, each obstinately determined to have his way.

I sided with Monsieur d'Ublé and we joined forces against the Count. It was as if there had been a reversal of alliances within the meeting. Monsieur de Mélynes had stiffened, his upper body tilting back and his nose higher and higher as the debate became more heated. It was as if he were leaning backwards to counteract our combined pull. As for what Monsieur de Biron was doing, I have no recollection. Doubtless he was following this royal battle with some difficulty, as it did not correspond to his own ideas of the art of negotiating, which were simple.

The question was the privileges attaching to the port of Angoulême. Should they remain? Similarly, certain gunpowder factories which the King possessed there: should they remain as well?

"The privileges, but not the powder," I opined.

"No," said Monsieur de Mélynes.

"The powder, but not the privileges," ventured Monsieur d'Ublé.

"Not that either."

"What then?"

"The privileges and the powder."

"In that case, neither the powder nor the privileges," I said as if in conclusion.

This exchange, so undiplomatic in its clumsy directness, continued for some time to the secret amusement of the Count and myself, for we knew where it was leading, and to the growing concern of Monsieur d'Ublé, who could sense something strange about our attitudes.

Finally I uttered the long-awaited sentence:

"Under such conditions, I would prefer to give you Sancerre and keep Angoulême."

"I shall take you at your word, sir," retorted the Count, leaning across the table as if to seize this fleeting moment.

This change in the balance did not take me by surprise but I believe Monsieur d'Ublé figuratively fell over backwards.

"Sancerre, but then nothing further," I added.

Monsieur de Mélynes wavered a moment faced with this weighty demand, but in his excitement and desire to win, acquiesced:

"Sancerre, and nothing further."

"Montauban, La Rochelle, Sancerre."

"Montauban, La Rochelle, Sancerre."

Upon this sensational agreement, I was going to propose an adjournment to forestall any second thoughts or any counter-attack from Monsieur d'Ublé. To my surprise, he got there before me.

"I think," he said, looking like a wise and sharp-eyed owl, "we should grant ourselves a few hours apart, so that we can report back to higher authority on the serious decisions which we are taking."

I thought:

"He is going to take his colleague to task, and appeal to the Huguenot delegation to obtain a reversal of this concession. But Monsieur de Mélynes is shrewd, and the military importance of Sancerre self-evident. After all we are at war, and Mélynes will present as a victory his taking from me a strategically important position in exchange for a fourth town of – so he will claim – little value. Poor d'Ublé!"

X

I WAS RATHER surprised, as I stepped out of the château the next day, to
see the Baron wave and then walk towards me. I had the impression he
had been lying in wait.

"He is going to attack me," I thought. "A direct move to make me go
back on Angoulême. What a strange idea! You have no chance with that
approach, Baron..."

"Are you coming into the garden?" he asked.

I consented readily and went with him, filled with suspicion. But it soon
became apparent that he did not want to talk about the treaty. His face was
not the severe mask which he assumed when he believed there had been an
injustice, and it lacked the thousand mobile wrinkles which covered it when
he was exercising his negotiating skills. His face was impassive, but relaxed.
And again I had the impression, as previously, that Monsieur d'Ublé did
not attach any real importance to the matters he was negotiating. Being
upright and proud, he gave them the outward effort which his conscience
required. But inwardly he must have reached a stage at which all practical
implementation seemed futile. Subsequently, when the temperature of the
discussions rose, he would often say, or simply imply through gesture:

"You know, none of this is very important..."

He had come to terms with everything, or been able to move beyond it;
I was unsure which.

I must admit to a certain innate fellow-feeling towards this quaint
gentleman. For Monsieur de Mélynes I felt admiration, based on respect
for his talent and energy, but friendship – not at all. For the Baron there was

always a warm corner in my heart, even when I was fighting him with all my strength and cunning. It was that very afternoon that I felt this feeling awakening, and I seemed to be finding that Monsieur d'Ublé felt similarly towards me.

He set the confidential tone of our conversation from the start. This was the right way to approach me. My dealings among men have not been able to erase a deep appreciation for all forms of friendship.

"Do you not sometimes feel overwhelmed," he asked, "by the weight of these great matters which we are charged to decide?"

"Overwhelmed, no," I replied. "Uplifted, perhaps."

"In temperament you seem closer to Mélynes," he murmured.

"Closer to Mélynes," I responded quickly, "yes, doubtless, in terms of a certain detachment and boldness… But be aware, sir, that if by nature I tend towards intrigue and secrecy, nevertheless I value only rectitude. I have never been able to befriend anyone not fundamentally honest."

This discreet praise struck home, I think, showing that I had grasped the difference between the Count and the Baron, and that this was to the Baron's advantage. I thought I saw him blush, but his crimson cheeks soon absorbed any shade of colour. Nature had protected this perfect diplomat from changes which normally give men away.

"Would you believe," he began again, "that after so many years' experience, it can still happen that I do not sleep for thinking of these towns, these territories at stake in the game I am playing? Just think, these are human beings we are trading. Imagine what the loss or gain of such immense areas can mean to one's cause."

He stopped for a moment – as would happen many times in this conversation – to look me in the face, shaking his head to lend force to his words.

"Wait," I replied, "you caught me unawares a moment ago. I believe, on reflexion, that it is rather astonishment that I experience when I think of the matters with which we are dealing. I am stunned to imagine how much depends on me in the course of my work. I imagine those towns, with their industries, their trade, their monuments; I see horses, streets full of people, and I reflect that all this is in my hand, waiting on a 'yes' or a 'no' from my lips. It is an extraordinary sensation."

"Do you not feel the weight of those stones?" continued Monsieur d'Ublé. "Is it normal for one human being to carry on his shoulders five hundred million pounds of stone? Can he breathe, with one hundred thousand human destinies weighing on his chest?"

"But that is exactly what is astonishing," I said: "that everything becomes so light when I am deciding its fate as a negotiator. Those piles of stone could be eggshells. It is as if towns, horses, streets and inhabitants lose all substance, whereas they are such heavy and tragic realities."

"Do you not hold yourself guilty," asked the Baron, "to be using them in such a way?"

"No," I replied, "for how could I juggle with these immense responsibilities, as I am charged to do, if I did not first lighten them in proportion to my own strength?"

Monsieur d'Ublé said pensively:

"Before negotiating, one should go to see these places which will be the subject of the talks. One should walk in the streets, visit the houses, speak to the inhabitants in order to know – and keep present and alive in one's mind – the real nature of what is going to be argued over."

"On the contrary," I said in turn, "it seems to me better to know nothing, to keep a purely abstract conception of these things, for one can only negotiate properly when independent, and free of feelings and personal preferences."

"Do you mean," asked the Baron, "that you feel nothing when you negotiate, that the human value and reality of what you discuss pass you by completely?"

"Completely," I admitted. "They are so many pawns on a chessboard. Or if I happen to make an effort to picture these people, these estates, these riches which depend upon my skills, well then, it is a sensation of joy, of jubilation to think that so much humanity is in my power."

"That is culpable!" Monsieur d'Ublé declared, stopping at once. His mouth was round, his eyebrows raised, his finger accusing.

I met his stare, without false shame, and nodded in agreement.

"Yes, it is culpable," I accepted. "But what of it? I was made to mediate the great problems of this world. You will not change me."

"This is pure pride!" the Baron said again.

"Or pure dilettantism," I retorted, "if you allow me to use a word from Italy. Pure delight at having at one's fingertips the fate of crowds and empires."

"And if I understand, your pleasure increases in proportion to the responsibility, while, on the contrary, your anguish should be all the greater?"

"Exactly so. It is unfortunate that fate has led me to the edge of a diplomatic career and yet not really into it, and has not allowed greater tasks to be entrusted to me. I admit that the towns of France do not satisfy my appetite as a plenipotentiary. They are poor prey. I would have had provinces, kingdoms."

"You would wish to govern and dominate whole multitudes?" said d'Ublé, frowning.

"Not at all," I replied. "Only to decide their fate. I would not care to bear the responsibilities and burdens of an empire. But I should like to take part in the vast game of chess played across the surface of the world."

The Baron walked on a few paces, in silence.

"Do you consider yourself," he asked at last, "to be the ideal diplomat, with your amusement, your balance, and your indifference?"

I gave my answer at once. I had known it for a long time.

"No," I said. "For one who manages human affairs cannot be perfect if he lacks humanity. But you, Baron," I went on, "do you consider yourself such, with your sensitivity, your scruples, and your conscience?"

Monsieur d'Ublé looked surprised, then in turn shook his head and sighed softly.

"No more than you," he admitted. "How can you expect to handle the affairs of the world if you hesitate over each man, each stone, each acre? One needs more detachment."

We agreed that we represented two extremes of our species, and that the ideal would be somewhere between us. But how our two characters might be combined into one, we could not clearly see. We needed an example to show us the way. We looked in vain...

"Mélynes?" I suggested.

But at once we answered, together:

"Certainly not!"

I already knew the Count as well as his colleague did.

"And yet," I said, returning to my train of thought, "making treaties, negotiating, evaluating, bargaining, arbitrating are the tasks for which I feel I have been made. I wonder what sense of vocation a born diplomat could feel more powerfully than I do. I can tell you that my years as a teacher and then as a counsellor have left me only dull memories. I should have spent more of my life as an ambassador."

"I too," Monsieur d'Ublé agreed, "and it is perhaps even more extraordinary in my case. Despite the torture caused by my scruples, an irresistible force has always pushed me towards diplomacy. Perhaps it is the worry of knowing that human destiny is unjust, and a need to do all I can to make things right, impossible though it may be."

"Do you not find," I asked him in turn, unwilling to leave all the virtuous initiatives to him, "do you not find that our profession is a most unusual one? After all, our work is dissimulation, trickery, guile, and, let us say it, deceit: all of which are not usually admired but rather resented in normal life. Can we be excused for using and developing such skills?"

"Yes, in the interests of a just cause," the baron replied firmly.

There appeared a certain hardening of his attitude, in which I recognised the Anglo-Saxon stiffness inherited from his mother's side. When it came to his cause, Monsieur d'Ublé was uncompromising.

"One has to be secretive and calculating," he continued. "Human society organises itself into closed groups, through a natural inclination of our species. We tend to form groupings which hide from each other. Between them they bargain through ambassadors, and each one opens up only to close again on what it has permitted to enter, which it then absorbs, without sharing. One cannot be both Protestant and Catholic, English and French, bumpkin and gentleman."

"And within these castes," I offered, "other groups form which are just as exclusive. The Protestant church splits into groups, as does any organisation, as does the Catholic church. Then these parts themselves divide, and so on, down to the cell of the family unit."

Monsieur d'Ublé, stopping and then walking on, took it further:

"Right down to the individual. Down to each man, the most hermetic of units. How can you expect trust and free expression to rule, when we come into the world unable to communicate thought? Each man must develop and fashion his fate alone, only sharing his plans at the last minute – or else perish, taken advantage of by others. He who speaks is lost, surrounded by people who will know while he will know nothing. For the balance of society, each man must remain silent."

"And you will observe," I added, "that those who reveal their plans and dealings in the public place soon provoke in us scorn and amusement. Whereas if someone succeeds in a skilful manoeuvre, hiding the workings of his machinations until the end, we cannot help admiring what we see as masterful, even if we are its victims."

We continued thus for some time, exchanging arguments to the same effect and enjoying demonstrating the rightness of our shared opinions, which is the most agreeable form of discussion.

I do not know what point we had reached as we talked once more about the responsibilities involved in sharing out human beings as we were doing, when Monsieur d'Ublé stopped – for the twentieth time – and grasped my wrist.

"Have we the right," he asked quietly, "to decide the fate of multitudes in this way? Can one decide, without asking their opinion, that so many men and women shall tomorrow belong to this man or that, be subject to this faith or that one?"

The expression in his eyes was so solemn that it touched me. Sensitivity is not my greatest strength, and I do not react quickly to others' emotions. Perhaps this does not always serve me well. I am not averse to experiencing the stirring of feelings. The warmth of his hand, the shake in his grasp, the tone of his voice, the expression on his face had created a meeting of souls between Monsieur d'Ublé and myself. This was a precious moment.

I quickly responded with an evasive gesture, thinking that our era was not an appropriate one for such fundamental scruples. Doubtless they would become fitting in more sophisticated times. In this respect Monsieur d'Ublé was ahead of his time, his philosophy in advance of that of the century in which he lived.

I left him late in the afternoon, taking with me something of the warmth of his company. I marvelled that, although so different in manner and temperament, we had been able to understand each other so well. I was not unhappy that some feelings of friendship should develop between me and those with whom I had to fight. Perhaps I could have observed that, already, they had greater sway over me than they should have had, if I were to remain free to manoeuvre.

XI

THAT NIGHT I had a dream.

I saw Angoulême, in a form of my own invention, as I have never been there. It was a huge, pleasant city, and airy, its general appearance suggesting power and wealth. I imagined many monuments, and though I could see no crowds, it was clear that a large population lived there. Laden boats plied a waterway, and carts moved along the roads. Thus I visualised the commercial prosperity of the town. Altogether it was a sharp, architecturally fine image.

I also saw Sancerre, equally unknown to me. I saw it as a citadel rising on top of a hill. The whole place was dark, steep, stifling. In the narrow alleys a dense crowd was moving restlessly, like an insect colony. Abrupt ramparts enclosed the town and its people, who seemed less swept along by life than constrained by need.

These two strongholds, so dissimilar, took on an airy lightness one only finds in dreams. It was as if they were totally weightless. I saw the first on my left, the second to my right. Then Angoulême rose into the sky and came down on my right, while Sancerre took flight in a similar curve and landed on my left. I hardly had time to register my surprise when they quickly started to move again, and by reverse routes regained their original positions. Thus they continued, and I saw them dance faster and faster, crossing over and re-crossing against the blue sky. Other towns appeared, from other points on the horizon, their trajectories intermingling. The sky was now all walls, towers, houses and belfries, all in one absurd ballet which overwhelmed my imagination, and caused me to wake.

The Chateau of Saint-Germain-en-Laye, the royal palace near Paris where the negotiations of 1570 took place. The sixteenth-century engraving and the photograph both show the unusual angles of the building, mentioned in the novel.

(MAN, Centre des Archives, Collection d'Art Graphique)

Catherine de Médicis: mother to three kings of France, two of whom died before her.
As Queen Mother and initially as Regent, she was of great influence during the reign
of the young Charles IX.
(Musé Condé at Chateau de Chantilly, 7th portrait)

Charles IX: King of France, aged only 20 at the time of the treaty.
He was to die four years later.
(collections.chateauversailles.fr)

L'Amiral de Coligny: a member of a zealous Huguenot family, in 1569 he became sole leader of the Protestant armed forces. He was murdered in the St. Bartholomew's Day massacre of 1572.

(Musé Condé at Chateau de Chantilly)

Arm.ᵗde GONTAUT
Bᵒⁿᵈᵉde BIRON.

*Le Baron de Biron: a distinguished soldier, he continued his military career until dying
in action in 1592. Of his fellow negotiator Henri de Mesmes, seigneur de Malassise,
there is no known contemporary portrait.*

Le vray plan ou Pourtraict de la ville d'Engoulesme, en 1575.

Angoulême: in western France, 'a huge, pleasant city, and airy, its general appearance suggesting power and wealth'. Like Sancerre, it was much contested in the negotiations as a potential Huguenot stronghold.

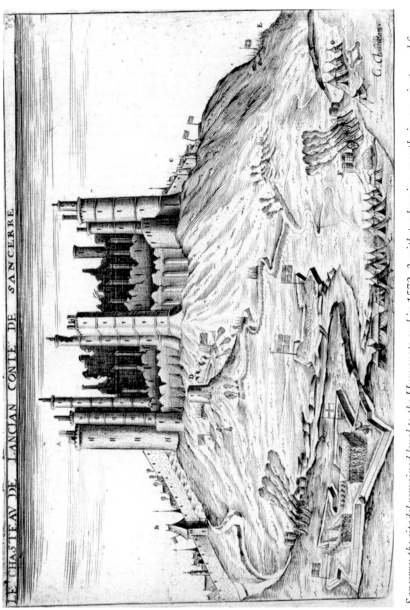

Sancerre: the citadel remained loyal to the Huguenots and in 1572–3 withstood a nine-month siege against royal forces.

Proclamation of the Edict of Saint-Germain: signed 8 August 1570, it resulted in two years of uneasy peace.

(Bibliotheque Municipale de Lyon MS 0156)

XII

I BELIEVE I HAVE shown that the human factor can be of considerable advantage in negotiations, hence my seeking personal contact with the opposing party and my efforts to know those with whom I must bargain.

I would not deny that this principle is influenced by certain aspects of my character. I have always derived great pleasure from studying people, and in the unusual position of negotiator one finds several opportunities which it would be a pity not to exploit.

And so the prospect of resuming talks appealed all the more, now that I knew the Count and the Baron. The meeting promised a certain intimacy impossible in our earlier talks. I was united with Monsieur de Mélynes in a kind of unspoken bond which brought us all the closer for separating him from his colleague. With Monsieur d'Ublé there had been that long afternoon conversation, one of those exchanges of ideas that do more for a friendship than years spent in someone's company. And indeed this was friendship, or at least its beginnings.

The Baron's attitude surprised me all the more, therefore, when we met the following day. We were to deal with points relating to the decisions we had taken. I was not expecting him to be very effusive, and indeed I entered the session with an expressionless face, though conscious of my pleasure in meeting him. He appeared, his brow dark as a stormcloud. His large staring eyes were lifeless. He looked straight ahead, and despite our greeting one another I could not swear that he had seen me. During the preliminaries to the meeting he kept to himself in stubborn silence. Then, at some opportune moment, he began to speak, slowly, as if searching for the words in some remote part of his mind.

"Gentlemen, the paths which you take are tortuous. The King's delegates do not pursue their objective directly. Nothing you say at this table expresses your real thinking, and nothing which you think is ever straightforwardly revealed at this table. Everything is disguised, inflated, understated or changed as the royal cause dictates, and, if you tell us something, we can believe that it is as you say to a limited extent but also much else besides. You approach subjects indirectly, and no-one knows, once you start, where it will lead: all we can tell is that it will not be where you seem to be aiming. Gentlemen, you dissimulate, you mislead, you evade the issue. That is your method: always refusing, refusing to be precise, to state a fact, to commit yourself, refusing everything. You avoid combat, any sword-to-sword contact. You do not even abandon the talks, because that would indicate a direction, in which you could be pursued. You are nothing but evasion, and the struggle becomes movement without meaning, a chaotic dance on shifting sands."

He had delivered these words quietly, and then his voice had become clearer, his being gradually more alive, while still fixing us – Monsieur de Biron and myself – with his gaze. Then, affected by his own eloquence, his eyes shone with that distant glimmer one sees in those of wild beasts whose anger is about to awaken.

I was embarrassed by such a direct attack. What was happening? What had stung the Baron? Diplomatic practice requires one not to appear to doubt the adversary's methods. It is good form to assume them to be honest, if one must speak of them at all: "I do not doubt the good faith of the delegate for ___. I am sure that the delegate for ___ speaks sincerely when…" when one knows this to be far from the case. To talk openly, around the meeting table, about the recondite methods of the negotiator's profession is as out of place as speaking of one's ablutions in the parlour.

Monsieur d'Ublé continued, his voice now stronger:

"You weave plots, gentlemen, you scheme intrigues and manoeuvres from behind that moving curtain where you hide. What takes place here, at this table, is just façade and ceremony. The essential part is done elsewhere. There is no move which you would not attempt behind the scenes, no person whom you would judge untouchable. Your principle is that every position has some aspect, however minimal, which corresponds to yours. Anyone, however opposed to you he may be, can be drawn into your camp by appealing to one of his interests. And your game is to create division, to persuade, to build unspoken alliances around a given objective and then deny them when you reach it. Your boldness would extend beyond the line which divides us, and you would even try to convince the Admiral de Coligny himself that he would serve his interests by serving you. You, gentlemen, do not believe in a common ideal, so pure and strong that it is flawless. You believe in the weakness of the human soul, and that, while united around a single banner, men still have enough self-interest to abandon it – if only because of different ideas about how to defend it. You believe in a vulnerable and divided soul, in the inconstancy of all faith, you prey on the individual and the power of personal interests and private convictions, you play on men's pride, foolishness, ambition, naïvety; your battleground is human weakness."

I was asking myself how this unexpected attack was to end, and was beginning to wonder whether we might have to leave the chamber. I hesitated because the Baron's words, if taken literally, could be considered not as offensive but merely an acknowledgement of truths normally left unspoken. But the tone in which they were delivered lent a note of accusation which was hardly acceptable. I feared an outburst from Monsieur de Biron, who was becoming redder in the face. Monsieur de Mélynes himself was shifting in his seat, his nose pointing downwards as he appeared to wonder what his colleague was trying to do.

Monsieur d'Ublé had put one elbow on the table, and was pointing his index finger at us, its movements emphasising the major points of his eloquent address. His cheeks were turning purple, white specks appeared at the corners of his mouth, he was leaning towards us as if the force of his conviction had pushed him from his seat.

"Many vices," he continued, stressing the last word, "are seated around this table. Imposture, duplicity, betrayal, lies, hypocrisy, and deceit are here among us. Seldom has any assembly been seen to deploy such base and dark properties of the human soul. We will never know, gentlemen, the truth or the real purpose of what you tell us; behind what you say we must always assume there are other, unspoken words. Every approach you make invites mistrust, every promise requires a guarantee, every concession vigilance, every suggestion circumspection and suspicion. All is intrigue, trickery and cynicism, with no room for openness, honesty or loyalty…!"

There was tension in the room. This time the Baron had gone too far. Leaning across the table, frowning fearsomely, cheeks puffed out and lip curled, the Baron shot lightning from his eyes and one would have sworn his mouth was spitting flames. His whole being expressed indignation and a sort of sacred fury.

I was wavering between several courses of action. Frankly, I am uncomfortable in such situations. I dislike being brutally attacked. Years of experience have taught me not to fear the most insidious approaches. I know how to free myself from the slippery embrace of the python. But the head-on charge of the ram takes me by surprise and confounds my reactions. I find myself in the situation of the experienced gambler who comes up against a cheat. I had played the diplomatic game a long time, but always obeying certain rules. So I was hesitating. Monsieur de Mélynes said nothing, his nose towards the floor. Beside me Monsieur de Biron was seething, heaving with anger, quivering like an engine of war about to be released. I think it was only his unfamiliarity with such extra-military jousting that stopped him from drawing his sword on Monsieur d'Ublé, or simply leaping at his throat.

Several seconds passed, in anxious silence.

Then a spring breeze seemed to waft through the chamber. It was as if a blue April sky was appearing between the parting clouds. By imperceptible degrees, Monsieur d'Ublé's face became more relaxed. No actor in front of his mirror has ever achieved such a smooth, nuanced transition between two so different expressions. What was astounding was the economy of movement needed in his features to transform the feeling they expressed. His wrinkles remained but softened slightly, the corners of his mouth turned up, the lightning in his eyes became a dancing light: Monsieur d'Ublé was smiling.

He was looking at us with an air of infinite indulgence. Upright once more in his chair, he was now all gentleness and charm, and when he began to speak again his voice was soothing.

"But, gentlemen," he said, all silk and satin, "that is quite natural! All diplomats do as you do. Negotiation would become impossible if each one spread his cards on the table. The claims of each would seem so crudely incompatible that one would despair of ever finding a solution. You need to hide your intentions, and only reveal them a little at a time, tentatively, to feel where there is common ground. You need to be able, from the shelter of your discretion, to change plans, change what you say, and give your opinion the necessary flexibility, if there is a chance of a better outcome from our talks! Above all, do not commit yourselves, do not tie yourselves down too early! Nothing is done, nothing is said until the very last moment.

"You seek to make alliances: is that not the most legitimate thing? If on some point you believe you can agree with whomever it may be, make an agreement at once, for the end purpose is that we agree, is it not? Moreover, you must proceed in this way with everyone, not only with a few, for issues under negotiation would be resolved if each person received some satisfaction, some compensation in terms of his own wishes.

"Yes, it is a strange thing that our activities take a form which, in other men, would appear to be most contemptibly immoral. But what would be reprehensible in an individual ceases to be so when for the common good. We do not need to recognise or uphold the laws of individual morality, which forbid going back on one's word, deviating from it, or questioning what has already been agreed. Above all, above all, do not be constrained by scruples! Treat everything at issue in these talks as shifting, uncertain, provisional, and seek only the best way through it all. Your watchword, gentlemen, is the interests of state."

I cannot express the well-being I felt upon this about-turn by Monsieur d'Ublé. Reading this, you will think me impressionable. But one must understand these seemingly intimate meetings in which a country's fortunes are at stake, and know the conventional and polite atmosphere in which they are conducted, to conceive of the shock created by an outburst such as the Baron's. We were near to success after several months' effort. Were we going to have to abandon the talks, and perhaps start all over again? Those who have carried the burden of political responsibility will understand how I felt.

I was also filled with private rejoicing at Monsieur d'Ublé's fine performance. He had given us a masterpiece of acting and intonation. We cannot witness a brilliant feat in our own field of achievement without admiring the artist in question, even if we know his efforts are directed against us. And I was amused to see Monsieur de Mélynes anxiously raising his nose, until it pointed to the ceiling, as this speech – designed to undermine the positions he had gained – gradually took form.

Monsieur de Biron, meanwhile, with the same characteristic excess which had nearly caused him to explode some moments ago, was now correspondingly effusive, and if earlier I could have imagined him leaping at Monsieur d'Ublé's throat, I now feared that he might throw his arms around his neck.

As for the Baron, who had witnessed the emotions aroused by his diatribe, he was leaning towards me with his old woman's laughter, nodding his head questioningly as if to say:

"What do you think? We agree, do we not? Is it not so? You thought that I was attacking you, that I was against you, that I was angry! No, no, we are friends, we are friends..."

And it was in these unusually emotional circumstances, caused by a sudden change – yes, it was in in these circumstances that, after a short and friendly discussion in which he won at every stage, I conceded to Monsieur d'Ublé the principle of a fourth town. It would be La Rochelle, Montauban, Sancerre and one other. No names were mentioned, for the session ended as soon as my agreement was obtained. Monsieur d'Ublé wanted to close upon this victory, and I upon this half-defeat, for at least the stronghold granted was not Angoulême.

This is how I was tricked by a very clever man, and what memory I have of it fills me with a strange sense of embarrassment. For I have never been able to feel bitter about it. I even take pleasure in thinking of it, as an amusing episode in my career.

No doubt one must attribute this fine detachment primarily to objective reasons. Years of experience had taught me that too great an advantage gained by one party never lasts long, in any negotiation. It is a question of balance. I had vaguely suspected, after my agreement over Sancerre with Monsieur de Mélynes, that such a resounding result would not be final. I had scored a point against Monsieur d'Ublé, but that was all. I could tell that the old actor would pull a trick from his bag and restore the status quo. All I had to ensure was that he only restored it by half, so that I still had some advantage from my first manoeuvre. That is how it should be done. He had been satisfied.

But I would be lying if I said that my personal feelings had not played a part. Yes, I was well-disposed towards the Baron. His psychological trick had succeeded. Indeed, it is infallible, but the results vary according to the individual. The growing friendship I felt for Monsieur d'Ublé had made me an easier prey than I should have been, and that friendship had begun with our conversation the day before. The only thing which puzzled me, and still does, was whether – during that calculated afternoon walk – Monsieur d'Ublé had been all pretence, cunning and premeditation or whether, as I had, he had yielded at some moments to the pleasure of a mutual understanding we could have taken further.

How far had we been sincere, how far had we still been acting, he preparing his trap, I playing the game? My pleasant recollection of the encounter sometimes makes me think that personal feelings were predominant. At other moments I wonder whether my clear conscience is not due, instead, to knowing that at a deeper level I was being calculating, and that my personal inclinations were just an external cover. You in the kingdom who think that, through all vicissitudes of your life, you enjoy the care and justice of the prince and his advisers, you do not suspect how far your life, your loved ones and your possessions hang on an impulse, an urge, a flash in the breast of some unknown person whom chance has placed at the nerve centre of the government apparatus, and of whom you will never hear.

I had noticed that Monsieur d'Ublé had a strange mannerism: when he and another person reached a doorway, he would step back and usher the other through with an insistence which, in others, one might call obsequiousness. He performed a sort of salute, with his back straight and his head as low as the length of his neck permitted. This combination of two attitudes – pride and humility – made for a curious effect. His unbending back made clear that Monsieur d'Ublé was not diminishing himself, and gave the lie to any respect which his bowed head might have suggested. The unusual angle of his head drew attention to the stiffness of his body, so that the apparent deference was tempered with irony and defiance. His chin and his cheeks, pressed down towards his chest, raised the corners of his lips in a mocking expression, which resolved the contradiction between the two attitudes. Monsieur d'Ublé was clearly indicating:

"I step aside, but it is for show. Do not see this as a sign of excessive respect. It is just a pose, which gives me pleasure. You may wonder why."

As he left the meeting with the Count, he repeated this performance, with great emphasis. The Count was the head of the Huguenot delegation and Monsieur d'Ublé should have given way to him, which was all quite natural. But the meeting had taken a turn which gave this gesture particular significance, for the Baron had clearly taken revenge on his colleague.

I was not surprised to see Monsieur de Mélynes accept this invitation to go first with visible ill-feeling. As he passed through the door he could not help shrugging his shoulders in irritation, and he walked on alone, his long arms and legs moving without coordination. The Baron followed at a measured pace, a smile on his lips.

"Well, well! They detest one another."

XIII

I THOUGHT THAT certain romantic devices had had their day long ago, so far as negotiation was concerned. The temptations of money, power or women have, since Antiquity, seemed so vulgar and naïve that one can no longer imagine a negotiator, in good faith, being taken in by them. No doubt I failed to appreciate that human weaknesses are eternal. Or perhaps our era is less advanced, less enlightened, less old than I think.

It was with a half-puzzled, half-amused smile that I learned of the arrival of my cousin, Eléonore de Mesmes, at Saint-Germain.

She was an extraordinary being: the most curious mixture of contradictions I have ever come across in a woman. From an old Catholic family, like myself, she had converted to the reformed religion. The reasons for this change were never known. Had she, like the Count de Mélynes, found it in her interests to join what looked like becoming a new force in France? But there was nothing ambitious about young Eléonore: she was not without possessions, and what honours might she stand to gain in the austere circles of the Protestant faith? No doubt she had been driven by sincere faith, but for such a young girl to break with her family would have required true vocation. Yet there was nothing about Mademoiselle de Mesmes reminiscent of the severe manner and unremitting solemnity of true Huguenots. She had a cheerful appearance and an unpredictable, whimsical nature, elusive even. Perhaps her mystery was that of those frivolous young ladies whom one sees active in society for a few years and then one day take the veil and join the strictest of orders. Personally I am tempted to explain her conversion as a certain thirst for adventure which, before leading her along the roads of France, urged her to discover unfamiliar spiritual territory. As for the changing nature of her character, I see there the effect of that taste for intrigue, that predilection for the vague and imprecise which, like me, she inherited from our family.

Hearing of the arrival of an amazon who crossed France on horseback followed by her baggage, you would have imagined some robust woman descended from Penthesilea, just as tall and strong, and with earthy language. That is what I expected, not having seen my cousin since her childhood. On the contrary, I saw a small figure with chestnut hair and blue eyes, slim, with an easy walk, whom one would never mistake for a character from an epic poem.

And already the contradictions began. One saw a young girl whose figure called for light dresses or splendid costumes, but looking down one discovered that she was wearing boots. In her hand you would have put a handkerchief, a bouquet, yet she held a riding crop. Her face, while not of surprising beauty, was even-featured enough to be described as pretty. If you found a certain poetic charm about her, you would have set it in a window or in a wooded grove, yet you had to imagine it on the roads, in all the inns of the land.

"Oh, cousin, cousin..."

I did not know how to take this exclamatory greeting. Did she recognise me as being how she imagined me after all these years, based on her childhood memories? Or else, on the contrary, did she find me very changed, and could not come to terms with how I had aged? Her smile inclined me to the first idea.

"Cousin, cousin..."

She was panting a little, as if trying to catch her breath, having seen how I looked. I was to learn later that with every man she met she assumed an expression of wonder. It was less an expression of feeling than a performance, but each object of this flattery felt a little taller, and discovered, unexpectedly, that he had the soul of a knight and a hero.

Alas!

"Cousin," I said, bowing, "it is many years since I met you, as a little girl at your parents' home."

"I have no recollection of it," she declared.

A lie. She was ten at the time, an age when images are engraved on the mind deeply enough never to disappear. But, having shown some interest in me, she now wanted to demonstrate that I did not exist. The attack was beginning, with the early skirmishes. I felt quite at home.

"Cousin," I went on, "what good fortune brings you here? Can Monsieur de Coligny be using women now? Have you come to convey to these gentlemen his very thoughts, entrusted to you alone?"

"I knew nothing of your presence here," said Mademoiselle de Mesmes. "I have never seen the Admiral, though it is my dearest wish to be introduced to him."

A lie, clearly. Too many coincidences always make me sceptical. As for the Admiral, I can believe that he did not use women, but, if he had known that his followers required their services he would not have forbidden it, no more than any other trickery if his cause stood to gain by it. I could not see Monsieur d'Ublé resorting to this type of intrigue. I have always thought that my cousin's arrival at Saint-Germain must have been the secret doing of the Count de Mélynes.

"I have been travelling through France on horseback," she went on, "since my mother died. You know that I am a wandering spirit. Being near Paris, I came to Court, to rest."

A lie, probably. One must remember that in these early days of the reform movement there was great tolerance and, although armies were fighting, Huguenots were not excluded from the royal presence. For a long time young Protestant girls could be seen in the entourage of Catherine de Médicis. My cousin's explanation was not therefore totally implausible. But could I believe that her decision to stop somewhere near the château had nothing at all to do with me? I asked her.

"Nothing at all, sir," she stated. "But now that I have seen you, I would have been most upset not to have come."

A lie?

"Are you not going to change, Eléonore, out of your travelling clothes? Do I detain you unduly?"

"No," she replied. "These are the clothes which I prefer. I only feel comfortable in boots. I need to be able to move, walk, run – I am as restless as a boy."

Her face and figure belied these words. Yet one had to admit that she moved easily in this heavy attire. There were always these contradictory yet coexisting aspects about her which made her slip through the mind's grasp and prevented it from taking hold. One's feeling for her did not know where to attach itself, and, constantly off balance, became fevered and unsettled. She would charm you, without your being able to say how. Affording one's admiration no rest, she kept it in a state of agitation resembling an acute form of love – though it may have been something quite different.

And what seemed to be the case with her physical appearance would also, in the days to come, be seen to be true of her mind.

"Let us walk," said Eléonore. "We shall speak of our family."

And there we were strolling along the pathways, mentioning names, exchanging news, reviving memories. Nothing creates an easier climate than talking of people whom both of you know. To build a relationship with a stranger, find out what connections you have. Speak about these, and tastes and preferences will follow. Mademoiselle de Mesmes soon did as expected.

"What a wonderful life, dear cousin! Just think, yesterday I was on the roads, stopping at inns I came across. Today here I am walking with you in a garden, in the middle of the French court. And tomorrow, back in the saddle again! What a blessing to be free!"

"Yes, cousin," I replied, somewhat irritated that already, so lightheartedly, she was thinking of leaving me. "I must admit that my years in teaching and administration weighed heavily upon me, and that it is only my years in diplomacy that I have loved, lived, and made a success."

"Do you consider yourself free in your role as ambassador, sir?"

"Yes, my dear. More so than you on your roads, on your horses and in your inns. Freer than the King, for once he has determined the scope of my negotiation I am, within those limits, independent of his power and the kingdom of France is in my hands alone."

Mademoiselle de Mesmes made a noise in admiration, which I was to hear again in the coming days. It was a sort of musical scale with her mouth closed, making her throat puff out like a dove's.

"Freer than the King, sir! You are a powerful figure. What an honour to discover that my cousin has such privileges and is charged with such important missions."

"Go on," I thought. "Flatter and cajole. I know where you are going."

But while on my guard, I took pleasure in these words, and was grateful to my cousin for them. Such is the danger of flattery, which pierces all armour.

"My position is not one of glory, Eléonore," I went on. "It is merely unusual. You think that you are free, running around our provinces. Yet you come under the authority of many ministers, and, though unaware of it, enjoy a reassuring degree of security. You do not know what it is to escape from all constraints, with no-one to turn to, to be without support. For no-one in France can help me in my work, and I must complete it alone."

"And so you, cousin, are the man who can play with towns, juggle with them, move them at will from one camp to the other?"

I smiled a moment, remembering my dream.

"Yes, madam. The way you describe it is fanciful, but true."

"You know, I feel quite intimidated walking beside you! I did not expect to meet so great a lord."

We passed many people in the garden, the court being at leisure at this time. Female elegance was on display, with the sumptuousness familiar since the advent of the Médicis. Yet the eyes of the greatest houses of France were on this small person, still in boots and dusty, pink in youth and beauty, who walked beside me. And the expression in their eyes was such that the one who should have been intimidated, honoured, gratified was myself.

"We may as well speak about the treaty at once," I thought. "She will sooner or later. That is what she wants."

"Yes, these strongholds," I began, "these fortresses claimed by..."

"I must dress," she interrupted. "I cannot remain in this attire. How must I look? And why speak to me of such serious things, cousin, when I am just a woman incapable of understanding politics?"

It was true that, in her grey outfit, she seemed like a child enjoying looking like something she was not. I told myself that I was perhaps being ridiculous to suspect her and to look for calculation in what was just the chatter of a mischievous and flirtatious young girl.

I kissed her hand.

"Come back this evening, cousin. We will dine together in a delightful place. You shall enjoy all that Saint-Germain has to offer, as you are here for so little time."

"You shall make me sorry that it is so," she said as she walked away.

XIV

CLOSE BY the château, on the hillsides overlooking the Seine, were to be found here and there some naturally flat areas from which one could see the river and the valley. They were at the edge of the forest. I have always thought that with a little levelling work and some gardening one could make a pleasant walk there for the Court. I had a table prepared there on the grass, far enough from the château to avoid our being disturbed. At night the garden was even busier than in the daytime.

Mademoiselle de Mesmes arrived at dusk.

When I saw her I understood why that morning, contrary to custom, she had refused to change from her unbecoming garments. What an impression she made! And how I found myself the object of a carefully prepared operation! The contrast with her previous appearance was striking and, I admit, jolted the defences which I was endeavouring to keep unshakeable.

She appeared in a costume which was a marriage of yellow and blue. A gold headband crowned her temples and held back her hair. On her head she wore white lace decorated with several rows of pearls. Gold chains hung around her neck and waist and the length of her dress down to the ground, as simple and beautiful as the metal itself.

Female attire of this period was a pleasing transition between the somewhat stiff severity of the previous reign and the excessive ornament and complication of later times. Eléonore's face, charming but without a dazzling type of beauty, was well suited to this discreet perfection. One might say that her effortless beauty was made for the restrained fashion of the period. What gave it nobility was the Médicis collar, the best invention of the age, designed to raise the angle of the head and frame the softness of the female face.

Those who did not see my cousin appear in her silken dress on the hillsides of Saint-Germain will never know what delicacy was achieved by fashionable elegance in the reign of Charles IX.

I led her to the table, and our dinner was served. But I had been rash in my judgment of Mademoiselle de Mesmes to think that I now understood her completely. This was not the end of her mysteries and contradictions. In the morning, in her sober attire, she had done nothing but play with me and tease me. In the evening, in her exquisitely feminine finery, she began at once to engage me on matters of God and of State. And so she continued all evening.

Scarcely had she sat down, she put a black mask on her face. The ladies of the Court had developed a taste for these Venetian accessories and wore them at the balls and masquerades given by the Queen Mother. My cousin had had the lower half cut off, so that one could still see her chin and her mouth.

She put on fawn-coloured gloves with ribbons and long sleeves, and kept them on until the end of the meal. They saved her from soiling her fingers when picking up pieces of meat by the bone.

I thus found myself dining with an ill-defined being whose form was outlined by rich fabrics but whom I could barely see. I was watched by two eyes, now changed and the more solemn for being alone in their black surround. And if the lower part of the face still told me I was dealing with a young girl, I could have believed from the tone of her voice that it was someone very accomplished, very well versed in human affairs that spoke to me from behind the mask.

"You know," she said, "that I have embraced the Protestant religion. I am devoted to it, and shall not abandon it as long as I live."

"I know," I replied, "and also that some were very surprised, for you seemed to be a light-hearted girl, whom one did not expect to take so serious a decision."

"I have found in this faith the answer to aspirations which were tormenting me, to a need for austerity which I feel deep inside me."

"I would not have thought you austere, cousin."

"That is because you do not look beyond appearances."

"And I find it most sad in one so young, so charming."

"That is because you mistake youth for life itself. It is only one moment of it."

Eléonore de Mesmes ate gracefully. Her hand movements were slight and deft, heightened by the sleeves of her gloves. She looked like a lacemaker at her craft, or an insect using its long antennae to reach into the centre of a flower. The slightest movements of this austere woman took on an air of elegance and seduction.

"The war must end," she said, "and the division of the kingdom. Think of the unhappiness it brings: villages pillaged, harvests set on fire, people with no bread or shelter."

"True, cousin," I replied. "It is true. War causes much misery and suffering. It must stop, as soon as possible. This is the first time I have thought about it, I must confess."

"What! You negotiate without wishing for a result?" she asked indignantly. "Or else you do not know what you are doing?"

"I wish so, and I know," I said, "but not in the passionate way in which you do. I have been given a mission, I carry it out methodically, and I hope for success. Bringing an end to the war is a problem that I am resolving with the means at my disposal. The realities involved are quite foreign to me. It is a matter to be negotiated and a skill to be deployed. That is all."

"I find it scandalous," Eléonore said severely, "that one in such a high position should have such an attitude."

"In your wanderings, my dear, you must have come across those carts carrying actors – travellers, like yourself – who stop in public squares to stage performances. I have often asked questions of these people, as I am interested in everything theatrical. They have told me that they could not play their roles well unless they remained cold inside. How do you want me to play mine, in this play we are performing at Saint-Germain, if I do not keep my self-control? Imagine I had before my eyes the image of the horrors of war, with all the emotion which it arouses. What an easy prey I would then become for my adversaries! How quick they would be to play on my feelings and my haste to reach agreement! Believe me: the negotiator is as cold as ice, or he is nothing."

My cousin seemed to accept this view of the art of diplomacy, and for the rest of the evening showed no further discomfort. She even began to speak with polite detachment, in a dispassionate, sociable manner. The wines flowed freely at our table, and our minds floated among quintessential vapours which hid from us the vulgarity of human misfortunes. Other mists were rising from the river and filling the valley, separating the high ground where we were from the rest of the world. We were like gods sipping ambrosia above the clouds, and discussing the fate of mortals.

"What strikes me," said Mademoiselle de Mesmes, "is how easily everything could be settled. So little is needed, to end the war! Just for you to yield one town..."

"For your people to yield one to me..."

"At the stage we have reached, there is no longer any reasonable comparison between how little must be conceded and the immense result which it would bring."

"True, cousin. But as both of us have now reached the limit in our concessions, this 'little' must be given by the other party. Which means that a tiny obstacle, in reality insignificant for us all, stands in the way of peace."

"You do not insist on Angoulême?"

"On the contrary..."

"Is it really impossible for you to abandon Angoulême?"

"Yes. Because having Sancerre already, your people would have everything they wanted. That would not be fair. My people would feel that they had given away more than necessary, even if such generosity would cost them little. There can be no proper bargain without mutual sacrifice."

"What you require, in short, is a concession from the Protestant side?"

"Imagine, cousin, that I should go to the King and say: 'Sire, the talks are finished. The Huguenots wanted Montauban, La Rochelle, Sancerre and Angoulême. They have them all.' What would the King do?"

"He would go to the Queen Mother and ask her advice."

"You are astute, Eléonore, and know how the world works. But what would the Queen Mother do?"

"She would find a compromise."

"Is there any which gives you Angoulême without depriving us of it?"

"One of life's curious teachings," said Mademoiselle de Mesmes, "is that for apparently inextricable situations there is always a way out."

"You would think she were a diplomat... How shall we share Angoulême, Eléonore? Slice it in two, top and bottom? Or into quarters, like a cake?"

"You could let us have it, but for a certain length of time..."

Unexpectedly, during this dinner which I had thought would be lighthearted and very different, I found it pleasant to speak of political matters. With any other table companion I would have found such things tiresome, a repetition of the day and its hours of work. With Eléonore they assumed a different quality, and I saw them from a more distant perspective. The place, the setting, the circumstances, the wines and the mystery of my companion made them seem otherworldly. Night-time brings us rest by changing our appreciation of what is important, by changing our lives. I was witnessing some ideal form of the treaty of Saint-Germain taking shape.

When full darkness had fallen, my cousin removed her mask. We were coming to the final effort, the final effect in this task of seduction which she had begun in the morning. Having dined opposite a face veiled in black, I was all the more surprised to see it now in moonlight. Eléonore's beauty was one of many marvels. I had seen her dressed mannishly and unadorned, I now saw her thrillingly elegant: in a word, I found her turned into poetry. One knows nothing of a woman until one has seen her in all forms of dress, and in every light. And even then…

Mademoiselle de Mesmes removed her gloves, and put her hand in mine. Holding her thus, I led her back through the formal pathways of the park.

It is known that the stars have a baleful influence on human sensibilities. I was not impervious to their spell. Walking through the night, I experienced a mix of tenderness and excitement which could only be described as love for this young woman beside me. At the same time I was aware of how, in these circumstances, such an attachment might be blameworthy. My excuse was a third feeling, one underlying and familiar through all my life: the vague belief that I could extricate myself from the entanglement into which I was heading, that I remained the master of my fate, that I could in the end turn to advantage what at first seemed to be working against me. I have always believed in my destiny. In this sense I was setting, that evening, stars against stars. I have never been able to rid myself of a boundless confidence in my own suppleness, in my ability to pass through the mesh of the finest net. The delight which filled me was not only due to my cousin's charm, but also to the knowledge that the charm was dangerous, that I would need to enjoy its beauty without succumbing to its power. I had added one more enemy to those already before me. I was granting an advantage to my adversary by dropping my guard on one side. I was making my problem more complicated, like one preferring exercises which are not too easy. And the night was marvellous, all around us.

XV

WHY DENY it? The negotiations at Saint-Germain had, unexpectedly, become more attractive to me since the appearance of this adventurous girl who played the adventurer, this intriguer whom I found intriguing. And the pleasure was all the greater for new ideas coming to light which could bring the talks to completion. Yes, it could be useful to let them have Angoulême after all, but for a short time. After which, everything was open. The treaty would thus retain a floating, imprecise element, which was a very human and very diplomatic solution. Whose idea was it? D'Ublé's? Mélynes's? But they would have suggested it themselves. Mademoiselle de Mesmes, in that case. Was my cousin a political genius?

I met her the next day, with the two Protestant gentlemen. Chance, in those momentous days, was so directing our steps that I was scarcely surprised to find us all conveniently assembled. We walked for some time, and somehow – certainly not through any intention of mine – reached one of those clearings to be found on the edges of the forest. We could sit there under the tall hornbeams, and, finding ourselves arranged as if in committee, our conversation turned to the treaty.

I understood the subtlety of this encounter and this walk. No time was being wasted in exploiting the ideas of the day before and the influence which Mademoiselle de Mesmes had over me. As she could not officially join us in the little room at the château, they had contrived this rustic setting and an unofficial discussion. At the same time this kept Monsieur de Biron away, so as to leave me alone in my cousin's power. And indeed I could feel it.

She had spared no effort to increase it. Her dress that day was of green satin. Its puffed sleeves narrowed down to her wrists, and seemed to emphasise her small, delicate hands. A light, hooded cape covered her hair. A white guimpe rose from her neck to below her ears and chin, presenting her face like a flower.

"My dear sir," Mélynes began in his resonant voice, "it seems that yesterday you put forward a most original idea. You would envisage applying the idea of time to the question of a fourth town. It would no longer matter that it be one town or another, but that it be conceded only for a limited number of years. That was your novel idea."

"He is handling me just as I do the Queen Mother," I thought.

"It is not I," I said clearly, "but Mademoiselle de Mesmes who deserves credit for this discovery. It was born of her imagination alone."

"In which case, let us not fail to examine it," said the Count, bowing to Eléonore with his winsome smile.

That smile, which seemed amusing when used between men, became unpleasant in my cousin's presence.

"Yes," I thought, looking at the Count, "for all your dressing in black and playing the Huguenot, I daresay you are as dissolute as the most corrupt monk in France."

Thinking badly of him, I felt the need to say something friendly.

"You are the one, sir, who had the excellent idea of bringing us to such an agreeable place, where conversations may be freer for not being official."

I was warning him without quite saying so that nothing in our discussions would be binding on me. I was wary of Eléonore's influence.

Monsieur d'Ublé assumed his baby face, with his smirking smile, his mocking eyes, and spasmodic shrugs of his shoulders.

"My noble friend," he said, "has a taste for setting and occasion. He would happily agree a peace treaty for the kingdom at a ball or at a tournament."

Monsieur de Mélynes crossed his legs, stretched his arms out as far as he could and broadened his smile as if in a play at a tavern.

"My most worthy friend," he retorted, "trails convention around with him. He is always on duty. He would turn a banquet into a synod. He would work while he played blindman's buff. With him, here in this forest you will feel as if you were in chambers."

And thus, one could not know whether what we were going to say would be official or not.

In the green light falling from the branches, the Count, tightly encased in his black clothing, made me think of some large forest insect. Playing a mental game which I often do, even when engaged in the most serious matters, I made those present fit the surroundings they had chosen. D'Ublé brought to mind some benign and corpulent deity, who had arisen from a nearby spring. And my cousin was a forest nymph. I had always imagined those poetic creatures as being white. I realised that green was suited to the woods. Had Eléonore chosen what to wear that morning in anticipation of where she would be taking me? What subtlety I attributed, in those bygone days, to her probably quite simple soul!

During our banter and my strange imaginings, Mademoiselle de Mesmes remained silent.

Her attitude brought us back to the serious nature of our task.

Monsieur d'Ublé changed expression, puffed out his cheeks, frowned, and assumed his slightly anxious manner:

"This town," he began, shaking his head, "this town that you would yield only for twenty or thirty years..."

"Two or three," I murmured, firing back.

"For some as yet undetermined number of years," the Count interrupted, his nose pointing up towards the branches.

There is nothing as delicate to agree upon as an order of magnitude, and nothing as repugnant to the diplomatic mind. Once it is established, nibbling away at it or rounding it up is a matter of course, but positioning it on the scale of values at the outset is always troublesome. The usual trick is to venture some greatly exaggerated estimate in one's own favour, and then watch the reaction. Then one retreats, a step at a time. Monsieur d'Ublé, myself and the Count were taking the number we had already used for the towns. The negotiator does not have an infinite number of tricks in his repertoire. The same ones are used again, in identical circumstances.

"This town," Monsieur d'Ublé finished what he was saying, "would, to compensate, be Angoulême."

I corrected him:

"Could be Angoulême, if the compensation were reasonable."

"To judge whether the compensation is reasonable," Monsieur d'Ublé added subtly, "we would need to measure the importance to you of not giving us this town permanently."

"Against that," I replied, "we must weigh the importance to you of having the town, for whatever the period may be."

The Baron insisted:

"The difference between giving the town permanently and giving it temporarily is in itself considerable."

"But Angoulême's superiority above any other stronghold is beyond doubt, since it is the town which you claim so insistently."

"So it remains to be seen whose advantage weighs heavier in the scales?"

"Inevitably yours, my dear Baron, as it is you who are asking for it. If to obtain Angoulême you agree to the idea of having it only for a limited time, it is because you can see it is to your advantage. Which means I see that I would lose by it, and so, to be safe, I reduce the period to a minimum."

Everyone knows that a provisional certainty easily becomes a permanent one. The Huguenots were counting on this, and that once installed in Angoulême they would not quickly be turned out. I was letting them know that I had not been taken in by this manoeuvre.

The Count's scornful eye turned towards his partner.

"Let us not put the cart before the horse," he intervened, turning towards me. "You speak, dear friend, of reducing. But from what? We need a figure. You imply it, when you say 'reduce'. So put it forward."

A clever move. Monsieur de Mélynes was putting me in the unfavourable position of doing the asking into which Monsieur d'Ublé had unwisely let himself be led.

"The temporary concession of the town is your initiative," I replied slowly. "It is for you to attach a figure."

"But it works to your advantage," the Count continued, "so it is for you to say how long. If you ask us for how long we wish to keep Angoulême, what do you expect us to say, other than 'Forever'? You will reply: 'No, a limited period'. Tell us how long."

"Figures have been mentioned," I murmured, retreating cautiously.

"Precisely, two and thirty. We must proceed from there."

"Fifteen years," suggested Mademoiselle de Mesmes, speaking for the first time.

Monsieur de Mélynes stretched wide his endless arms, and exclaimed:

"You see the advantage of a third party to resolve our difficulties. Fifteen years, quite, fifteen years! For fifteen years, then!"

"Forgive me," I said. "We were only seeking a basis for discussion. Let it be fifteen years. But that is a starting point, from which we must reduce."

"Or increase."

"My dear Count," I said, "remember your own words: 'You speak of reducing. But from what? We need a figure'. That has been done: fifteen years. So the length of the period would certainly be less than fifteen years."

It was Monsieur d'Ublé's turn to look up at the treetops. One would have said that he was hearing voices, like Joan the Maid in the fields of Lorraine, during the reign of Charles VII.

"My noble friend," he said smoothly, "was expressing himself only in the immediate context of the discussion, not in an absolute sense. He does not claim that every word he says is Gospel."

The Count retorted, his voice harsh:

"My excellent friend knows, from his own experience when speaking, how far one may lose one's way, or even be led."

Monsieur d'Ublé gave us his baby smile, nodding emphatically, and went further:

"My worthy friend speaks wisely. Be guided by him. I have no doubt that, led by him, you will find a solution which will satisfy the King."

Monsieur de Mélynes now wore his truculent expression, and pointed to his partner as one presents a champion.

"My estimable friend is too modest. Go where he wants, follow him. He will give you all you wish."

They continued in this way for some time and then, having sufficiently expounded on their respective clumsiness and their shared inability to take the discussion in any direction other than one advantageous to the opponent, they came back to the subject. But the thread had been broken. Was it the influence of the beautiful morning, or the still novel presence of my cousin? Nothing more of value was said. At last Mademoiselle de Mesmes suggested that we go indoors, to dine. And thus she had supplied the only two positive contributions to the session, amid our specious haggling.

We returned to the château which stood, grey and pink, like a posthumous gift from King Francois I, waiting for us at the end of our walk.

XVI

I HAD FALLEN asleep on a bench in the garden. The heavy meal and the afternoon heat had put me into a state of torpor, and finally unconsciousness. Saint-Germain, the sights, the people, the bargaining, all swirled confusedly into a cloud, where nothing had either place or importance.

I was lying down, with my brow on an arm of the bench. The feeling that someone else was there awoke me. My cousin was behind the bench, leaning over me. Turning my head, I saw hers very near to me, and her mouth surprisingly close to mine. My drowsy state reduced me to the level of basic reactions. I did not have time to think. My face rose towards the one offered to me, twisting my body from how I had lain. My cousin stood up – none too quickly – with her round smile, her eyebrows raised in surprise and shock:

"Cousin, cousin! What are you doing? What are you doing?"

Drawn by this mouth which was refused me, I twisted around, without support, and found myself standing in front of Mademoiselle de Mesmes. I have since asked myself how I found the strength and suppleness to perform this feat worthy of a sea creature. It had required a flexing of the nerves and muscles which I could not have managed since.

Too bewildered to speak, I stood looking at Eléonore, who was smiling and as in control of her wits as I was incapable of controlling mine. She took my hand and led me towards the forest.

"Come, cousin. Let us join those gentlemen. It is time that we finished conceding Angoulême."

I would not swear that those were her exact words, or even that she spoke at all, for what was real and what was dreamed are curiously mixed in my memory. But she could have spoken those words. There was no longer any pretence between us, and it had become clear, through some secret evolution, that I was going to yield Angoulême. The price had yet to be determined.

We walked through the garden which was burning in the sunshine, and fortunately empty. I was walking with Eléonore mechanically, like those people who sleepwalk on the edge of precipices. And always, at the back of my mind, in the depths of my consciousness, was this familiar, vague intimation that what I was going to do was good, and that one way or another I would come out of it to my advantage.

Messieurs de Mélynes and d'Ublé were waiting for us at the same place where we had sat in the morning. The same scene began again. But I was in a different state of mind. In the torpor in which I found myself, armoured with a sort of protective insensitivity, I used a trick on them which can only succeed when one is devoid of all vulnerability or imagination. I calmly declared that I was willing to surrender Angoulême to them for two years only; and then I let them attack me – for I was determined not to move – until, weary of trying, they gave way.

My position was not a bad one. Encouraged by my apparent cooperation that morning, and attracted by the long periods of time that had been mentioned, the Huguenots had become very attached to the expected solution and wanted to obtain it at any price. It was quite an attack. Now, in their moment of need, forgetting their internal warring, the Count and the Baron took turns to tackle me. I felt like an animal, cornered but confident to take on an inadequate pack of hounds. Monsieur d'Ublé was a large mastiff, a low growl in his floppy jaws, approaching me for a sudden bite. Monsieur de Mélynes was moving more like a greyhound, turning and twisting on his long legs until he could surprise me and leap on my back.

When the tension was at its height I added that, all considered, if the principle of a temporary concession was good for Angoulême then it should be so for the other three towns also; that the treaty would seem somewhat ungainly if it granted one town temporarily and the others for good. And as I did not want to concede Angoulême for good…

From that moment, I had before me nothing but two clamouring, angry beings who, with no further thought for concerted action or subtle calculation, were barking, leaping, yelping and crashing into the same wall.

"You are bringing into question what has been agreed!" the Baron accused me.

"I am bringing nothing into question. La Rochelle, Montauban and Sancerre belong to you, indefinitely. You are the ones now talking again about Angoulême which you were giving up, and you are suggesting a method of concession which cannot be applied to only one town. Can you imagine the clause, dealing with one town in one way, and another in another? How could you expect the towns to accept such unequal treatment?"

"You give way on nothing yet you want everything," grumbled the Count.

"On the contrary, I am giving away everything! What do I have left? There are the four strongholds, the best ones, the ones you wanted. Take them. I only ask to speak of them again in two years' time."

"Two years were suitable for one town. If we are talking about all of them, we must extend the period accordingly."

"My dear Baron, my dear Count, you know what a risk these temporary concessions are for us, being so unpredictable, so vulnerable to events which occur just as the period should expire. We were accepting this risk for one town, now it is extended to four. And you suggest lengthening the time further! The period should be reduced to one year, if we are to talk about all four…"

"You are the one talking about all four!"

"You are the ones who want a temporary concession."

"Then give up all of them for good!"

"So be it. But in that case, without Angoulême."

In my normal state I would not have engaged in such brazen behaviour.

It went against my natural subtlety, and besides involved too many risks. It took the semi-torpor resulting from my interrupted sleep, and the adventure of my awakening, to dull my feelings to the assaults made upon me. Yet I was right in my deep-seated awareness that I must aim to extract the greatest advantage from the temporary concession. The Huguenots, determined not to comply with its terms, could not let this clause prevent an agreement. What annoyed them was not so much the fear of losing in two years' time what they had won, but that I was insisting on winning one concession after another without giving anything in return. The general image of their negotiation was compromised, in terms of how it would be seen by their superiors.

I should add that the afternoon heat did not help them. With all that attacking and struggling after a heavy meal, they were perspiring freely in their black clothes. Monsieur d'Ublé was turning purple. Still pale, Monsieur de Mélynes was dripping wet. July had taken my side. Summer, that day, was Catholic.

Meanwhile, with a smile upon her lips, my cousin seemed to be refereeing this furious combat between males. Did she favour one side? Did the advantage I was gaining give her pleasure or displease her? Did she really want Angoulême to go to the Reformists? How far did her Protestant convictions extend? Did they represent adventure, or asceticism? Did her concern extend beyond herself, and as far as the minutiae of the empire which Monsieur de Coligny wanted to build for himself? Was she sincere, inspired even, or just a plaything in the hands of the Huguenots? The unsolved mystery of my cousin, Eléonore de Mesmes.

Finally, we went the way I wanted. The four towns were given over for two years, and it was decided that the agreement would be confirmed at an official meeting in the next few days. Recalling my dream, I imagined a great city, houses, ramparts and all, drift across the sky and settle in the enemy camp. Messieurs de Mélynes and d'Ublé left us, carrying Angoulême under their arm, and none too satisfied with their acquisition.

XVII

PREOCCUPIED BY the many major decisions I had been taking for some time, I felt the need to obtain the approval of higher authority. I asked for an audience with the Queen Mother, who received me immediately.

"Madame," I said, "grave difficulties have arisen regarding Angoulême. The Huguenots will not yield: they want that town. However, if they obtain it, they will have Montauban, La Rochelle, Sancerre and Angoulême, in other words everything that they wanted. Is it right that talks should end with everything given to one side, and nothing to the other?"

"No," stated the Queen, satisfied with this obvious answer.

She did not like embarrassing questions. She had trained her entourage never to ask her questions which could not be answered easily and with certainty.

"On the other hand," I continued, "can we let the negotiations fail over this point, making the fate of the whole of France hang on that of a single town?"

"The negotiation must be con-cluded," she articulated.

"That is Your Majesty's order, is it not, Madame? We must therefore give them Angoulême without giving it: give it only in part. How can we do that? Can one share a town enclosed within its ramparts? No, of course not. One would have to give it... partially, that is, not entirely. One might say lend it, if that did not sound absurd..."

"You may," she interrupted, seeing the way at last, "give it for a certain time."

"Your Majesty means...?"

"Give them Angoulême, so be it, but for a few years. That is giving it partially, not entirely."

"Yes indeed! Your Majesty has shown us a solution!"

"When you cannot find one, sir," said Cathérine de Médicis, "consider the question of time. It provides a solution to all problems."

I was fond of her witty responses.

"I had not thought of this angle, which eliminates the difficulty," I repeated.

"Then proceed in this way, sir."

"As for the length of the concession, does Your Majesty prefer it to be long, very long, and that the Huguenots keep the town for such a long time that there is the risk of forgetting that they must hand it back to us?"

"No," said her Majesty.

"Does she instead prefer to yield it only for a very short time, to avoid the towns drifting away from us?"

"Yes."

"The shortest would be one year. Can we demand this minimum period, without seeming intransigent, grasping..."

"One must leave something for the enemy," the Queen Mother declared.

"We shall therefore offer one year, and settle for two, according to the principle established by Your Majesty. Thus they will have La Rochelle, Montauban, Sancerre, and also Angoulême, but this last only for two years."

"Exactly."

"The treaty," I stressed, "will concede four places, of which just one will be temporary."

"Indeed."

"Three towns," I emphasised once more, "will find themselves given over forever, and a fourth for a very short time."

The Queen Mother was beginning to understand.

"That is unequal treatment," she observed.

"Your Majesty believes it so?"

"I believe it so."

"Would Your Majesty prefer the treaty to be more equitable? She finds that the present clauses lack... how can I say?"

"Balance," she said, finishing my sentence.

"That is where the shoe pinches. Your Majesty, I can see, desires the same treatment for all four towns. We must abandon all four forever, or for two years. And as we do not wish to do so forever…"

"Then we must choose the other solution," the sovereign concluded.

"I shall be representing Your Majesty's will if I negotiate to that end?"

"Precisely, sir."

You will observe that by providing fully prepared solutions, I was only doing my duty as plenipotentiary. By simply approving them, Catherine de Médicis was fulfilling her role as supreme head of a vast enterprise. How could she, alone, have provided answers to the thousands of questions asked of her each day? Yet her character was such that she claimed to have thought, by herself, of everything which she decided upon. She was too shrewd, however, far too shrewd to be deceived by her own game. And no doubt she was inwardly amused by the strategem by which I tried to induce her to follow my thinking, as I struggled along the winding path of a tacitly agreed process which she considered indispensable to the prestige of her rank.

Thus it was that Angoulême was taken from the King, on 16 July 1570. I still had a formal duty to perform, for Monsieur de Biron knew nothing of the matter. I sought him out and addressed him in this way:

"My dear Baron, in order to have Angoulême, the Huguenots would agree to have nothing for more than two years. They have confided this to me, as I now confide it to you. You understand all the advantages which such a solution can offer. It is essential that you now use your influence with the King to make this succeed."

Monsieur de Biron thrust out his chest, and went at once to see the King and use his influence. The King went to see the Queen Mother. The Queen Mother said yes, Charles IX came back and said yes, Monsieur de Biron brought this yes back to me, and that was that.

XVIII

THEREAFTER, EVENTS followed their normal course. A session of Council was held, to ratify the decisions we had taken. Nothing now seemed to stand in the way of peace. The clauses were established in terms of content, if not form. The great diplomatic activity of Saint-Germain was at an end.

And so it was that I saw Mademoiselle de Mesmes reappear one morning in her grey, amazon's costume. This was unexpected, and I suddenly felt a terrible sadness. The weather was too beautiful, it was too early in the season, things were going too well for us to part already. The time was not right for farewells.

There she stood, short and self-assured, in her boots, wearing that now-familiar half-smile of admiration and breathless amazement.

"Cousin, cousin! How will I manage without you...? Live without you, far away from you... You who are so many things to me...!"

I do not know what came over me. I said:

"Stay a few days more, cousin. I shall tell you a secret."

Her first reaction was to step back, thinking the secret was one of love. I could read her face like a book. No doubt she had enough instinctive wisdom to sense that our relationship, if it were not to lose its charm, had to remain something incomplete, unfinished, merely touched upon, clouded. And so I added:

"A political secret."

She was calmer now, and a little start showed clearly that she was interested.

Alas!

"I promise to stay for three days," she said.

"Then come with me."

I took her to one side, and began:

"Have you never thought it absurd, Eléonore, to fight for something you already possess?"

She looked at me.

"Certainly not," she replied. "One does not waste time thinking the obvious."

"Exactly!" I continued. "One does not think sufficiently about the obvious, and then one makes elementary mistakes. It seems to me that the Reformists are being quite absurd, and have been for some time, to go to such lengths to obtain what belongs to them already."

"Angoulême does not belong to them."

"No. But do you not know, cousin, that Sancerre has been yours since the beginning of the Reform movement?"

"Of course. We even occupy it. But you do not recognise our right to do so, which we are asking you to do."

"Rights, rights... People bring them in everywhere. I have taught such things too much to believe in them. Let us look at the facts. The fact here is that Sancerre belongs to the Reform down to its very fibre. Whether you have it or we do, it is all the same. Those people are Huguenot to the core, and will remain so. We will not change them. Ah! If I had been on your side, I know what I would have done. I would have said: 'Give me La Rochelle, Montauban, certainly, and Angoulême, by all means. But keep Sancerre. Yes, keep this eerie, this impregnable fortress strategically situated within France. I will be satisfied with something else, La Charité for example' – knowing that Sancerre, whatever its fate, would remain faithful to the Reform and that, while appearing to acquire four towns, I would in reality possess five."

My reasoning was correct and subsequent events proved it so. After Saint-Bartholemew, Sancerre closed its gates to the King's troops, became an ally of the Huguenots and withstood a nine-month siege which left no doubt as to the strength of its convictions.

For some moments Mademoiselle de Mesmes thought over the implications of this unexpected, sudden openness on my part and of the disguised offer which I was making. Then she looked up, with a charming smile.

"Your proposal is worthless, sir, worthless! And I fear that it will come to very little. But I have given my word, and I shall stay. And we shall meet again. To please you."

Having thus placed me in a position of inferiority, without however leaving me no hope at all or closing the door to further negotiations, my young relative bade me good day, and walked away.

XIX

OFTEN, IN the course of the talks at Saint-Germain, as I wandered in the evenings along the lonely pathways, I asked myself what it was that separated us from these Huguenots with whom we had exchanged such hostility for a quarter-century. An accident of birth or the whim of fortune, and I could have been one of them, just as any of them could have been on our side. My efforts to put myself in their shoes in order to judge things from their point of view led me to know their cause so well that I willingly took time to consider its interests. How well I could see what they should have done! It was easy. I could grasp the problem from both sides. I was deciding the questions and the answers singlehandedly; I was managing the destiny of France from a bird's eye perspective. But I was also learning this: I would have found it as satisfying to defend their positions as I did to fight for our own.

Having come to know well Messieurs d'Ublé and de Mélynes – so different, so alive – and under the charm of a heretical young girl, I could not help feeling a certain warmth in their now-familiar company. How were they different from me, from us? What naïvety in me, to be surprised to find qualities and faults, strengths and weaknesses in them just as in other men, and charm and smiles as in other women! They would have needed to seem cold, rigid, aloof, inscrutable, unbending, dry, without human lifeblood: perhaps then I would have felt that I was faced with a different race to which nothing could attract me. That was the case at the start. But have you ever met a man who could maintain such a role indefinitely, wear his mask with no cracks appearing, his armour without a flaw? Through the fissures something finally emerges, a mannerism, a peculiarity, a failing, an imperfection, and the exchange begins, the current we share begins to flow. Our sense of brotherhood springs from our absurdities.

How futile was that which separated us! How right it was to seek to preserve those opinions by which we lived, but how pointless to fight to impose them on others! Who has ever thought like his neighbour, and shared his love of green, blue, yellow, red, sweet or savoury? We are all similar, and all different. I imagine that a day will come when Catholics and Protestants, with their respective beliefs, will rub shoulders without feeling that they have to fight one another. And others, likewise.

I was given to understand that the Huguenots would meet us somewhere in the forest, by the same contrivance that allowed Mademoiselle de Mesmes to be present among us. But this time it was appropriate that Monsieur de Biron be present. I took him to one side and said:

"My dear Baron, you have too much experience in diplomacy," – he flushed with pleasure and gained half an inch in height – "too much experience in diplomacy," I went on, lingering over these words, "not to know the importance of informal conversations. The most trifling ones lead to the most advantageous changes of situation. Officially, everything is coming to an end now.

"Nevertheless, it would be helpful for us not to lose contact with these gentlemen of the Reform. The château corridors are unsuitable for discussing such matters: one sees too many of those charming girls who surround the Queen Mother and make serious conversation impossible. Let us try to meet Messieurs de Mélynes and d'Ublé out on a walk. Come, let us walk towards the forest, and perhaps we will find them."

And I led him straight to where I had been told. We arrived at the same time as the Huguenots. Monsieur de Biron, who had not yet understood, roared with laughter.

"What a coincidence, meeting in such a lonely place! And that you had thought of coming here, and ourselves too, it is wonderful!"

Monsieur d'Ublé smiled smugly.

"Is it not? Quite a coincidence: some going one way, the others in the other, turn, and then here we are all together!"

We sat around the clearing, and my good colleague, who had not yet recovered from his amazement, went further:

"And to come across one another in a place where we can sit so comfortably in a circle!"

Monsieur de Mélynes laughed unkindly, and, in his guttural tones, went one better:

"One would think, my dear Baron, that the trees arrange themselves to accommodate us. Note that there are exactly five places, no more."

"If fate," continued the Baron in full flow, "had wanted us to converse together this morning, it would not have arranged things differently."

Mademoiselle de Mesmes, in turn, gave him a kind and pitying little smile.

"Indeed, indeed. Let us converse… A good idea…!"

It was touching.

My cousin was wearing a purple dress, and I appreciated her having chosen that colour, being close to the violet we wear when in mourning. She was wearing gold bracelets on her wrists, a golden chain around her neck, and another around her waist – they call them girdles – from which there hung a mirror. It sometimes caught the sun through the moving foliage.

This unofficial conversation began discreetly.

"There we are," said Monsieur de Mélynes, all smiles, "the talks are at an end. Our task is completed and we are now on leave. We shall be able to speak freely about what has hitherto been discussed only on an official basis."

"Yes," said Monsieur d'Ublé in support, "we are like actors back in the wings. They talk about what they have done onstage, as if it had been another life and another world in which they were not themselves. 'Why did you, at a certain moment, do this, or that?' 'Because of this, because of that...' 'You could have...' 'I would have preferred you to do it differently...' And so on, and so on."

"We have worked hard," I said, joining in their game, "to reach an agreement! La Rochelle, Montauban were not too troublesome. But Sancerre! And Angoulême!"

"The most difficulty," Mademoiselle de Mesmes observed, "for the least important places."

"Exactly! Exactly!" the Count opined, noisily. "The least important!"

"The least important," agreed Monsieur d'Ublé, like an echo.

"The least important," said I, nodding. "Yet it seems to me that you, my dear Count, were extremely attached to Sancerre, and you, my dear Baron, to Angoulême!"

"I, attached to Sancerre!" the Count protested, his hand raised in a gesture of innocence.

"I only fought for Angoulême," the Baron said gently, "because we needed a city. In any case, there were two of us to consider, for I had the Count with me."

"I would never," stated Monsieur de Mélynes, with an immense gesture, "have wished to confound the wishes of my excellent friend by stubbornly arguing for Sancerre!"

"Never," replied Monsieur d'Ublé, flushing with generous warmth, "would I have attempted to have Angoulême prevail if my noble friend had insisted on Sancerre."

"They are about to embrace one another," I thought.

Having thus overflowed for some time, they allowed the conversation to drift back again to the real subject.

"So you were not attached to Sancerre?" asked Mademoiselle de Mesmes, her wide eyes filled with amazement and innocence.

"I was not in the slightest attached to it!" exclaimed the Count, as if it had been something self-evident all along and which he was tired of explaining.

My cousin turned to me, implying that it was my turn to speak and to lend some support to this reversal of positions which was being attempted.

"You would have accepted…" I said slowly, "any other stronghold whatsoever?"

"Any!" the Count confirmed with effusiveness, to indicate his goodwill and gentle character.

"La Charité…" suggested Mademoiselle de Mesmes, "or…"

"Yes," Monsieur d'Ublé approved, "La Charité, or… or…"

"La Charité!" concluded Monsieur de Mélynes.

We devoted some time to reflections on this well-fortified, industrial town which the Huguenots did occupy but which was less devoted to their cause than Sancerre.

"It is astonishing," continued Mademoiselle de Mesmes with the same innocence, "that you should agree on La Charité and that another town is being conceded."

"It is indeed curious!" said Monsieur de Mélynes, as if just realising the paradoxical nature of the situation.

"Ah yes, it is unusual!" I added, playing the game.

"It is strange."

"It is unexpected."

Monsieur d'Ublé puffed his cheeks, and breathed out, with a benevolent air.

"My God! If the Catholics were to insist upon it, what would it matter to us if we changed? We have never preached intransigence…"

I raised my hands, and expressed with my whole body my forbearance and good will.

"If the Protestants saw it as a way towards a better future understanding, why would we refuse to look again at what has been agreed?"

"His Majesty well knows our devotion, and the respect in which we hold his person..."

"We have nothing but esteem and the highest regard for the great qualities of Monsieur l'Amiral…"

It was a morning for bowing.

We spoke for a few moments on this matter, and at last it was decided that a second meeting would be held, the following day, to finalise what seemed to have been agreed. After mutual congratulations on the progress achieved we went our separate ways, to dine, to reflect, and to conspire against one another.

XX

I HAVE ASKED myself what profound reasons could have drawn Monsieur
de Mélynes towards Sancerre, and Monsieur d'Ublé towards Angoulême,
to the point of creating between them this opposition which had such an
influence on our talks. I believe I have found them: the d'Ublés were people
of the sword, the Mélynes were people of the gown. In the diplomatic circles
into which the Baron's preferences, unusual in his family, had led him, he was
conscious that his origins might cause others to doubt whether he had the
flexibility and the tact required to accomplish his missions. Similarly, in the
restless and warlike faction in which the Count was trying to make a name
for himself, the latter was afraid of seeming inadequate to the demands of
the times and of his party. This is why each was protecting himself on the
side where he felt vulnerable. The man of the gown was uncompromising
on the military aspect of the affairs which he was negotiating, while the man
of the sword was inflexible on political and economic ones. And so, when
it came to Angoulême and Sancerre, Monsieur d'Ublé thought he must
defend the city of trade, and Monsieur de Mélynes the impregnable citadel.
Had they done otherwise, they would have thought they were exposing a
weakness.

The meeting the following day had little of the urbanity and restraint of
the one before. From the outset, I declared that I did not wish to exchange
Sancerre for La Charité unless Angoulême were also given back to us in
exchange for another town. And I suggested Cognac.

I was using the same method that had served me well when we had
discussed the temporary surrender of the towns. As then, my intention was

to stand firm, and not to give in at any price, calculating that the ploy was sufficiently equitable to have a good chance of success.

But, as I have said, certain methods only work if one's opponent does not adopt them at the same time. "Let them move first" only succeeds if the other is prepared to move. The same is true of "inflexible resistance", for if both resist you cannot progress. That is what happened.

Messieurs de Mélynes and d'Ublé were too experienced to let me use the same gamble twice. Impelled by some ill wind that day in Saint-Germain, they decided that they too would dig in stubbornly, to the point of dispute.

"The treaty has been agreed," they said. "If a clause is altered, so be it. There is no question of changing its whole character."

"The whole thing is of a piece," I retorted. "Change one part, and that affects the rest."

"Why? Sancerre is independent of Angoulême. They are in no way connected."

"Except that you want to have one, and you do not want the other. A question of balance, traditional in all negotiation..."

"The exchange of Sancerre is merely courtesy on our part towards His Majesty," stated Monsieur de Mélynes in righteous tones.

"My dear Count," I said affably, "everything must be paid for, everything compensated. I cannot imagine your accepting this exchange unless there were some advantage in it for you. To tell the truth, I am not sure what. I cannot imagine why you are rejecting Sancerre. I seek in vain to see what La Charité offers you. I can only try to guess..."

"Let us proceed," interrupted Mademoiselle de Mesmes, no doubt thinking me impudent to be thus questioning a manoeuvre which I had myself whispered in her ear.

Her position of having a connection with both parties had gradually taken on more importance, and in fact she was presiding over our talks. The dry intonation of certain comments even led me to suspect that the Admiral had after all had something to do with her chance arrival at Saint-Germain, and that some kind of authority had been granted to her in relation to her very respectful partners in religion. I never did learn the full facts.

"Cognac!" Monsieur de Mélynes began again. "Who would want Cognac?"

"It is a fortress like Angoulême," I replied, "and like Angoulême, on the Charente."

"If the two are of equal value," put in Monsieur d'Ublé cleverly, "why exchange one for the other?"

"Why exchange the other two?" I objected. "Be consistent: change your mind."

"No!"

"Then accept Cognac."

"We cannot accept that either."

I could not make concessions, aware of the attraction which my offer held for them. Refusing Sancerre let them have in effect five strongholds; accepting it was just to receive three. They had to choose. But pride had come into play. I had won too often. Perhaps, also, they had unwisely committed themselves in talks with their superiors the night before. I could not manage to find the argument, be it explicit or subtle, which might break down their obstinacy and yet save their dignity.

This time, the heat had not got the better of our nerves. Entrenched in immovable positions, we were calm: and this made us dangerous.

Little by little we moved to extreme conclusions: if nothing could resolve the situation between us, we would, at the eleventh hour, have to break off negotiations.

"If that is your final word, it only remains for us to acknowledge the failure of our talks."

"If you refuse to compromise, everything collapses and we can only go our separate ways."

"At the very point of success, a mere trifle will have undone everything."

Then, invoking one consequence after another, we came to that dreadful word which everyone had in their minds, and which we now used as a threat:

"Do you want the war to start again?"

"If you persist, we will be at war again!"

"Remember, we must avoid another war."

"Your position is dangerous, it could jeopardise everything, and then – what else? – inevitably, war...."

Beneath the luminous branches of the beech trees, in the enchanting beauty of summer, we thus evoked once more the most hideous spectres of barbarity, and became resigned to the worst, all energy spent. We now assumed sulking, lazy, indifferent attitudes, and repeated to one another, as if to fools:

"So, it means war..."

"It will be your fault, when hostilities break out..."

"Then, so be it, back to war again…"

"Let us go to war then, if we must…"

Monsieur de Biron had been shuddering for some moments, like a charger sniffing the scent of battle on the wind. He had been less and less involved in the talks, as we had followed the twists and turns of hidden procedures. Now, our words struck a note familiar to his ears. He leant forward, pointing his short, podgy finger at us, and said:

"You are using a word but have no idea what it means."

I have already noted how the tone of his voice changed when he was given the opportunity to speak of military subjects. Again I suspected that within him there were two characters, of which we only knew one, the ineffectual. This firm voice, accustomed to resounding unopposed, must have been the one he used in battle, when giving orders, or when inspecting the territory in the evening, drawing lessons from his victory.

He spoke to us with authority, his large honest eyes gleaming not with indignation but with rational conviction.

"War," he said, "is a word that covers some appalling things, as you know, but these things are true, and people are not aware enough of it. You cannot treat these things like ideas. Corpses in fields really exist, and are like nothing you know. You have imagined paintings of battles, you have read poems, tales of war, seen plans. But a wounded man lying on a mound, that is solid, it is real, not flat, not coloured in, it wears heavy clothing and when you see it you understand that real life is something that you almost never see. Myself, I have known that. A dead man, in the corner of a ploughed field, lying on his back, legs folded under him, arms spread out, is all alone, and his face is a waxy shade you cannot describe. War has no colour: everything is the colour of earth. The blue, red and gold you admire all disappear, and the corpses in the fields are brown stains. Blood is not bright red: it is brown and dirty. Besides, you see little of it: it only flows in hospitals. Have you ever heard an injured man wailing, whimpering, in self-pity? I have heard it, and I can tell you that a man is not made to express suffering; anger, spite, the urge to kill, yes. Not this crazed flinching and animal-like howling when they examine his wounds. Have you seen an injury? Hardly anyone has. On the human body, it is where something is open where nothing should be open. You expect an arm, a leg, and instead there is a stain, an enormous one. It is something contrary to the norm, to custom, it is unexpected. Well, all that, a corpse on its back, a wound, an injured man screaming, a burning village, a woman raped and then cut open and left half-naked on the floor of a demolished room, all that is truth. There is nothing truer than death. It is strange, because it is out of the ordinary. And yet when you see these things you feel that the rest is only an illusion, a dream where you imagine yourself alive. Myself, I have felt that. Everything you do, everything we are doing here is just a sort of poem, a masquerade in which we act, a painting, an embroidery on which we work and in which we try to believe. That is difficult for us, because here nothing ever happens. But there, things will happen, something will, and what happens is exceptional. Faced with the exceptional, there is no question of believing in it or not. That is how you recognise that it is true. You do not believe in death, injury, in cries of pain: they are there, and it is the rest which you no longer believe."

His face was tense and uncertain, as he struggled to find vivid images, convinced that we were not able to understand him.

"It is not the attack, gentlemen, not the start of the charge, nor the gunfire, nor the warlike fury on the faces," – he pointed at his own, making a circular movement – "it is not that which shocks you or causes you to doubt. You are carried along in the movement, the surge forward, when fighting seems natural. It is afterwards, the bodies spread out on the ground. It is not normal for men to lie there. It is not their place. You see a mark in a field, and you think a farm worker has left some dung there. You go nearer, and you find it is a human shape. Its mouth is full of soil, that is not natural. You would have to put soil in your own mouth to understand, not the atrocity or the heartbreak of war, but simply its reality. I have experienced that."

And so forth.

From that afternoon, however, I have had the impression, which has stayed with me, that life is indeed something else, which I have never touched. For an instant – for these intuitions are fleeting – I understood a truth about humanity, absolute whatever its meaning, which only appears at the extreme margins where man is about to cease being man. In his rather abrupt way, the Baron had filled our diplomatic clearing with curious words. And I realised that this odd man sitting beside me had known, through his career, an aspect of life and human beings to which I would never have access.

He was right. I am too bookish, too given to abstraction. The warmth of human nature is out of my reach. I walk through a dream of ideas, and what I call reality is a very conventional assembly of things and people. There must be some lower, denser matter to which a lack of gravity on my part prevents me descending. And I have a sort of fear of it, as of some foreign element. Messieurs d'Ublé and Mélynes no doubt shared my predicament. I could not imagine them rubbing up against the roughness of the material world. And all of us, probably, almost all, live in the unreal or the half-real, which is why accidents frighten us, because they wake us up.

Monsieur de Biron seemed to me a different person. Beneath his ruddy exterior there was another world of experience, and, in an unknown land, that man did solemn and remarkable things. I first felt for him, at that precise moment, a regard and a friendship which have never since diminished. He was, by all accounts, one of our finest military leaders. He was certainly an execrable diplomat. But he was a man, in a certain fundamental way which I value though cannot define. To this day, with the rank of field-marshal, he continues his distinguished military career. As I mention him now for the last time, I send him – across the years which have separated our lives – this distant and heartfelt greeting.

It now fell to the worthy d'Ublé to speak, and break the awkward silence which followed such words. Everyone could feel that things had been said which were not compatible with custom and tradition. Minds were caught off balance, there was a feeling of embarrassment, a tension in the air which favoured changes of position.

The Baron shook himself like a good dog, moved his head from side to side, and, deliberately spluttering and raising his shoulders in turn, said:

"Of course, yes, yes, yes... Our colleague has spoken well... very well... We all agree with him. And be it understood... understood... that we do not want our talks to break down. What we say here is after-dinner conversation, is it not? We push our arguments to the limits because we know that there is no official commitment... Quite, we are not committed... These are open remarks, all up in the air, lighthearted... like games. After all, the Reform movement does not rule out any solution... you know that... No, no, no. no. We do not refuse Cognac. We do not refuse Cognac."

From then on, the conversation continued in this lighter tone. Soon it was no more than the friendly exchange between people who have made an agreement and are vying to point out the merits of the chosen solution.

"The treaty is concluded," my cousin said at last. "We must now go our different ways."

And so we parted, the exchange of towns having been agreed as I had proposed when I arrived.

Thus it was that, on 22 July 1570, Angoulême was returned to the King, through military valour.

XXI

THE PEACE treaty was signed on 8th August. It granted the Huguenots La Rochelle, Montauban, La Charité, Cognac, liberty of conscience and the right to worship in certain places.

It was all my doing. Much criticism has been levelled against it. Some have objected that it satisfied no-one, and that anyway it only lasted two years. These are unfounded criticisms. Have you ever heard of two opposing parties being happy with how things are shared out? Inevitably each party loses something, and is only half-satisfied.

As for the extreme fragility of this pact, that was the mark of its perfection. It involved bringing together two adversaries without either of them being beaten or even weakened. Only an unstable equilibrium could be set up between these two matched forces, and even then, to do so involved juggling. It was a feat of diplomatic lacework. No treaty of this kind has ever lasted long. The ones which last are those which a victor imposes on the defeated. They are the easiest ones. They last until the losing party gets to its feet. Then they cease to exist.

It is not a treaty but rather an evolution which will bring lasting peace to the world.

As for myself, what surprises me as I retrace this episode of my life is the infinite subtlety of mind which I find there. At the time, I was not aware of it. I acted according to the circumstances. Defensive actions, or initiatives, were taken without my thinking about them consciously, as one falls back or feigns with one's sword, in combat. With what surprise I now see these intricate paths, the entanglements of hidden intentions, those external influences always accepted and always deflected off course, those personal feelings never suppressed and always, through a strange diversion of the talks, aligned with the interests of my cause! And it would have been good to know everything that was hidden, and that I have been unable to relate...

How one might accuse me of treachery if one followed the progress of my feelings and my manoeuvring, and how little one could do so, if one judges by the results which ensued!

A judge's needs are strange, for he must determine between two extremes. The traitor is more lateral, oblique. Truth is not the opposite of lying, betraying is not the opposing of serving...

I would point out that the Huguenots did not in the end obtain either Sancerre or Angoulême, this being a result for which we would not have dared to hope at the outset.

My cousin left one morning, and I could contrive no further means to detain her. I remember her rosy complexion, her chestnut hair and blue eyes, her grey amazon's outfit and that jaunty air, and her breathless "Cousin, cousin..."

What did she feel for me? Was it a relative's affection towards me, or a woman's? Respect, or emotion? In the courtly jousting between us, both had scored points, and we parted satisfied with one another. But love? Did she leave weary of waiting for it, or because she could see it coming? Could something have happened between us, which was not to be?

Every woman is an enigma, every destiny a problem by virtue of its unfulfilled possibilities. I will not pretend to understand the human soul, and I am quick to laugh at those who think they can. They are madmen who claim to cut into pieces an elusive vapour which everywhere escapes them.

The personages I met at Saint-Germain leave me filled only with surprise and uncertainty. What I experienced most clearly was the discovery that the same person comprised two or three different, and distinct, characters.

I did not see Eléonore de Mesmes again. With all links broken between her and her family, it was difficult for me to have any news of her. I was told that her travels had taken her to the German states, where she had reportedly married a Protestant junker. Such an outcome, sad though it be, would not surprise me. I can well imagine my cousin, so gay and colourful, ending her days on the lonely plains of Pomerania to fulfil some secret vow, some obscure asceticism sought by her untamed little soul.

I met Messieurs d'Ublé and de Mélynes a few times more. I also went back, later in my career, to the château at Saint-Germain. My memories of those two gentlemen are still bound to the place.

Did they like one another? Did they respect one another?

"My noble friend!"

"My excellent friend!"

Did they hate one another, as I believed? Were they inseparable in real life as they were in my memory? D'Ublé so florid and so wily, Mélynes with his nose so expressive under the little hats which fashion had us wear at the time... I imagine that, as with many associates in art, trade or the professions, they found they had become so complementary that, though not caring for one another, they could no longer part company. What was d'Ublé without Mélynes? He still had that soul which I suspected was beautiful beneath a good deal of hypocritical pretence. But how his thrusts lost their subtlety without the contrast of the Count's blunt repartee and rasping, guttural voice! What was his mischievous immobility without that monster at his side, shifting and cackling like a devil? And what of Monsieur de Mélynes's thrusts, without the calm padding of his colleague which showed their impact and yet withstood them? What of his black, angular appearance, without that rosy, rotund backcloth which made him so stand out? When I think of Monsieur de Mélynes, I still wonder what he might have achieved. Lively in thought and gesture, charming or odious as he chose, raised by his stature above common scruples, he had what it takes to make a great man. Both of them died on the day of 24th August 1572.

XXII

Now I have reached the end of this fragment of my Memoirs. And I ask myself whether I was right, three months ago, to have started it. I am learning that it is not without some cost that one rummages through dead things. By disturbing ancient layers of sediment, one can release bitter odours and unsuspected fermentations. Resurrecting those forgotten days has filled me with a strange sadness. It is a period which I lived with intensity, thanks to the interest of my work and the charm of a woman bound up in it, and yet I find my pleasure drowned in bitterness. All in all it is an unhealthy sentiment, unnatural, and I suspect that in life it is wrong to look back.

What can this tale have given me? Perhaps an illustration of the multiple, shifting, fluctuating and essentially manipulative character of the human soul, which seems to me fundamental and which alone can explain the strangeness we discover in ourselves and in others.

But also, how poorly I have retold these episodes which today I see to be so rich, and of which I have only been able to provide an imperfect outline! Words are rough, like poorly hewn blocks of thought. Most nuances escape them, as does any continuity. Of those colourful, overflowing characters I saw, so burning with life and possessed of movement, what will you glean from the few, lifeless lines that I have drawn? And those moments, the impressions I had, how could I pass them on to you? What I have reproduced is perhaps one thousandth of it all. The rest will die with me. No doubt it was beyond communication.

After all, it would take years to exhaust the content of one hour of life.

Looked at closely, every detail reveals an abyss, in which a thousand other details each open one in turn. I decline to attempt such a vast enterprise, and I think it is wise to do so.

As spring has returned, I shall cease writing and look after my estate. I shall turn to activities which – I believe – will express what I am better than those of this winter. Each head of wheat, come the autumn, will contain the whole of me, whereas these scribblings are but a sketch. It is strange that one can only live on in a partial, one might say desiccated, form. What is alive and whole is lost, irretrievably.

I have just looked out through the windows. The sky is the light blue which it sometimes is in France, the trees are pale green, there is a great rising of sap under the morning sun. The open air is calling me. I could have brought out more the complexity of these negotiations at Saint-Germain, and the seriousness of their political consequences. I should have made clear the contrast between the negotiator's immense responsibilities and the detachment he must maintain. I would have liked to render the characters I encountered less in terms of their behaviour and more through glimpses into their minds. I would have liked to tell of the real depth of the feelings I experienced, and reveal better this aptitude for diplomacy which I possess and which has always gone unrecognised. But one cannot convey everything.

⁓∿⁓

Article XXXIX of the Edict of Saint-Germain, issued by Charles IX

And as many individuals have received and suffered so many wrongs, and harm to their property and persons, which cannot be quickly forgotten by them, as would be necessary for the execution of our will, wishing to avoid all disturbance, and willing to assist those who may fear to return to their homes and be denied peace, until the ill-feeling and hostility diminish, we have entrusted to those of the said religion the towns of La Rochelle, Montauban, Cognac and La Charité, in which those among them who do not wish to return directly to their homes may shelter and reside. And for the security of these towns, our brother and cousin, the princes of Navarre and Condé, and twenty gentlemen of the said religion, who will be appointed by us, will swear and promise, one representing them all and those of the said religion, to hold those towns for us, and at the end of two years to restore them to whomever it may please us to appoint, in their present state, without addition or alteration, and without delay or difficulty, for whatever cause or event; at the end of which period the practice of the said religion will continue there, as when held by them. Nevertheless we wish and it pleases us that to these towns all clergy may freely return, and hold the divine service in full freedom, and benefit from their possessions; also all the Catholic inhabitants of these towns; which clergy and other inhabitants will be under the protection and safeguarding of our said brother, cousin and other gentlemen, so that they be not prevented from holding the divine service, molested nor suffer assault to their person or belongings, but on the contrary be reinstated and restored to full possession of them. Furthermore we wish that our judges be re-established, and the exercise of justice returned to as it was before the troubles.

A Portrait of the Negotiator

I F THE novel is, as the author intended, "a portrait of the negotiator", what does it show us?

Emotional detachment is a quality to which Walder returns often. Malassise speaks of the need for the negotiator to be detached from the great issues at stake – in his case, the horrors of a bloody civil war – in order to be able to function well and not to settle too readily in a hurry to end the negotiation. In Ch. XIV he tells his cousin that the negotiator must be ice-cold, as cool inside as a travelling actor, just as previously (Ch. X) he has compared his activity to that of a chess player.

Detachment comes easily to Malassise, and suits his personality. However, with uncharacteristic modesty, he admits to d'Ublé - who considers himself to be too affected by the huge human consequences of the negotiation - that his own excessive detachment is a shortcoming which prevents him from being the ideal diplomat.

A related idea, raised twice by d'Ublé, is the extent of a negotiator's exemption from normal moral scruples while serving the interests of state.

How far should a negotiator remain detached from – as opposed to forming friendships with – his counterparts across the table? Malassise thinks it worthwhile getting to know them, and contrives informal encounters which give him insights into their characters and priorities. He admits that he warms to them personally – particularly to d'Ublé, and his cousin – but ends Ch. X by recognising that the closer relationships may be constraining his room for manoeuvre.

Malassise is also aware of his own susceptibility in terms of pride, and in turn makes full use of the power of flattery (which "pierces all armour") and that of giving people credit for their (or another's) ideas, however transparent these devices may be.

Walder's diplomat has great control over how he speaks and behaves. We see Malassise taking care to express approval of what Coligny has just said before giving his own view (Ch. II), and accompanying contradiction "with a gracious smile" (Ch. VI). He gives examples, in Ch. XII, of the very indirect style which diplomats can use even when sceptical of the other's methods (which makes the Baron's deliberate departure from this style in that chapter all the more effective).

We are also given insights into the main negotiators' characteristic body language, conscious and otherwise, their range of acting skills, power play involving doorways, and the feigning of devotion (by Coligny towards the King) and slow-wittedness (by Malassise towards Catherine de Médicis).

⁓\∿//∼

What of the conduct of the negotiation itself? What general principles underlie it?

One of the problems Walder illustrates is the difficulty of getting talks started if there is too much public declaration by the parties of their opposing principles, which can only lead to an impasse or a loss of face by one or both sides. Malassise instead convinces the two parties to get talks under way on a practical level and let time, progress and events play their part, by which time the original public principles will be less important.

Preparation is essential. In Ch. II, Malassise says that in all negotiations, each side arrives with a programme of ideas and arguments which have been thought through and reconsidered "twenty times". His own preparation is evident, not only when facing the Huguenots but also when influencing his superior, the Queen Mother.

Still, the unexpected can happen. He admits in Ch. III that in some cases the ability to improvise and depart from a scripted plan can give the agile negotiator an edge. Usually, though, a surprise turn of events forces the characters to re-think their approach, and they call for a break in order to do so: Malassise does this at the end of Ch. VI, as does d'Ublé at the end of Ch. IX.

An element of preparation is to see the negotiation from the counterparts' perspective. Referring to his early meeting with Coligny, Malassise explains that his approach is not to try to impose his own will, but to imagine himself in the other party's position, with all its aims and constraints, in order to be able to argue in terms of their own interests. He does the same when he attempts to steer Catherine de Médicis in the appropriate direction. Later in the negotiation (Ch. XIX), he admits that this work of imagination and preparation meant that he could just as easily have represented the other side.

Malassise notes that few diplomats have the qualities or skills needed to handle all aspects of a negotiation alone. Clearly his superiors think so too, insisting that he have the Baron de Biron at his side! In Ch. V, Malassise puts the latter's qualities to good use, giving him the public aspects of the talks to handle while personally dealing with the hidden ones.

At the start of the negotiations at Saint-Germain, Malassise demonstrates how to gain the initiative by being the first to propose a structure for the talks, "to set the direction of the discussion myself", rather than passively accept the other party's agenda.

It can also be useful to claim that one has limited authority, whether this be the case or not, in order to avoid being pressurised into immediate commitments. D'Ublé, apparently cornered over the yielding of a fourth town, invokes the need to obtain approval from a higher level and calls for a recess.

Another principle raised is that of leaving everything to some degree open until the end. After his tirade in Ch. XII, d'Ublé advises against agreeing anything definitively at an earlier stage. "Nothing is done, nothing is said until the very last moment." Malassise himself waits right until the treaty is considered finalised before he attempts, successfully in the event, to make major changes to the agreement.

An important idea in the book – perhaps the main one – is that concessions should not be made, or expected, unilaterally. Described as balance, mutual sacrifice or reciprocal concessions, this principle is mentioned again and again in conversations between all the main characters. The discussions also show that an unbalanced result, which ignores reciprocity and gives disproportionate advantage to one side, is unlikely to last for long. Malassise is not too surprised when, in Ch. XII, the hoped-for Huguenot acceptance of only three towns is later overturned because of the lack of balance involved.

⁕

In his Author's Note, Walder mentions "tricks and subtleties", meaning the tactics used by negotiators. Many of these involve limiting one's own concessions and obtaining them from the other party.

One tactic is not to make concessions too early. In Malassise's meeting with the Queen Mother, he points out – and Catherine de Médicis echoes – the importance of taking a firm stance in the early stages.

In Ch.V, Malassise refers to the practice of making "unreasonable" demands purely in order to discover, through the response they provoke, something of the other party's priorities. These early demands are, of course, high enough to leave a margin for future concessions if needed.

In the next chapter, Malassise explains how he hopes to find out what his adversaries want most, so that he can stubbornly resist it, only to grant it later in exchange for a major concession on their part. (Unusually, however, in this negotiation he finds that the two Huguenots opposite him appear to have agreed to pursue different priorities, perhaps hoping to gain satisfaction in terms of both!)

Malassise not only demands a reciprocating concession when the other party asks for something from him, but he also puts a price on any request whatever, even when to grant it costs him nothing at all. He mentions this intention in Ch. IV with the Queen Mother, and in Ch. XX reminds the Huguenots that the most apparently innocuous request requires a quid pro quo: "Everything must be paid for, everything compensated."

Walder shows his diplomats to be more comfortable negotiating in general terms than in getting down to specific numbers. Both parties avoid talking figures too early, as any that they suggest could create a precedent which could tie their hands. When it is time to be specific, each party tries to leave the other to make the first move, as seen in Ch. VI where the Huguenots hesitate to name the towns which should be discussed. Another example is in Ch. XV, where the Huguenots urge Malassise to be the one to suggest a duration for the temporary agreement on Angoulême. If forced to give figures, "the usual trick is to venture some greatly exaggerated estimate in one's own favour, and then watch the reaction. Then one retreats, a step at a time".

The idea of consistency is invoked by the characters to ensure the same treatment for similar situations. They use it when it serves their interests, or defend themselves against it by denying any similarity of situation. Consistency is the argument used to apply the idea of time limits to all towns conceded (Ch. XVI) instead of just to one.

The introduction of a time dimension is used creatively to make for some movement out of a deadlock. Eléonore de Mesmes suggests that Angoulême could be conceded only for a limited period, and this idea marks a turning point in the negotiations. "Consider the question of time. It provides a solution to all problems," says Catherine de Médicis, ironically.

A tactic demonstrated by Malassise is intransigence, digging in and refusing to move, against all arguments, until, weary of attacking the position, the other party makes some concession. The narrator demonstrates it in Ch. XVI, over the period for which the towns will be conceded. Both this and "Let them make the first move" are used to effect in the novel, but, as he points out, they only work if both sides do not use them at the same time!

Finally, the novel shows how, when a lengthy and promising negotiation is threatened within sight of its conclusion, negotiators may be tempted to make further concessions rather than face a frustrating collapse of talks. Malassise acknowledges this effect upon himself at the end of d'Ublé's tirade in Ch. XII, and tries to use it himself – in the end, with success – at the final meeting.

For all the insights Walder gives us into his negotiators' machinations, however, it is his down-to-earth soldier, the Baron de Biron, with his moving words about what war and reality are, who shocks the diplomats out of the dangerous deadlock into which their cerebral game-playing and "poetry" have led them. By this dramatic ending, Walder may be demonstrating that, for all his consummate tactical skills and detached attitude, the diplomat who lacks human feeling for the underlying realities falls short, as Malassise admits to d'Ublé, of being the complete negotiator.